COURS D'ÉTUDE
POUR L'INSTRUCTION
DU PRINCE DE PARME

COURS D'ÉTUDE

POUR L'INSTRUCTION

DU PRINCE DE PARME,

AUJOURD'HUI

S. A. R. L'INFANT

D. FERDINAND,

DUC DE PARME, PLAISANCE, GUASTALLE,
&c. &c. &c.

Par M. l'Abbé de CONDILLAC, de l'Académie françoise & de celles de Berlin, de Parme & de Lyon; ancien Précepteur de S. A. R.

TOME PREMIER.

GRAMMAIRE.

A PARME,
DE L'IMPRIMERIE ROYALE.

M. DCC. LXXV.

TABLE
DES MATIERES.

GRAMMAIRE.

Objet de cet ouvrage.

Pag. 1.

*E*crivains qui ont porté la lumiere dans les livres élémentaires. C'est dans l'analyse de la pensée qu'il faut chercher les principes du langage. De l'analyse du discours. *Premiere partie de cette grammaire.* Des éléments du discours. *Seconde partie.* Pourquoi on a banni de cette grammaire tous les termes techniques dont on a pu se passer.

PREMIERE PARTIE.

De l'analyse du discours.

CHAPITRE I.

Du langage d'action.

Pag. 5.

Des signes du langage d'action. Le langage d'action est une suite de la conformation des organes. Quoiqu'il soit naturel, on a besoin de l'apprendre. En nous donnant des signes naturels, l'auteur de la nature nous a mis sur la voie pour en imaginer d'artificiels. Il ne faut pas confondre les signes artificiels avec les signes arbitraires. Avec quel art on imagine des signes artificiels. Langage d'action des pantomimes. Deux sortes de langage d'action. Avec le langage d'action chaque pensée s'exprime tout à la fois & sans succession. Ce langage des idées simultanées est seul naturel. Les idées simultanées dans celui qui parle, deviennent successives dans ceux qui l'écoutent. Les idées successives dans ceux qui écoutent, sont encore chacune des pensées composées. Le langage d'action a l'avantage de la rapidité. Comment l'art peut *en faire une méthode analytique. Pourquoi on a commencé, dans cette grammaire, par observer le langage d'action. A quoi se reduisent tous les principes des langues.*

CHAPITRE II.

Confidérations générales fur la formation des langues & fur leurs progrès.

Pag. 18.

L'homme eſt conformé pour parler le langage des ſons articulés. Les mots n'ont pas été choiſis arbitrairement. C'eſt une erreur de croire que les noms de la langue primitive exprimoient la nature des choſes. En formant les langues nous n'avons fait qu'obéir à notre maniere de voir & de ſentir. Comment les langues, en proportion avec nos idées, forment un ſyſtême qui eſt calqué ſur celui de nos connoiſſances. Quelles langues ſont plus parfaites. Comment il s'établit une proportion entre les beſoins, les connoiſſances & les langues. Toutes les langues portent ſur les mêmes fondements. En quoi les langues différent. Comment elles ſe perfectionnent. Connoiſſances préliminaires à l'analyſe du diſcours.

CHAPITRE III.

En quoi consiste l'art d'analyser nos pensées.

Pag. 33.

Comment l'œil analyse, & nous fait remarquer dans une sensation confuse, plusieurs sensations distinctes. L'analyse des idées de l'entendement se fait de la même maniere. A quoi se réduit l'art de décomposer la pensée. Nous avons jugé & raisonné, avant de pouvoir remarquer que nous jugions & raisonnions. Ce sont les langues qui nous fournissent le moyen de décomposer la pensée.

CHAPITRE IV.

Combien les signes artificiels sont nécessaires pour décomposer les opérations de l'ame, & nous en donner des idées distinctes.

Pag. 39.

Le jugement peut-être considéré comme une perception, ou comme une affirmation. Avec le secours des signes artificiels, les juge-

ments qui n'étoient que des perceptions, deviennent des affirmations. Comment toutes les parties d'un raisonnement, quoique simultanées dans l'esprit, se développent successivement par le moyen des signes artificiels. Tout homme a été dans l'impuissance de démêler ce qui se passe dans son esprit. Tout animal qui a des sensations, a la faculté d'appercevoir des rapports.

CHAPITRE V.

Avec quelle méthode on doit employer les signes artificiels pour se faire des idées distinctes de toute espece.

Pag. 45.

L'analyse des objets qui sont hors de nous ne peut se faire qu'avec des signes artificiels. Cette analyse est assujettie à un ordre. On découvrira cet ordre si on considére l'objet que se fait l'analyse. La nature indique cet ordre. Elle nous a donné des sens qui décomposent les objets sans aucun art de notre part. Pour les décomposer avec art, l'ordre de l'analyse doit être celui de la génération des idées. L'ordre de la génération des idées est de l'individu au genre, & du genre aux especes. Cet ordre est fondé sur la nature des choses. La méthode, qui suit l'ordre de la génération des idées, est l'unique pour analyser les choses, & pour acquérir de vraies connoissances. Il y a deux méthodes ; l'une pour parler aux personnes instruites, & l'autre pour parler aux personnes que l'on instruit. Avantage de la méthode d'instruction.

CHAPITRE VI.

Les langues considérées comme autant de méthodes analytiques.

Pag. 58.

C'est comme méthodes analytiques qu'il faut considérer les langues. Comment les langues font des méthodes analytiques plus ou moins parfaites. C'est à leur insu, que les hommes, en formant les langues, ont suivi une méthode analytique. Cette méthode a des regles communes à toutes les langues, & des regles particulieres à chacune. Objet de la grammaire.

CHAPITRE VII.

Comment le langage d'action décompose la pensée.

Pag. 65.

Comment la pensée de celui qui parle le langage d'action, se décompose aux yeux de ceux qui l'observent. Comment il apprend à la décomposer lui même. Idées distinctes qu'offre cette décomposition.

CHAPITRE VIII.

Comment les langues, dans les commencemens, analysent la pensée.

Pag. 68.

Précautions à prendre pour ne pas se perdre dans des conjectures peu vraisemblables. Les accents ont été les premiers noms. Comment les organes des sens ont été nommés. Comment les objets sensibles ont été nommés. Les langues ont été long-temps fort bornées. Elles n'étoient dans l'origine qu'un supplé-

ment au langage d'action. Comment elles ont pu faire de nouveaux progrès. Les noms des perſonnes. Les noms adjectifs. Les prépoſitions. Comment les opérations de l'entendement ont pu être nommées. Comment les hommes ſont parvenus à avoir un verbe, & à prononcer des prépoſitions. Lorſque les hommes commencent à faire des propoſitions, ils ne ſavent pas toujours démêler toutes les idées qu'elles renferment. On a été long-temps avant de pouvoir exprimer, dans les propoſitions, toutes les vues de l'eſprit.

CHAPITRE IX.

Comment ſe fait l'analyſe de la penſée dans les langues formées & perfectionnées.

Pag. 83.

Penſée de Racine apportée pour exemple. Toutes les parties de cette penſée s'offroient à la fois à l'eſprit de Racine. Fond de cette penſée. Les parties principales de cette penſée ſe diſtinguent dans trois alinéa. Quelque fois on renferme pluſieurs penſées dans un alinéa, & on les diſtingue ſeulement par des points. Dans le diſcours prononcé, les repos de la voix tiennent lieu d'alinéa & de points. Les repos, marques par des points, ne sont pas tous égaux. Comment toutes les parties d'un grand ouvrage se développent avec la même methode que les parties d'une pensée peu composée. Une analyse mal faite met du désordre & de l'obscurité dans le discours. Comment Racine développe les trois principales parties de sa pensée. Comment il distingue les parties dans lesquelles il les subdivise.

CHAPITRE X.

Comment le discours se décompose en propositions principales, subordonnées, incidentes, en phrases & en périodes.

Pag. 93.

Tout jugement, exprimé avec des mots, est une proposition. Trois especes de propositions. Caractere des propositions principales. Caractere des propositions subordonnées. Caractere des propositions incidentes. Les propositions subordonnées peuvent avoir deux places dans le discours, & les propositions incidentes n'en ont qu'une. Ce qu'on entend par période. Ce qu'on entend par phrase. Ellipse on phra-

ses elliptiques. Phrases principales qui concourent au développement d'une autre. Il y a des cas où plusieurs propositions sont, à notre choix, une période ou une phrase.

CHAPITRE XI.

Analyse de la proposition.

Pag. 102.

Toute proposition est composée de trois termes. Proposition simple. Proposition composée. Un jugement est toujours simple. Une proposition peut-être composée dans le sujet, dans l'attribut, ou dans tous deux. De quelque maniere que le sujet & l'attribut soient exprimés, une proposition est simple, si elle est l'expression d'un jugement unique.

CHAPITRE XII.

Analyse des termes de la proposition.

Pag. 107.

Idées qu'on se fait du sujet, de l'attribut

& du verbe. Nous ne donnons des noms qu'aux choses qui existent dans la nature ou dans notre esprit. Noms propres. Noms généraux. Tous ces noms sont compris sous la dénomination de substantifs. Le sujet d'une proposition est toujours un nom substantif. En quoi le substantif & l'adjectif différent. Les adjectifs modifient en déterminant le sujet, ou en le développant. Il n'y a, en général que deux sortes d'accessoires & deux sortes d'adjectifs. Les accessoires peuvent s'exprimer par un substantif précédé d'une préposition. Différentes manieres dont le sujet d'une proposition peut-être exprimé. Différentes manieres dont on exprime l'attribut d'une proposition, lorsque cet atribut est un substantif. Le substantif qui est attribut ne sauroit être un terme moins général que le substantif qui est sujet. Différentes manieres d'exprimer l'attribut d'une proposition lorsque cet attribut est un adjectif.

CHAPITRE XIII.

Continuation de la même matiere, ou analyse du verbe.

Pag. 117.

Le propre du verbe est d'exprimer la coexis-

tence de l'attribut avec le sujet. *Les éléments du discours se réduisent à quatre espèces de mots. Verbes adjectifs. Verbes substantifs. Il ne faut pas confondre le verbe substantif avec le verbe être, pris dans le sens d'exister. Les verbes expriment avec différents rapports. Le rapport du verbe à l'objet est marqué par la place. Les autres rapports se marquent par des prépositions. Les ellipses sont fréquentes dans toutes les langues. De tous les accessoires du verbe, les uns appartiennent au verbe substantif* être, *les autres appartiennent plus particuliérement aux adjectifs dont on a fait des verbes. Le discours réduit à ses vrais éléments.*

CHAPITRE XIV.

De quelques expressions qu'on a mises parmi les éléments du discours, & qui, simples en apparence, sont, dans le vrai, des expressions composées équivalentes à plusieurs éléments.

Pag. 127.

Mots qui ne doivent pas être mis parmi les éléments du discours. L'adverbe. Le pronom. La conjonction.

GRAMMAIRE.

SECONDE PARTIE.

Des éléments du discours.

Pag. 132.

Principes qui ont été prouvés dans la premiere partie de cet ouvrage. Objet de la seconde partie.

CHAPITRE I.

Des noms substantifs.

Pag. 134.

Ce que l'on entend par le mot substance. Substantif vient de substance. Il se dit proprement des noms de substance. Il se dit par extension des noms de qualités. Deux sortes de substantifs. Les substantifs, plus ou moins généraux, font différentes classes des objets.

Fondement de la distinction des classes. En multipliant trop les classes on confondroit tout. Regle à suivre pour éviter cet inconvénient.

CHAPITRE II.

Des adjectifs.

Pag. 141.

Quelle est la nature des noms adjectifs qui dévéloppent on qui expliquent une idée. Quelle est la nature des adjectifs qui déterminent une idée. Adjectifs absolus & adjectifs relatifs. Dans notre esprit, toutes les qualités des choses sont relatives. Il n'y a point de regle générale pour la formation des substantifs, & des adjectifs. Il y a des adjectifs qu'on emploie comme substantifs; & il y a des substantifs qu'on emploie adjectivement.

CHAPITRE III.

Des nombres.

Pag. 147.

Nombre singulier : nombre pluriel. Les

noms propres n'ont point de nombre pluriel. Ni les noms de métaux. Autres noms qui n'ont pas les deux nombres. Marque du nombre pluriel. Il y a des langues qui ont un duel. L'adjectif se met au même nombre que le substantif.

CHAPITRE IV.

Des genres.

Pag. 150.

Etymologie du mot genre. Fondement de la distinction des noms en deux genres. Comment on a souvent oublié ce qui a servi de fondement à la distinction des deux genres. Comment les deux genres ont été distingués par la terminaison des noms. Terminaison masculine, terminaison féminine. Les noms substantifs ne sont en général que d'un genre. Quelques uns sont des deux. Les adjectifs sont toujours des deux genres. Marque du genre féminin dans les adjectifs. Variations qu'on remarque dans la terminaison féminine. Des avantages des genres.

CHAPITRE V.

Obfervations fur la maniere dont on accorde, en genre & en nombre, les adjectifs avec les fubftantifs.

Pag. 157.

Adjectif qu'ont met au fingulier, quoiqu'il fe rapporte à deux fubftantifs. Adjectifs qu'on met au pluriel, quoiqu'il paroiffe devoir fe rapporter à un fubftantif fingulier. Les adjectifs n'ont point de genres, lorfqu'ils fe rapportent à des fubftantifs de genre différents. Ils n'ont point de genre, lorfqu'ils fe rapportent à une idée qui n'a point de nom.

CHAPITRE VI.

Du verbe.

Pag. 160.

Etymologie du mot verbe. *Les obfervations que nous avons à faire fur les verbes font communes aux verbes fubftantifs & aux verbes adjectifs. On diftingue dans les verbes les perfonnes.* **Les temps. Les modes.**

CHAPITRE VII.

Des noms des personnes considérés comme sujets d'une proposition.

Pag. 163.

Noms de la premiere & de la seconde personne. Usage de tu *&* vous. *Les noms de la premiere & de la seconde personne sont de vrais substantifs. Les noms de la troisieme personne sont différents suivant les genres. Origine de* il, elle ; *ce sont de vrais adjectifs. Pourquoi on les a pris pour des noms mis à la place d'un autre.* On *ainsi que l'*on, *nom de la troisieme personne, est un substantif. Usage que l'on doit faire d'*on *& l'*on.

CHAPITRE VIII.

Des temps.

Pag. 167.

Chaque forme du verbe ajoute quelque accessoire à l'idée principale dont il est le signe. Trois époques d'après lesquelles on détermine

b 3

le présent, le passé & le futur. Les époques auxquelles se rapportent les formes du passé, pourront être déterminées ou indéterminées. Il en est de même des époques, auxquelles se rapportent les formes du futur. Il n'y a qu'un présent dans les verbes. Il y a dans les verbes des passés plus ou moins passés & des futurs plus ou moins futurs. Différentes especes du passé. Formes de passé que quelques grammairiens proposent, & que l'usage n'autorise pas. Différentes especes de futur. Formes de futurs que quelques grammairiens proposent, & qu'on ne peut pas admettre.

CHAPITRE IX.

Des modes.

Pag. 178.

Mode indicatif. Impératif. Mode conditionnel. Subjonctif. L'infinitif est un nom substantif. Les participes sont des adjectifs. L'infinitif avoir *joint à un participe est comme un substantif.*

CHAPITRE X.

Des conjugaisons.

Pag. 190.

Comment on a distingué quatre conjugaisons. En considérant les verbes par rapport aux conjugaisons, on en distingue de trois especes. Verbes auxiliaires. La distinction des verbes actifs, passifs & neutres ne doit pas être admise dans notre langue. Ni celle des verbes réfléchis, réciproques & impersonnels. Fausses dénominations qu'on a données aux temps des verbes. Moyen d'y suppléer.

CHAPITRE XI.

Des formes composées avec les auxiliaires, être ou avoir.

Pag. 199.

Le verbe être entre dans les formes composées qui expriment l'état du sujet, & le verbe avoir entre dans les formes composées qui expriment l'action. Exception à cette regle. Con-

firmation de cette regle. Formes composées, où l'on n'emploie jamais que le verbe avoir.

CHAPITRE XII.

Observations sur les temps.

Pag. 203.

Extension que nous donnons au temps présent. Pourquoi la forme du présent a été choisie pour exprimer les vérités nécessaires. Comment on emploie les formes des temps les unes pour les autres.

CHAPITRE XIII.

Des prépositions.

Pag. 206.

On pourroit distinguer deux sortes de prépositions. On ne doit pas distinguer les prépositions en simples & composées. Comment les mêmes prépositions sont employées dans des cas différents. Différentes prépositions ne sont jamais employées dans des cas obsolument semblables. Prévositions qui s'employent avec ellipse. Apres avoir servi pour exprimer des rapports entre des objets sensibles, les prépositions ont été employées pour exprimer des rapports entre les idées abstraites. Quelquefois les dernieres acceptions d'une préposition ressemblent fort peu aux premieres. Premier usage de la préposition à. *Par quelle analogie elle a passé à un second. A un troisieme. A un quatrieme. A un cinquieme. A un sixieme. A un septieme. A un huitieme. Qelles sont les premieres acceptions de la préposition* de, *& par quelle analogie elle passe à d'autres. Comment elle exprime les rapports d'appartenance. Ceux de dépendance. En quoi différent des* hommes des plus favants, *&* des hommes les plus favants. *Il y a ellipse lorsque* à *&* de *se construifent enfemble. Ces deux prépositions paroissent quelquefois pouvoir s'employer l'une pour l'autre. L'ellipse peut enpêcher d'appercevoir l'espece de rapport qu'exprime la préposition* de. *Acception de la préposition* dans. *En quoi elle différe de la préposition* à. *En quoi en différe de* dans. En, *exprime des accessoires tous différents de ceux des prépositions* à *&* dans. *Premieres acceptions de la préposition* par. *Autres acceptions.*

CHAPITRE XIV.

De l'article.

Pag. 218.

Ecrivains qui ont les premiers connu la nature de l'article. On nomme article l'adjectif le, la. Changement qui arrive à l'article. L'article est un adjectif qui détermine un nom, soit par ce qu'il le fait prendre dans toute son étendue, soit par ce qu'il concourt à le restraindre. L'article se supprime lorsque les noms sont déterminés par d'autres adjectifs qui les précédent. Il ne se supprime pas lorsque le substantif, ne fait qu'une seule idée avec l'adjectif qui le précéde. Proverbe où il est supprimé. Quand l'article se met devant les noms propres il faut de deux choses l'une, ou qu'ils soient employés comme noms généraux, ou qu'il y ait ellipse. L'article avec les noms des métaux. Usage de l'article devant les noms de ville, de royaume, de provinces. Usage de l'article avec les noms des quatre parties de la terre. Avec les noms de quelques royaumes. Avec les noms des astres. Avec les noms de riviere & de mer. L'article modifie toujours un substantif. Dans quel cas on répété l'article devant plusieurs adjectifs.

Regle générale pour l'usage de l'article. L'article n'est pas absolument nécessaire.

CHAPITRE XV.

Des pronoms.

Pag. 231.

Comment les adjectifs il, elle, le, la, *sont devenus des pronoms. Quelle est l'expression des pronoms.* Y & en *doivent être mis parmi les pronoms.* On *ou* l'on *n'est pas un pronom. Les termes figurés ne sont pas des pronoms.*

CHAPITRE XVI.

De l'emploi des noms des personnes.

Pag. 234.

Comment on emploie les noms de la premiere personne. Comment on emploie les noms de la seconde personne. Emploi des noms de la troisieme personne, il, le, la & elle, *lorsque celui-ci est sujet d'une proposition. Ces pronoms doivent éveiller la même idée que les noms dont ils prennent la place.* Il , a toujours la même acception , même avec les verbes qui n'ont ni premiere ni seconde personne. *Emploi de* lui *, d'*eux *& d'*elle *lorsque celui-ci est précédé d'une préposition. Quelle est dans le discours la place du pronom* eux. *Quelle est la place de* lui. *Quelle est la place de* leur. *Emploi de* se *& de* soi. Lui *& elle employés pour* se *& soi. Emploi du pronom* y. *Du pronom* en. D'on *& l'*on. *Quand une femme doit dire,* je le suis *ou* je la suis. *Autre question sur le pronom* le.

CHAPITRE XVII.

Des adjectifs possessifs.

Pag. 146.

Ce qu'on entend par adjectifs possessifs. Les uns s'emploient sans article , les autres avec l'article. Mon , ton , son , *s'employent quelquefois avec les noms féminins. Quand on supprime ces adjectifs. Les adjectifs possessifs de la troisieme personne ne s'employent pas indifféremment pour les personnes & pour les choses. Regle à ce sujet. En quoi différe ce* tableau a ſes beautés, de ce tableau a des beautés. *Difficulté ſur les adjectifs ſes & leurs.*

CHAPITRE XVIII.

Des adjectifs démonſtratifs.

Pag. 254.

Ce qu'on entend par adjectifs démonſtratifs. *De ce nombre ſont* ci *&* là. Ci *&* là *ajoutés à* ce. Ce *avec le verbe être.* Celui, celle. Celui-ci, celui là.

CHAPITRE XIX.

Des adjectifs conjonctifs.

Pag. 258.

Quelle eſt la nature des ajectifs conjonctifs qui, lequel, *&c. Souvent les adjectifs conjonctifs déterminent des noms qui n'ont point été exprimés. Des adjectifs* quoi *&* où. *Des adjectifs* quel *&* quelle.

CHAPITRE XX.

De l'emploi des adjectifs conjonctifs.

Pag. 263.

Les adjectifs conjonctifs ne peuvent se rapporter qu'à des noms pris déterminément. Tous les conjonctifs se disent ils - indifféremment des personnes & des choses ? Distinction à faire à ce sujet. Quelle conjonction on doit préférer pour exprimer le sujet de la proposition incidente. Pour exprimer l'objet du verbe. Pour exprimer le rapport qui seroit indiqué par la préposition de. *Quel conjonctif on doit employer avec la préposition* à. *Emploi du conjonctif* quoi *avec les prépositions* à *ou* de. Que *employé pour* à qui *&* pour dont. Où *&* d'où *ne se disent que des choses. Emploi des conjonctifs avec tout autre préposition qu'*à *&* de. *Il n'est pas nécessaire de s'arrêter long-temps sur les regles de grammaire. Question.*

CHAPITRE XXI.

Des participes du présent.

Pag. 271.

Les participes du présent ne sont susceptibles ni de genre ni de nombre. Comment d'adjectifs les participes du présent deviennent substantifs. Analyse de ces participes employés soit comme substantifs, soit comme adjectifs. Equivoque à laquelle ils donnent lieu, & qu'il faut éviter.

CHAPITRE XXII.

Des participes du passé.

Pag. 276.

Les participes du passé sont adjectifs, ou substantifs, suivant la maniere dont on les emploie. Quelle est la nature des participes substantifs. Comment on emploie les participes adjectifs, lorsqu'ils se construisent avec le verbe être. *Comment s'emploient les participes adjectifs, lorsqu'ils sont suivis d'un verbe ou d'un adjectif. Premierement lorsqu'ils sont suivis d'un verbe. En second lieu, lorsqu'ils sont suivis d'un adjectif.*

CHAPITRE XXIII.

Des conjonctions.

Pag. 287.

Différentes especes de conjonctions. De la conjonction que.

CHAPITRE XXIV.

Des adverbes.

Pag. 291.

Ce qu'on entend par adverbe. Adverbe de qualité. Adverbe de quantité. Noms qu'il ne faut pas confondre avec les adverbes.

CHAPITRE XXV.

Des interjections.

Pag. 294.

Les interjections sont des expressions équivalentes à des phrases entiéres.

CHAPI-

CHAPITRE XXVI.

De la syntaxe.

Pag. 295.

Objet de la syntaxe. Comment se marquent les rapports entre les mots. Arrangement des mots dans une proposition simple. Arrangement des mots dans une proposition composée. Quelle est la place de l'objet. Place des noms des personnes, lorsqu'ils sont l'objet du verbe, ou le terme. Place des adjectifs conjonctifs. Le sujet peut quelquefois suivre le verbe. Les propositions subordonnées ont plusieurs places dans le discours. Les moyens & les circonstances ont différentes places dans le discours. Un nom précédé d'une préposition, s'il est l'accessoire d'un adjectif ne peut être transposé. Il peut l'être s'il est l'accessoire d'un substantif. Différence entre syntaxe & construction.

CHAPITRE XXVII.

Des constructions.

Pag. 305.

Construction directe. Construction renver-

sée on inversion. Les constructions directes ou renversées sont également naturelles. L'ordre direct, l'ordre renversé ne sont point dans l'esprit : ils ne sont que dans le discours. Exemple qui fait voir un des principaux avantages de l'ordre renversé.

FIN de la Table, du Tom. I.

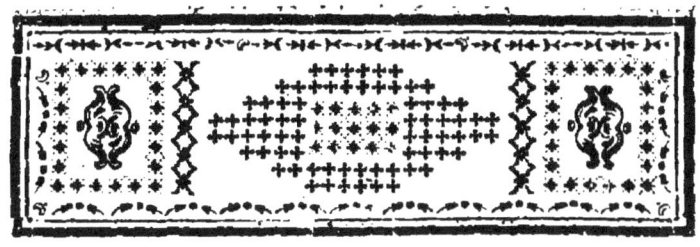

DISCOURS
PRÉLIMINAIRE.

La méthode que j'ai suivie pour l'instruction du Prince, paroîtra nouvelle, quoique dans le fond elle soit aussi ancienne que les premieres connoissances humaines. Il est vrai qu'elle ne ressemble pas à la maniere dont on enseigne : mais elle est la maniere même dont les hommes se sont conduits pour créer les arts & les sciences. C'est ce dont on sera convaincu par le plan raisonné dont je vais rendre compte.

On suppose que les enfants sont incapables des connoissances qui demandent quelques réflexions; & on attend, pour leur donner ces connoissances, qu'ils aient un certain âge qu'on nomme l'âge de raison, & qu'on ne fixe pas. On diroit qu'il y a dans la vie un moment où la raison, que nous n'avions pas le moment d'auparavant, nous est tout-à-coup infuse. Voyons quelle est la cause de ce préjugé.

Dans l'origine des sociétés, il n'y avoit encore ni arts ni sciences. Toutes les connoissances se bornoient à quelques observations que le besoin avoit fait faire, & qui étoient en trop petit nombre pour qu'on sentît la nécessité de les distribuer dans différents corps.

Lorsque les observations en tous genres se furent multipliées, on eut besoin d'y mettre de l'ordre, & c'est alors qu'on les distribua par classes.

PRÉLIMINAIRE.

On fit une collection de celles qui appartenoient à l'agriculture, une autre de celles qui concernoient l'astronomie, &c.

Pour ne rien confondre dans ces collections, on réduisit à des principes généraux les observations qu'on avoit faites. Par ce moyen toutes les connoissances se trouverent exprimées d'une maniere abrégée, & il fut facile de les parcourir en descendant des plus générales aux moins générales.

Ceux qui rédigerent ainsi les connoissances humaines, parurent avoir créé les sciences. Leur méthode étoit bonne pour eux & pour toutes les personnes qu'ils supposoient instruites. Mais il est évident qu'elle exposoit les connoissances dans un ordre contraire à celui dans lequel on les avoit acquises. Car enfin on n'avoit pas commencé par des principes généraux; on avoit commencé par des observations.

Cependant, parce que cette méthode étoit claire, qu'elle étoit même la plus simple pour ceux qui avoient observé; on jugea qu'elle devoit être encore la plus propre à l'instruction, & on oublia qu'on s'étoit instruit par une autre méthode. Au lieu donc de conduire les enfants d'observation en observation, comme des ignorants qu'on veut instruire, on commença avec eux, comme s'ils avoient été instruits, & qu'il ne restât plus qu'à mettre de l'ordre dans leurs connoissances. Ils ne purent rien comprendre aux principes généraux, parce que ces principes supposoient des observations qu'on ne leur avoit pas fait faire, & ce fut alors qu'on dit : *ils ne sont pas capables de connoissances ; il faut attendre qu'ils aient l'âge de raison.* Mais il n'y a point d'âge, où l'on puisse comprendre les principes généraux d'une science, si on n'a pas fait les observations, qui ont conduit à ces principes. L'âge de raison est donc celui où l'on a observé ; &, par conséquent, la raison viendra de bonne heure, si nous engageons les enfants à faire des observations.

Pour savoir comment nous devons nous conduire avec eux, la premiere précaution à prendre est de savoir comment nous concevons nous-mêmes les choses que nous avons apprises. Il faut décomposer l'esprit humain, c'est-à-dire, observer les opérations de l'entendement, les habitudes de l'ame & la génération de idées.

Aussitôt que cette analyse est faite, le plan d'instruction est trouvé : on sait du moins par où on doit commencer, & il n'en faut pas davantage. On verra que la vraie & l'unique méthode est de conduire un éleve du connu à l'inconnu ; qu'il suffit, par conséquent, de commencer par ce qu'il sait, pour lui apprendre quelque chose qu'il ne sait pas encore ; & qu'en reprenant à chaque connoissance qu'on lui aura donnée, on pourra le faire passer, sans effort, à une connoissance nouvelle. Il faudra seulement être attentif à ne franchir aucune des idées intermédiaires : encore cette précaution deviendra-t-elle inutile, lorsque son esprit plus exercé, les pourra suppléer.

Ce plan est simple. Il ne condamne pas le précepteur à étudier les sciences dans les systêmes qu'on a faits. Au contraire, il faut qu'il oublie tous les systêmes, & que, paroissant les ignorer autant que son éleve, il commence avec lui, & aille avec lui d'observation en observation, comme s'ils faisoient ensemble les mêmes découvertes. C'est ainsi que les peuples se sont éclairés. Pourquoi donc chercher une autre méthode pour nous éclairer nous-mêmes ?

Mais, dira-t-on, les peuples se sont instruits par des moyens bien lents, &

PRÉLIMINAIRE. 7

leur enfance a duré plusieurs siecles. Comment donc une méthode, qui semble avoir ralenti les progrès de leur esprit, pourroit-elle s'employer dans une éducation qui doit finir après peu d'années ?

Je réponds que la nature a indiqué aux premiers hommes l'unique méthode des découvertes ; puisqu'elle les a mis dans la nécessité d'observer ; & que s'ils n'ont fait d'abord que des progrès bien lents, ce n'est pas que cette méthode soit lente par elle-même, c'est que l'instrument, avec lequel ils observoient, ne leur étoit pas assez connu.

Ils se seroient servi de leur esprit, avec la même facilité qu'ils se servoient de leurs bras ; si, dès les commencements, ils avoient connu les facultés de leur entendement, aussi bien qu'ils connoissoient les facultés de leur corps. Capables de régler toutes les opérations de la pensée, ils auroient bientôt appris à lui donner de nouvelles forces. Ils auroient trouvé des méthodes, comme ils ont trouvé des leviers; & nous remarquerions en eux des progrès rapides, toutes les fois qu'ils auroient senti le besoin d'employer les forces de leur esprit, comme ils ont senti le besoin d'employer les forces de leur corps.

Le progrès des connoissances humaines n'a donc été retardé, que parce que les hommes n'ont ni assez connu leur esprit, ni assez senti le besoin de l'exercer. Par conséquent, pour faire usage, dans l'éducation, de l'unique méthode à laquelle nous devons tout ce que nous avons appris, il faut d'abord faire connoître à un enfant les facultés de son ame, & lui faire sentir le besoin de s'en servir. Si on réussit à l'un & à l'autre, tout deviendra facile: car au lieu d'imaginer autant de principes, autant de regles, autant de méthodes, qu'on en distingue dans les arts & dans les sciences, on n'aura plus qu'à observer avec lui.

Ce projet n'est pas impossible à exécuter. Car si les facultés de l'entendement sont les mêmes dans un enfant que dans un homme fait, pourquoi seroit-il incapable de les observer ? Il est vrai qu'il les a exercées sur moins d'objets : mais enfin il les a exercées, & souvent avec succès. Pourquoi donc ne pourroit-on pas lui faire remarquer ce qui s'est passé en lui, lorsqu'il a fait des jugements & des raisonnements, losqu'il a eu des desirs, lorsqu'il a contracté des habitudes? Pourquoi ne pourroit-on pas lui faire remarquer les occasions, où il a bien conduit ses facultés, celles où il les a mal conduites, & lui apprendre, par sa propre expérience, à les conduire toujours mieux ? Quand on lui aura fait faire ces premieres observations, il en exercera ses facultés avec plus de connoissance :

dès-lors il fera plus curieux de les exercer, & en les exerçant davantage, il se fera insensiblement une habitude de cet exercice.

Or dès qu'un enfant connoîtra l'usage des facultés de son esprit, il n'aura plus qu'à être bien conduit pour saisir le fil des connoissances humaines, pour les suivre dans leurs progrès depuis les premieres jusqu'aux dernieres, & pour apprendre en peu d'années ce que les hommes n'ont appris qu'en plusieurs siecles. Il suffira de lui faire faire des observations, lorsqu'il sera à portée d'en faire; & lorsqu'il ne pourra pas observer par lui-même, il suffira de lui donner l'histoire des observations qui ont été faites.

Cette méthode a plusieurs avantages. Elle débarrasse nos études d'une multitude de superfluités, qui nous arrêtent sans nous instruire. Elle proscrit ces sciences vaines, qui ne s'occupent que de mots ou de notions vagues; & qu'on appelle *sciences premieres* ou *élémentaires*, comme s'il falloit perdre du temps à ne rien apprendre, pour se préparer à étudier un jour avec fruit. Elle écarte les dégoûts qu'un enfant ne peut manquer d'éprouver, lorsque rencontrant, dès les commencements, des obstacles qu'il ne peut vaincre, & condamné à charger sa mémoire de mots qu'il n'entend pas, il est puni pour n'avoir pas retenu ce qu'il n'a pas compris, ou pour n'avoir pas appris ce qu'il n'a pas senti la nécessité d'apprendre. Elle l'éclaire au contraire & promptement, parce que, dès la premiere leçon, elle le conduit de ce qu'il sait, à ce qu'il ne savoit pas. Elle excite sa curiosité, parce qu'il juge, aux connoissances qu'il acquiert, de la facilité d'en acquérir d'autres; & que son amour propre, flatté de ses premiers progrès, lui fait desirer d'en faire encore. Elle l'instruit presque sans efforts de sa part, parce qu'au lieu d'étaler des principes, elle réduit les sciences à l'histoire des observations, des expériences & des découvertes. Enfin, comme elle ne varie jamais, & qu'elle est la même dans chaque étude, elle lui devient tous les jours plus familiere : plus il s'instruit, plus il a de facilité à s'instruire ; & si le temps de son éducation a été trop court, il peut, sans secours & par lui-même, acquérir seul les connoissances qu'on ne lui a pas données.

Je conviens que l'éducation, qui ne cultive que la mémoire, peut faire des prodiges, & qu'elle en a fait. Mais ces prodiges ne durent que le temps de l'enfance. D'ailleurs ce n'est pas sur les enfants qui sont nés avec d'heureuses dispositions, que cette méthode a plus de succès. Ils ont au contraire un éloignement naturel pour des études, où la réflexion n'a point de part, & où la mémoire ne se remplit que de mots. Auſſi montrent-ils peu de talents, & ſi par la ſuite ils ſe diſtinguent, c'eſt qu'ils ont eux-mêmes recommencé leur éducation. Mais combien d'inutilités ont-ils à oublier! combien de préjugés à détruire! combien d'idées fauſſes à corriger! quel travail pour ſe débarraſſer des entraves, où l'on a tenu les facultés de leur ame! & quels obſtacles au développement & au progrès de leur raiſon!

Ce n'eſt pas qu'on doive négliger la mémoire : mais ſi l'éducation, qui ſe borneroit à la cultiver, eſt d'autant plus mauvaiſe, qu'elle ne cultiveroit en effet que cette faculté : celle qui paroîtroit la négliger, l'exerceroit encore aſſez, lors même qu'elle s'occuperoit uniquement de la réflexion. Celui qui a beaucoup réfléchi, a beaucoup retenu. Si quelque choſe lui échappe, il le peut retrouver; parce que les réflexions, qui lui ſont devenues familieres, tiennent les unes aux autres,

& peuvent toujours le reconduire où elles l'ont déja conduit. Celui au contraire, qui ne fait que par cœur, ne fait rien en quelque forte ; & ce qu'il a oublié, il ne le retrouve plus, ou du moins il ne peut s'assurer de le retrouver.

C'est donc à la réflexion à préparer les matériaux de nos connoissances, à les mettre en ordre dans la mémoire, à en regler toutes les proportions ; & celui qui n'a pas appris à réfléchir, n'est pas instruit, ou il l'est mal ; ce qui est pire encore.

Cependant on se récrie & on admire, lorsqu'un enfant récite sans intelligence de longs morceaux d'histoire, ou qu'il parle plusieurs langues, sans savoir encore ce qu'il dit dans aucune. Ce ne sont pas là des connoissances ; on est forcé d'en convenir : mais on croit que l'enfance n'est pas capable de meilleures études. On juge donc que pour ne pas perdre un temps si précieux, il faut se hâter de remplir la mémoire de quelque maniere que ce soit; & on se flatte qu'il restera toujours quelque chose, parce qu'il restera toujours des mots : comme si des idées ne resteroient pas plus sûrement, & qu'il n'y en eût pas, pour tout âge, à la portée de l'esprit.

On demandera peut-être quel terme on doit se proposer dans l'instruction d'un enfant. Je réponds que, s'il ne faut pas négliger de l'instruire, on ne doit pas non plus se proposer de le rendre profond dans toutes les choses qu'on lui enseigne. Ce projet seroit chimérique ou même nuisible. Son âge n'étant pas capable d'une application assez soutenue pour suivre les sciences dans leurs derniers développements, il suffira de lui en ouvrir l'entrée, & d'assurer ses premiers pas, en écartant tous les embarras. Son éducation sera achevée, lorsqu'il aura de bons éléments sur les choses qu'il est de son état de savoir. S'il a des talents, il avancera dans la suite de lui-même, & il avancera rapidement. S'il en a, dis-je : car les talents ne se donnent pas.

Il ne s'agit donc pas de donner à un enfant toutes les connoissances, qui lui serviront un jour ; il suffit de lui donner les moyens de les acquérir. Il importe peu qu'il exerce son esprit sur une chose jusqu'à ce qu'il l'ait approfondie, ou sur plusieurs sans en approfondir aucune : c'est assez qu'il l'exerce, qu'il se plaise à l'exercer, & qu'il se fasse toujours des idées justes. En un mot, il s'agit de lui apprendre à penser.

Pour lui donner de pareilles leçons, il faut savoir comment nous pensons nous mêmes.

L'ame pense par habitude ou par réflexion. Elle pense par habitude,
lors-

lorsqu'elle juge d'après une maniere de juger, qui lui est devenue familiere; & ses jugements sont alors si prompts, qu'elle est incapable de remarquer dans le moment tous les motifs qui la déterminent, & toutes les idées qui s'offrent à elle. C'est ainsi, par exemple, que nous jugeons, au premier coup d'œil, de la beauté d'un tableau.

L'ame pense par réflexion, toutes les fois qu'elle observe des objets qui sont nouveaux pour elle. Alors elle conduit les opérations de son entendement avec une lenteur, qui lui permet de remarquer successivement les idées qu'elle se fait, & les jugements qu'elle porte. C'est ainsi que nous étudions les arts & les sciences.

Au premier moment qu'un peintre se récrie à la vue d'un tableau, il ne démêle pas encore tous les jugements, qui déterminent son admiration. C'est qu'ils s'offrent à lui tous à la fois; &

qu'il ne peut les démêler, qu'autant qu'il les prononce les uns après les autres.

Il y a donc cette différence entre juger par habitude & juger par réflexion ; que dans le premier cas, les jugements ne se remarquent pas, parce qu'ils se font tous ensemble ; & que dans le second, ils se remarquent, parce qu'ils se succedent.

Toutes les habitudes du corps ont pour principe des jugements d'habitude. Quand j'évite une pierre, dont je suis menacé, c'est que je juge de sa direction, du mal qu'elle me fera, si elle me frappe, & du mouvement que je dois faire pour l'éviter. Tous ces jugements se font en moi, & si je ne les remarque pas, c'est qu'ils se font tous au même instant.

Ces habitudes veillent à notre conservation: elles sont un secours prompt.

Il est évident que la réflexion seroit trop lente pour nous secourir.

Si on ne comprend pas qu'il a fallu comparer, juger & raisonner pour les acquérir, c'est que nous ne pouvons nous rappeller le temps où nous ne les avions pas. Mais jugeons de ces habitudes par celles que nous nous souvenons d'avoir acquises, & qui ont demandé de notre part une longue étude. Telle est, par exemple, l'habitude de lire.

Il est à remarquer que dans les habitudes que l'esprit contracte, les idées se lient entr'elles de deux manieres. Si elles s'associent pour s'offrir toujours à nous, toutes au même instant, nous avons de la peine à les observer les unes après les autres. Si, au contraire, elles se lient pour former des suites, nous les voyons se succéder, & une seule suffit pour en rappeller successivement plusieurs. Ces liaisons, lorsqu'elles deviennent familieres, font autant d'habitudes, auxquelles la pensée obéit, sans aucune réflexion de notre part.

On voit par-là que la liaison des idées est le principe de la mémoire : elle est, pour ainsi dire, l'unique ressort de la pensée. C'est elle qui lui donne une rapidité qui nous étonne; & c'est par elle que l'imagination fait avec promptitude une multitude de combinaisons.

Comme le corps paroît se mouvoir par instinct, lorsqu'il obéit à ses mouvements d'habitude; l'ame paroît penser par inspiration, lorsqu'elle obéit à ses liaisons d'idées. L'un & l'autre doivent à leurs habitudes toutes les graces & tous les talents dont ils sont susceptibles.

C'est ainsi, par exemple, que le goût se forme d'après les habitudes que nous avons contractées. Il n'est que le résultat de plusieurs idées que nous avons liées ; & ces liaisons conservent en nous des modeles, que nous n'examinons plus, & d'après lesquels nous jugeons rapidement du beau.

Mais quoique les habitudes se soient acquises par une suite de comparaisons & de jugements, il ne s'ensuit pas que nous y ayons toujours assez réfléchi, avant de les contracter. La facilité avec laquelle nous les acquérons, ne le permettoit pas. Voilà pourquoi elles sont bonnes & mauvaises. Si elles sont le principe de toutes les graces & de tous les talents, elles sont aussi la cause de tous nos défauts & de toutes nos erreurs. Locke a remarqué que la folie vient uniquement de quelque association d'idées, c'est-à-dire, de quelques faux jugements, d'après lesquels nous nous sommes fait une habitude de juger. Ce sont de pareilles associations qui nous font un mauvais goût & un esprit faux.

D'après ces considérations, j'avois en général pour objet de faire prendre de bonnes habitudes à l'esprit du Prince, de lui donner, par conséquent, des idées de bien des especes, de l'accoutumer à les lier, & de le garantir des fausses liaisons.

Mais par où devois-je commencer? Pour m'en assurer, je considérai par où les peuples, qui se sont instruits, ont commencé eux-mêmes.

Je voyois dans l'origine des sociétés quelques loix ou des usages qui en tenoient lieu, quelques arts grossiers, quelques connoissances astronomiques, un commencement d'agriculture & un commencement de commerce. On faisoit dans chaque genre des progrès fort lents, parce que les hommes, peu recherchés dans leurs besoins, & contents des premiers moyens qui s'offroient à eux, sentoient moins la nécessité d'observer, & attendoient du hasard de nouvelles découvertes.

Or les premieres connoissances des peuples, qui commencent à sortir de l'ignorance, étoient certainement à la portée d'un enfant qui avoit appris à réfléchir sur lui-même. Le prince avoit déja observé le développement de ses facultés & la génération de ses idées; il pouvoit observer, avec plus de facilité encore, les sociétés dans leur origine & dans leurs premiers progrès.

En lui faisant faire cette étude, je lui donnois une multitude de connoissances, qui tenoient toutes les unes aux autres. Les liaisons se trouvoient faites, & son esprit pouvoit, sans effort, se faire une habitude de passer & de repasser rapidement sur toute la suite des idées qu'il auroit acquises.

Si d'un côté je lui faisois comprendre comment les observations ont conduit aux découvertes, de l'autre, je lui faisois remarquer comment, en les négligeant, en les faisant mal, ou en se hâtant trop de juger, on est tombé dans l'erreur ; & comment on s'est éclairé, à mesure qu'on a mieux observé, & avec moins de précipitation.

Les hommes se sont rarement trompés sur les moyens de satisfaire aux besoins les plus pressants. S'ils ont jugé avant d'avoir fait assez d'observations, ou après les avoir mal faites, l'expérience les aura bientôt avertis de leurs méprises.

Il n'en étoit pas de même des choses de spéculation. Lorsqu'ils en jugeoient mal, l'expérience ne les éclairoit pas, ou ne les éclairoit que difficilement, & ils devoient rester dans leurs erreurs pendant des siecles.

Les sociétés, observées dans leur origine, étoient donc une occasion de faire remarquer au Prince, qu'il y a des études où il est très facile d'acquérir des connoissances exactes; & qu'il y en a d'autres où il est très difficile d'éviter l'erreur. Or, il est aussi curieux qu'utile d'observer les associations d'idées, qui, donnant aux peuples différentes manieres de penser, différents usages & différentes mœurs, avancent ou retardent le progrès des connoissances humaines, & transmettent quelquefois, jusqu'aux siecles éclairés, des restes de la premiere barbarie.

Un préjugé, commun à tous les hommes dans leur enfance, est de croire que les choses ont toujours été comme elles sont: car dans l'âge où nous commençons, il semble que nous soyons portés à croire que rien n'a commencé. Aussi le Prince pensoit-il que les usages, les coutumes & les opinions avoient toujours été les mêmes, & il n'imaginoit pas que les arts eussent eu un commencement.

Mais plus il étoit prévenu que les choses avoient toujours été telles qu'il les voyoit, plus il fut curieux de savoir ce qu'elles avoient été dans leur origine & dans leurs progrès. Il s'en occupoit, lorsqu'il travailloit avec moi, & il s'en occupoit encore dans ses momens de récréation ; se faisant un amusement d'imiter l'industrie des premiershommes, & prenant les arts naissants pour des jeux de son enfance. Ce fut alors que Mr. de Keralio lui fit commencer un petit cours d'agriculture, dans un jardin qui tenoit à l'appartement. Le Prince bêcha son champ, sema du bled, le vit croître, le vit mûrir, & le moissonna. Plus curieux de son jardin, depuis qu'on en avoit arraché les fleurs, il desira de semer d'autres grains, & il voulut voir croître des arbres de différentes especes. Il étoit alors à peu-près au même point, où se trouverent les hommes, lorsqu'ils eurent pourvu aux besoins de premiere nécessité.

Les peuples n'ont fait des recherches, que parce qu'ils ont senti la nécessité de s'instruire ; & les connoissances, d'abord en petit nombre parce qu'on avoit peu de besoins, se sont multipliées ensuite, à mesure que de nouveaux besoins ont fait faire de nouvelles études.

Il devoit donc arriver un temps, où les sociétés, assurées de leur subsistance, rechercheroient les choses qui pouvoient contribuer aux commodités & aux agréments de la vie. Ce fut alors que commencerent les beaux-arts, & le goût commença avec eux.

Le goût se perfectionna, parce qu'on raisonna sur les choses, qui en font l'objet, comme on avoit raisonné sur les choses de premiere nécessité. A mesure qu'on se crut plus capable de raisonner, on appliqua le raisonnement à de nouvelles études. Peu-à-peu on raisonna sur tout: les esprits, toujours plus avides de connoissances, se porterent à des recherches de pure spéculation; & on eut des philosophes, comme on avoit des poëtes.

Tel est donc l'ordre des études, dans lesquelles les peuples ont été engagés par leurs besoins : ils ont commencé par des observations sur les choses de premiere nécessité, ils ont ensuite recherché les choses de goût, & ils ont fini par raisonner sur les choses de spéculation.

L'histoire de l'esprit humain me montroit, par conséquent, l'ordre que je devois suivre moi-même dans l'instruction du Prince. Elle m'apprenoit qu'après l'avoir fait réfléchir sur les commencements des sociétés, mon premier soin devoit être de lui former le goût; & qu'il falloit réserver, pour un autre temps, les recherches qui occupent les philosophes. Mais quelle méthode devois-je suivre dans ces études ? L'histoire de l'esprit humain me l'apprenoit encore.

En effet, on n'avoit pas créé les arts & les fciences, lorfque les peuples ont commencé à s'inftruire. Il faut donc qu'un enfant s'inftruife, fans favoir encore qu'il y a des arts & des fciences. Il faut qu'il refaffe lui-même ce que les peuples ont fait : je veux dire, que c'eft à lui à généralifer fes idées, à mefure qu'il en acquiert. Lorfque, de la multitude des connoiffances qui s'accumuleront dans fon efprit, & de la multitude des rapports qu'il appercevra entr'elles, il verra naître les principes généraux & les regles générales ; alors on lui fera remarquer que ces principes & ces regles, auparavant inutiles à fon inftruction, lui deviennent néceffaires pour mettre de l'ordre dans fes connoiffances. En le conduifant d'après cette méthode, il fera lui-même différentes diftributions des chofes qu'il aura apprifes, & il paroîtra créer à fon tour les arts & les fciences.

On n'a fait, par exemple, des recherches fur l'art de parler, que lorfqu'on a pu obferver les tours que l'ufage autorife : on n'a obfervé ces tours, qu'après que les grands écrivains en ont eu enrichi les langues ; & il y a eu des poëtes & des orateurs, avant qu'on imaginât de faire des grammaires, des poëtiques & des rhétoriques. Il feroit donc inutile & même peu raifonnable d'enfeigner ces arts à un enfant, qui n'auroit pas encore appris de l'ufage les tours propres à fa langue ; & qui, par conféquent, n'étant pas capable de fentir le beau, n'eft certainement pas capable de juger s'il a des regles.

En conféquence de ces réflexions, je crus que, pour former le goût du Prince, je devois lui donner des modeles du beau, & m'appliquer fur-tout à les lui rendre familiers. Il falloit donc lui faire lire & relire les meilleurs écrivains. Je choifis les poëtes dramatiques. Si tous les peuples ont été fenfibles à la poëfie, pouvois-je croire que mon éleve y feroit infenfible ? Il fe plut dans la lecture des poëtes, il apprit fa langue, en paroiffant moins étudier que s'amufer.

En fe familiaifant avec les meilleurs écrivains, le Prince obfervoit ce qu'il avoit éprouvé dans fes lectures ; & fes obfervations le conduifoient naturellement à la découverte des regles de l'art de parler. C'eft pour le foutenir dans ces recherches, que je fis une *Grammaire* & un *Traité de l'Art d'Ecrire*. En compofant ces ouvrages, mon deffein étoit moins de lui apprendre fa langue, que de le faire réfléchir fur ce qu'il en favoit déja. Je voulois développer, d'une maniere plus diftincte & plus étendue, les obfervations qu'il avoit faites dans fes lectures, & par-là le confirmer dans l'habitude de juger des beautés de ftyle.

Son goût se formoit : je crus pouvoir essayer de lui donner des connoissances philosophiques. Puisqu'il s'étoit déja exercé à faire des observations sur les facultés de son ame, sur l'origine des sociétés, & sur la langue, je ne doutai point qu'il ne fût capable d'observer avec les philosophes, & de les suivre dans leurs découvertes. Car si on conduit, de vérité en vérité, un esprit qui sait réfléchir, je ne vois pas pourquoi il y auroit des connoissances hors de sa portée.

L'ouvrage, que j'intitule *L'Art de Raisonner*, a pour objet de mettre sous les yeux du Prince une partie des découvertes des philosophes. Je ne me propose pas, comme dans une logique, d'enseigner les regles du raisonnement, en faisant raisonner sur rien ; parce que je ne conçois pas de quelle utilité il est de raisonner, quand on ne pense pas à faire des découvertes, ou à s'assurer des découvertes des

des autres. Je crois donc que l'art de raisonner n'est, dans le fond, que l'art de bien observer & de bien juger.

Le Prince connoissoit déja cet art. Il ne s'agissoit pas de lui en apprendre les regles : il suffisoit de les lui faire appliquer à de nouveaux objets. Je dis plus : c'est qu'il savoit raisonner, avant que j'arrivasse à Parme : car s'il n'avoit pas su faire un raisonnement, j'avoue qu'il n'auroit rien appris avec moi. Qu'avois-je donc fait pour l'instruire ? Je l'avois engagé dans des études, auxquelles il ne se seroit pas porté de lui-même; & je l'avois fait étudier avec moi, comme il étudioit seul, quand il étudioit bien.

L'art de raisonner n'enseigne donc pas de nouvelles regles. Nous lui devons les commencemens mêmes des arts & des sciences : mais les hommes n'ont pas toujours su en faire usage. Les philosophes qui raisonnoient bien sur les choses de goût, ont été des siecles avant de savoir raisonner sur les objets de leurs recherches; en sorte que l'art d'appliquer le raisonnement à la philosophie, est un art tout nouveau.

Quoique nous commencions à connoître l'art de penser, lorsque nous commençons à faire usage de nos sens; cet art néanmoins ne peut être connu dans toute son étendue, qu'après que les trois autres ont été portés à leur perfection. Il n'est qu'un dernier développement des observations qu'on a faites en les étudiant. Je donne ce développement dans un ouvrage qui est à la suite de l'Art de Raisonner.

Au reste, l'art de parler, l'art d'écrire, l'art de raisonner & l'art de penser ne sont, dans le fond, qu'un seul & même art. En effet, quand on sait penser, on sait raisonner; & il ne reste plus, pour bien parler & pour bien écrire, qu'à parler comme on pense, & a écrire comme on parle.

Si on considere d'ailleurs combien, sans l'usage des signes, nous serions bornés dans nos connoissances ; on jugera que, si nous avions moins de mots, nous aurions moins d'idées, & que, par conséquent, nous serions moins capables de penser & de raisonner. L'art de parler n'est donc que l'art de penser & l'art de raisonner, qui se développe à mesure que les langues se perfectionnent ; & il devient l'art d'écrire, lorsqu'il acquiert toute l'exactitude & toute la précision dont il est susceptible. Mais quoique, dans le vrai, tous ces arts se réduisent à un seul, & qu'il soit même utile de les considérer sous ce point de vue, afin de les ramener aux mêmes principes ; il est cependant nécessaire de le traiter séparément, quand on veut suivre le développement de nos facultés & le progrès de nos connoissances.

J'ai fait voir que tous ces arts se confondent dans un seul. Je dirai plus : c'est qu'ils se réduisent tous à l'art de Parler.

Je ne saurois exprimer un jugement avec des mots, si, dès l'instant que je vais prononcer la premiere syllabe, je ne voyois pas déja toutes les idées, dont mon jugement est formé. Si elles ne s'offroient pas toutes à la fois, je ne saurois par où commencer, puisque je ne saurois pas ce que je voudrois dire. Il en est de même, lorsque je raisonne : je ne commencerois point, ou je ne finirois point un raisonnement, si la suite des jugements qui le composent, n'étoit pas en même temps présente à mon esprit.

Ce n'est donc pas en parlant que je juge & que je raisonne. J'ai déja jugé & raisonné, & ces opérations de l'esprit précédent nécessairement le discours.

En effet, nous apprenons à parler, parce que nous apprenons à exprimer par des signes les idées que nous avons, & les rapports que nous appercevons entre elles. Un enfant n'apprendroit donc pas à parler, s'il n'avoit pas déja des idées, & s'il ne saisissoit pas déja des rapports. Il juge donc & il raisonne, avant de savoir un mot d'aucune langue.

Sa conduite en est la preuve, puisqu'il agit en conséquence des jugements qu'il porte. Mais parce que sa pensée est l'opération d'un instant, qu'elle est sans succession, & qu'il n'a point de moyen pour la décomposer; il pense, sans savoir ce qu'il fait en pensant; & penser n'est pas encore un art pour lui.

Si une pensée est sans succession dans l'esprit, elle a une succession dans le discours, où elle se décompose en autant de parties, qu'elle renferme d'idées. Alors nous pouvons observer ce que nous faisons en pensant, nous pouvons nous en rendre compte : nous pouvons, par conséquent, apprendre à conduire notre réflexion. Penser devient donc un art, & cet art est l'art de parler.

Pour s'en convaincre, il suffit de considérer que l'art de décomposer nos pensées, par le moyen d'une suite de signes qui en représentent successivement les parties, est une analyse, qui, comme toutes les méthodes analytiques, conduit l'esprit de découverte en découverte, ou de pensée en pensée.

Car autant la faculté de penser est bornée dans celui qui n'analyse pas ses pensées, & qui, par conséquent, n'observe pas tout ce qu'il fait en pensant; autant cette faculté doit s'étendre dans celui qui analyse ses pensées, & qui en observe jusqu'aux plus petits détails.

Un enfant, qui ne parle pas encore, est donc très borné à cet égard. Mais en apprenant à exprimer ses jugements par des mots, il apprend à les analyser, parce qu'il apprend à les observer partie par partie. Il apprend donc ce qu'il fait quand il juge, & il en est plus capable de juger. L'art de penser n'est, par conséquent, pour lui que l'art de parler; & c'est à cet art qu'il devra le développement de ses facultés & le progrès de ses connoissances.

Voilà pourquoi je considére l'art de parler comme une méthode analytique, qui nous conduit d'idée en idée, de jugement en jugement, de connoissance en connoissance; & ce seroit en ignorer le premier avantage, que de le regarder seulement comme un moyen de communiquer nos pensées.

Les langues sont donc plus ou moins parfaites, à proportion qu'elles sont plus ou moins propres aux analyses. Plus elles les facilitent, plus elles donnent de secours à l'esprit. En effet, nous jugeons & nous raisonnons avec des mots, comme nous calculons avec des chiffres; & les langues sont pour les peuples ce qu'est l'algebre pour les géometres. En un mot, les langues ne sont que des méthodes, & les méthodes ne sont que des langues. Par conséquent, si les géometres n'ont fait des progrès, qu'autant qu'ils ont perfectionné leurs méthodes; l'esprit d'un peuple ne fera des progrès, qu'autant qu'il perfectionnera sa langue: & comme l'imperfection des méthodes met des bornes à l'art de calculer, l'imperfection du langage met des bornes à l'art de penser. Un peuple n'a donc pas le même goût, la même intelligence, la même étendue d'esprit dans tous les temps, par la même raison, que les géometres de tous les siecles n'ont pas été capables de résoudre les mêmes problêmes. On voit par-là que l'art d'écrire, l'art de raisonner & l'art de penser se réduisent à l'art de parler ; comme toute la géométrie se réduit à l'art de calculer avec méthode.

Dès que toutes les études que le Prince avoit faites jusqu'alors, n'étoient, dans le fond, qu'un seul & même art; il est évident qu'elles concouroient ensemble à le familiariser avec les mêmes idées, & par conséquent à faire prendre les mêmes habitudes à son esprit. L'une ne faisoit pas diversion à l'autre : toutes tendoient au même but, c'est-à-dire, à lui apprendre à penser.

Si nous recherchons, dans nos palais, la grandeur & la magnificence, nous nous contentons de trouver des commodités dans nos maisons, & lorsque nous ne pouvons bâtir, que pour avoir un abri, nous ne bâtissons que des chaumieres.

Voilà l'image des différences, qui doivent se trouver dans l'éducation des citoyens. Puisqu'ils ne sont pas faits pour contribuer tous de la même maniere aux avantages de la société; il est évident que l'instruction doit varier, comme l'état auquel on les destine. Il suffit aux dernieres classes de savoir subsister de leur travail : mais les connoissances deviennent nécessaires, à mesure que les conditions s'élevent.

La difficulté est d'y préparer les esprits, comme le plus difficile est quelquefois de disposer les lieux où l'on veut bâtir. Il y a des situations ingrates : il y a tel sol, où l'on ne peut qu'à grands frais asseoir des fondements : on pourroit même s'y tromper, & le bâtiment s'écrouleroit de toutes parts. Cependant un Prince, destiné à commander, devroit s'élever au milieu de son peuple, comme un palais régulier & solide s'éleve au milieu des campagnes, dont il est l'ornement,

PRÉLIMINAIRE. 43

Toutes les études, que j'avois fait faire au Prince, se bornoient à l'art de parler, considéré comme l'art qui apprend à penser. Elles avoient formé son esprit, & elles le préparoient à d'autres connoissances. Ce fut alors que je lui fis étudier l'Histoire.

Je considere l'histoire comme un recueil d'observations, qui offre, aux citoyens de toutes les classes, des vérités rélatives à eux. Si nous savons y puiser les choses à notre usage, nous nous éclairons par l'expérience des siecles passés. Il ne s'agit donc pas de ramasser tous les faits, & d'en charger sa mémoire. Il y a un choix à faire.

Un Prince doit apprendre à gouverner son peuple. Il faut donc qu'il s'instruise, en observant ce que ceux qui ont gouverné, ont fait de bien, & ce qu'ils ont fait de mal. Il faut qu'il respecte leurs vertus, qu'il chériffe leurs talents, qu'il plaigne leurs fautes, & qu'il haïffe leurs vices. En un mot, il faut que l'hiftoire foit pour lui un cours de morale & de légiflation.

Cette étude embraffe, par conféquent, tout ce qui peut contribuer au bonheur ou au malheur des peuples : c'eft-à-dire, les gouvernements, les mœurs, les opinions, les abus, les arts, les fciences, les révolutions, leurs caufes, les progrès de grandeur, & la décadence des empires, confidérée dans fon principe, dans fon accélération & dans fon dernier terme. Elle embraffe, en un mot, toutes les chofes qui ont concouru à former les fociétés civiles, à les perfectionner, à les défendre, à les corrompre, à les détruire.

Telle eft en général la maniere dont j'ai cru devoir envifager l'hiftoire. Lorfque nous n'avons befoin de connoître les faits, qu'afin de pouvoir fuivre le fil des événements, je me contente de les indiquer : mais je les développe avec toutes les circonſtances qui ſe ſont tranſmiſes juſqu'à nous, lorſque ce ſont des germes, où ſe préparent des révolutions qui doivent éclore avec le temps. Pour traiter ainſi l'hiſtoire, je la diviſe en une multitude de périodes, qui ſont plus ou moins longues, & qui chacune ſe terminent à une révolution. Par-là chaque morceau d'hiſtoire eſt un. Le dernier terme, auquel tout ſe rapporte, décide ſur le choix des faits, & je prépare le développement d'une période entiere, par l'expoſition que je fais, avant de la commencer. Un coup d'œil, propre à faire connoître les acteurs & le lieu de la ſcene, eſt un préliminaire que je crois néceſſaire ; & je le donne, toutes les fois que je le puis. Mais il ſeroit trop long d'entrer dans les détails que ce ſujet demande. Je remarquerai ſeulement, que m'étant fait une loi d'apprendre au Prince où je veux le conduire, & comment je le conduis, j'indique, à chaque époque principale, l'objet que je crois devoir me proposer.

Par l'exposé que je viens de faire, on voit que le Prince se portoit à l'étude de l'Histoire avec un esprit exercé. Il connoissoit les facultés de son ame : il avoit observé les sociétés dans leur origine : son goût s'étoit formé par la lecture ; & les découvertes des philosophes avoient achevé de développer sa raison. Si la Grammaire, l'Art d'Écrire, l'Art de Raisonner & l'Art de Penser avoient varié ses études, il retrouvoit dans toutes la même méthode & les mêmes principes, puisque tous ces arts se confondent dans un seul. Il se familiarisoit, par conséquent, avec les connoissances qu'il avoit acquises, & il lui devenoit facile d'en acquérir encore.

COURS D'ÉTUDE

POUR L'INSTRUCTION

DU PRINCE DE PARME.

MOTIF

DES LEÇONS PRÉLIMINAIRES.

Nous ne favons que ce que nous avons appris (*). Nous ne jugeons, par exemple, des objets au tact, que parce que nous avons ap-

---

(*) Je vais encore prouver que les enfants font capables de raifonner. Quand on combat un préjugé, on eft obligé de l'attaquer à pluſieurs réprifes.

pris à en juger. En effet, une grandeur n'étant déterminée, que par les rapports qu'elle a à d'autres ; s'en faire une idée, c'est la comparer avec d'autres qu'on obferve, & juger qu'elle en diffère plus ou moins. Avec quelque promptitude que nous acquérions de pareilles idées, il eft donc évident, puifqu'elles font relatives, que nous ne les avons acquifes, que parce que nous avons comparé & jugé. Il en eft de même des idées de diftance, de figure, de pefanteur : en un mot, toutes les idées, qui nous viennent par le toucher, fuppofent des comparaifons & des jugements.

A peine le toucher eft inftruit, qu'il devient le maître des autres fens. C'eft de lui que les yeux, qui n'auroient par eux-mêmes que des fenfations de lumiere & de couleur, apprennent à juger des grandeurs, des figures & des diftances ; & ils s'inftruifent même fi promptement qu'ils paroiffent voir fans avoir appris.

Il

D'ÉTUDE.

Il est donc démontré que la faculté de raisonner commence, aussitôt que nos sens commencent à se développer; & que nous n'avons de bonne heure l'usage de nos sens, que parce que nous avons raisonné de bonne heure.

Mais s'il faut raisonner pour acquérir jusqu'aux premieres idées qui nous sont transmises par les sens, il faudra sans doute raisonner encore pour apprendre l'art de communiquer nos pensées.

La nature a mis dans notre organisation les premiers éléments de cet art. En nous formant sur le même modele, elle nous a donné des organes, qui font voir les mêmes actions, lorsque nous éprouvons les mêmes sentiments : ces actions deviennent donc naturellement l'expression des sentiments que nous éprouvons; & il ne reste plus qu'à les observer, pour juger des sentiments, que les autres éprouvent.

Or, avant d'avoir appris à parler, un enfant a déja quelque connoissance de ce langage d'action. Il a donc observé ce qui se passe dans ses organes, il a donc observé quelque chose de semblable dans les organes des autres. Il peut s'y tromper ou plutôt il s'y trompe souvent : mais ses erreurs mêmes prouvent qu'il a observé, qu'il a comparé, qu'il a jugé.

Ses besoins sont le motif qui le détermine à observer. C'est pourquoi il apprend bientôt à faire connoître ses desirs & ses craintes, à s'assurer des dispositions où l'on est à son égard, & à se procurer les secours qui lui sont nécessaires.

La version interlinéaire, imaginée par Mr. du Marsais, est sans doute la meilleure méthode pour enseigner une langue. Or c'eſt préciſément la méthode que ſuit un enfant, qui apprend la langue de ſes peres. Qu'en effet on prononce le nom d'une choſe, lorſqu'il montre par ſes mouvements qu'il la deſire ; il jugera auſſitôt que ce nom eſt le ſigne de la choſe même, & il conclura qu'il le peut ſubſtituer à ſon geſte. Son action devient donc en quelque ſorte la verſion interlinéaire des mots qu'il entend : elle eſt la traduction de la langue qu'on lui enſeigne.

Qu'on diſe à un enfant, *on vous punira, ſi vous n'êtes pas ſage* ; il pourra répondre, *mais ſi je le ſuis, on me récompenſera* ; jugeant que puiſque de *punir* on fait *punira*, on doit faire de *récompenſer*, *récompenſera*.

Nous voyons que les enfants commencent de bonne heure à ſaiſir les analogies du langage. S'ils s'y trompent quelquefois, il n'en eſt pas moins vrai qu'ils ont raiſonné : mais l'uſage n'eſt pas toujours auſſi conſéquent qu'ils le font. Souvent même nous ne pouvons refuſer d'applaudir à leur eſprit, lors-même qu'ils font des fautes: c'eſt que ces fautes mêmes ſuppoſent des raiſonnements dont nous ne les jugions pas capables. Malgré ces expériences, qui devroient nous ouvrir les yeux, nous nous obſtinons à juger qu'ils ne font pas encore dans un âge à pouvoir raiſonner. Nous nous aveuglons au point de ne pas appercevoir un raiſonnement, parce qu'il n'eſt pas dévéloppé avec tous les termes, dont nous nous ſervons à cet effet. Cependant le raiſonnement eſt tout fait dans l'eſprit, avant qu'il ſoit énoncé. L'expreſſion ne le fait pas, elle le ſuppoſe; & on ne l'exprimeroit pas, ſi on ne l'avoit pas déjà fait. Il y a donc eu un raiſonnement dans l'eſprit d'un enfant, toutes les fois que nous y remarquons une idée qu'il n'a pu acquérir qu'en raiſonnant.

Mais, demandera-t-on, lorsqu'un enfant dit, de *punir* on fait *punira*: donc de *récompenser* on doit faire *récompensera*, est-ce là raisonner? Je réponds que toute l'essence du raisonnement consiste dans cette conséquence, que nous exprimons par un *donc*.

En effet, quand Newton, observant les corps qui sont sur la surface de notre globe, dit: ils pesent vers le centre de la terre, donc la Lune pese vers ce même centre; la Lune pese vers le centre de la terre, donc les satellites pesent vers le centre de leur planete principale; les satellites pesent vers le centre de leur planete principale, donc toutes les planetes pesent vers le centre du Soleil: que peut-on supposer de plus dans ces raisonnements que dans celui-ci; on dit *punira*, donc on dira *récompensera*?

Newton, qui développoit le systême du monde, ne raisonnoit donc pas autrement que Newton, qui apprenoit à toucher, à voir, à parler : il ne raisonnoit pas autrement que Newton, qui développoit ses propres sensations. Tous deux observoient ; tous deux comparoient, tous deux jugeoient, tous deux tiroient des conséquences. L'âge a seulement changé l'objet des études : mais le raisonnement, de la part de l'esprit, a toujours été la même opération.

Il ne faut pas confondre le raisonnement avec les choses sur lesquelles on raisonne. Il y en a sur lesquelles il est difficile de raisonner, parce qu'il est difficile de les bien observer, de s'en faire des idées précises, d'en bien juger, & que d'ailleurs avant de les étudier, il faudroit avoir fait d'autres études. Ce sont-là des choses sur lesquelles les enfants ne peuvent pas raisonner encore : faut-il en conclure qu'ils ne raisonnent pas sur d'autres ?

Non-seulement ils raisonnent ; mais, guidés par la Nature, ils se conduisent mieux, que les philosophes ne se conduisent communément : la méthode qu'ils suivent, est cette méthode que nous nous faisons gloire d'avoir trouvée, & que nous n'avons trouvée qu'après bien des siecles ; car ils vont du connu à l'inconnu, observant, jugeant d'après leurs observations, & montrant une sagacité qui surmonte jusqu'aux obstacles que nous mettons au développement de leur raison. Ils ont déja fait de grands progrès, lorsqu'ils commencent à parler : ils en feroient sans doute encore, si, lorsque nous entreprenons de cultiver leur esprit, nous commencions par leur faire remarquer comment ils se sont instruits tout seuls ; & si, après leur avoir fait sentir que la méthode qui leur a donné des connoissances, peut leur en donner encore, nous les conduisions d'observation en observation, de jugement en jugement, de conséquence en conséquence. Mais parce que nous ne favons pas nous mettre à leur portée, nous les accufons d'être incapables de raifon, & cependant notre ignorance fait feule toute leur incapacité.

Convaincu de cette vérité, je jugeai que le Prince dont on m'avoit confié l'inftruction, m'entendroit facilement, fi, le faifant réfléchir fur les idées qui lui étoient familieres, je lui faifois remarquer par quelle fuite de raifonnements il les avoit acquifes. Cette méthode, propre à répandre la lumiere dans fon efprit, devoit encore réveiller fa curiofité, puifqu'elle lui faifoit voir que, pour arriver à de nouvelles connoiffances, il n'avoit qu'à fe conduire avec moi, comme il s'étoit conduit tout feul. Cette feule confidération fupprimoit les difficultés, écartoit les dégoûts, & donnoit de la confiance.

Ce plan me paroissoit simple. J'avoue cependant que je n'osois me répondre du succès. Car je voyois que ce seroit toujours ma faute, lorsque le Prince ne m'entendroit pas ; & l'expérience pouvoit seule m'apprendre, si je serois capable de me faire toujours entendre.

Le commencement étoit le plus difficile : il n'y avoit même de difficulté qu'à bien commencer. Par conséquent je devois, dès le premier essai, juger de ma méthode & de moi. Je hasardois tout au plus de perdre quelques jours.

On conçoit que, pour exécuter mon plan, il falloit me rapprocher de mon éleve, & me mettre tout-à-fait à sa place : il falloit être enfant, plutôt que précepteur. Je le laissai donc jouer, & je jouai avec lui : mais je lui faisois remarquer tout ce qu'il faisoit, & comment il avoit appris à le faire ; & ces petites observations sur ses jeux étoient un nouveau jeu pour lui. Il reconnut bientôt qu'il n'avoit pas toujours été capable des mouvements qu'il avoit cru jufqu'alors lui être naturels : il vit comment les habitudes fe contractent: il fut comment on en peut acquérir de bonnes, & comment on peut fe corriger des mauvaifes.

Dès qu'il connut que le corps ne peut régler fes mouvements, qu'autant qu'il s'eft fait des habitudes; lui dire que l'efprit ne penfe, qu'autant qu'il a appris à penfer, & qu'il s'en eft fait une habitude, c'étoit étonner & exciter fa curiofité. Car pouvoit-il foupçonner qu'il n'eût pas toujours eu les idées qu'il avoit, & qu'il n'eût pas toujours penfé comme il penfoit? Ce paradoxe, qui attiroit fon attention, faifoit diverfion à fes jeux : & l'enfant, qui commençoit à jouer moins, fe rapprochoit du précepteur, comme le précepteur s'étoit d'abord rapproché de l'enfant.

Parmi les connoissances qu'il avoit alors, il me fut facile d'en trouver qu'il se souvenoit de n'avoir pas toujours eues; & cette seule observation suffisoit pour lui faire soupçonner qu'elles pouvoient toutes avoir été acquises. D'ailleurs, c'étoit assez de lui faire remarquer que sans les sensations il n'auroit eu aucune idée des objets sensibles, & que sans les sens il n'auroit point eu de sensations: il ne restoit plus qu'à lui expliquer la génération de quelques-unes de ses idées, c'est-à-dire, comment il les avoit faites; & aussitôt il devoit entrevoir comment elles pouvoient être toutes l'ouvrage de son esprit.

Avant d'écrire la premiere leçon, je crus devoir la faire avec le Prince même. Je l'observai donc pendant quelques jours, je causai avec lui, je lui trouvai de l'intelligence, & j'appris comment je devois m'exprimer. Alors j'écrivis cette premiere leçon, qui n'étoit qu'un résultat de ce que nous avions dit. Le Prince l'entendit à la simple lecture.

Je causai encore avec lui, avant d'écrire la seconde; je fis de même, avant d'écrire la troisieme; & c'est avec cette précaution que les leçons préliminaires ont été faites. Ceux qui jugeront superficiellement de la méthode que j'ai suivie, auront de la peine à comprendre qu'un enfant de sept ans ait pu, en moins d'un mois, se familiariser avec toutes les idées qu'elles renferment.

PRÉCIS

DES

LEÇONS PRÉLIMINAIRES.

Les Leçons préliminaires avoient pour principaux objets, les idées, les opérations de l'ame, les habitudes, la diſtinction de l'ame & du corps, & la connoiſſance de Dieu. J'en vais donner le précis dans cinq articles.

Il eſt inutile que je donne les leçons mêmes, puiſqu'elles ont été faites uniquement pour le Prince, & d'après les converſations que j'avois eues avec lui. Souvent, d'une leçon à l'autre, je revenois aux idées avec leſquelles je voulois qu'il ſe familiariſât, &

je les lui présentois d'une nouvelle manière. Quelquefois aussi je m'écartois de mon objet dans la leçon écrite, parce que la curiosité de mon éleve m'en avoit écarté dans nos conversations. Autant ces écarts & ces répétitions étoient nécessaires entre le Prince & moi, autant il seroit inutile de les donner au public. On n'y trouveroit que du désordre, & on en seroit choqué, parce qu'on ne pourroit pas juger de l'utilité que j'en retirois.

ARTICLE I.

Des différentes especes d'idées.

Lorsque les corps sont présents, nous les connoissons par les sensations qu'ils font sur nous; & lorsqu'ils sont absents, nous les connoissons par le souvenir des sensations qu'ils ont faites. Nous n'avons pas d'autre maniere de les connoître.

Ce sont donc nos sensations qui nous représentent les corps: ce sont elles qui nous les représentent, lorsqu'elles existent actuellement dans l'ame; & ce sont elles encore qui le représentent, lorsqu'elles ne subsistent que dans le souvenir que nous en conservons.

Les sensations, considérées comme représentant les corps, se nomment *idées*; mot qui, dans son origine, n'a signifié que ce que nous entendons par *image*.

Puisque les images, qui nous représentent les corps, ou les idées, sont des sensations, autant nous avons de sensations différentes, autant nous avons d'idées différentes; & puisque nos sensations sont originairement nos seules idées, il ne nous est pas possible d'avoir des idées, lorsque les sensations viennent à nous manquer. Un aveugle-né n'a point d'idée des couleurs ; & si nous avions un sixieme sens, nous aurions des idées que nous n'avons pas.

Les choses que nos idées ou nos sensations nous représentent dans les corps, se nomment *qualités*, *maniere d'être ou modifications*. Qualités, parce que par elles les corps sont distingués

gués les uns des autres : maniere d'être, parce que c'eſt la maniere dont ils exiſtent : modifications, parce qu'une qualité de plus ou de moins modifie un corps, c'eſt-à-dire, produit quelque changement dans ſa maniere d'exiſter. Les qualités, qui ſont tellement propres à une choſe, qu'elles ne ſauroient convenir à d'autres, ſe nomment *propriétés*. Etre terminé par trois côtés, eſt, par exemple, une propriété du triangle.

Dès que les qualités diſtinguent les corps, & qu'elles en ſont des manieres d'être, il y a dans les corps quelque choſe que ces qualités modifient, qui en eſt le ſoutien ou le ſujet, que nous nous repréſentons deſſous, & que par cette raiſon nous appellons *ſubſtance*, de *ſubſtare*, être deſſous.

Les ſenſations ne nous repréſentent pas ce quelque choſe. Nous n'en avons donc aucune idée. Mais puiſque les qualités modifient, il faut bien qu'il y ait quelque chose qui soit modifié. Le mot *substance* est donc un nom donné à une chose que nous savons exister, quoique nous n'en ayons point d'idée.

Si vous vouliez connoître l'intérieur d'une montre, vous la démonteriez ou décomposeriez : vous arrangeriez avec ordre toutes les parties devant vous : vous examineriez séparément comment chacune est faite, comment l'une agit sur l'autre, & comment le nouvement, communiqué par un premier ressort, passe de roue en roue, jusqu'à l'aiguille qui marque les heures.

De même, si vous voulez connoître un corps, vous le démonterez, pour ainsi dire ; vous le décomposerez. Voyons comment se fait cette décomposition.

Aucun sens ne représente toutes les qualités que nous appercevons dans un corps. La vue repréfente les couleurs ; l'oreille, les fons, &c. : en nous fervant féparément de nos fens, les corps commencent donc à fe décompofer : nous obfervons fucceffivement les différentes qualités, comme nous obfervions fucceffivement les parties d'une montre. Le toucher eft de tous les fens celui qui nous découvre le plus de qualités. Mais lorfqu'il en repréfente plufieurs à la fois, il ne les fait cependant remarquer que l'une après l'autre. Si je veux juger de la longueur, de la largeur & de la profondeur d'un corps, il faut que je les obferve féparément.

Or, puifque les fens nous repréfentent fucceffivement les qualités, il dépend de nous de les confidérer les unes après les autres. Nous pouvons donc les obferver comme fi elles exiftoient féparées de la fubftance qu'elles modifient. Je puis, par exemple, penfer à la blancheur, fans penfer à ce papier, ni à la neige, ni à tout autre corps blanc. Or la blancheur, considérée séparément de tout corps, est ce qu'on nomme une idée *abstraite*, d'*abstrahere*, qui signifie *séparer de*.

Si, par conséquent, de toutes les idées qui me viennent par les sens, je fais autant d'idées abstraites, j'aurai la décomposition de toutes les qualités que je connois dans les corps, puisque je les aurai toutes séparées.

Comme on recompose une montre, lorsqu'on rassemble les parties dans l'ordre où elles étoient, avant qu'on l'eût démontée ; on recompose l'idée d'un corps, lorsqu'on rassemble les qualités dans l'ordre dans lequel elles coexistent, c'est-à-dire, dans lequel elles existent ensemble.

Il est nécessaire de décomposer, pour connoître chaque qualité séparément ; & il est nécessaire de recompofer, pour connoître le tout qui réfulte de la réunion des qualités connues.

Cette décompofition & cette recompofition eft ce que je nomme *analyfe*. Analyfer un corps, c'eft donc le décompofer pour en obferver féparément les qualités, & le recompofer pour faifir l'enfemble des qualités réunies. Quand nous avons ainfi analyfé un corps, nous le connoiffons, autant qu'il eft en notre pouvoir de le connoître.

Il y a dans chaque corps des qualités qu'on peut connoître fans le comparer avec un autre. Telle eft l'étendue. Ces qualités fe nomment *abfolues*. Il y a auffi dans chaque corps des qualités qu'on ne peut connoître, qu'autant qu'on le compare avec un autre. Telle eft la grandeur. Ces qualités fe nomment *relatives*.

Pour connoître les corps, il ne fuffit donc pas d'en obferver les qualités absolues : il faut encore en observer les qualités relatives ; &, par conséquent, il faut, à mesure qu'on les analyse, les comparer les uns avec les autres.

Mais quel ordre suivrons nous dans ces comparaisons ? Il est évident que nous confondrons tout, si nous ne nous conduisons pas avec quelque méthode.

Si je veux faire usage de ma bibliotheque, je mets dans un endroit les livres d'histoire, dans un autre les livres de poësie, &c. ; je distingue ensuite l'histoire en histoire ancienne & en histoire moderne ; l'histoire moderne en histoire de France, en histoire d'Angleterre, &c. : par-là je fais de mes livres différentes collections que j'appelle *classes*.

Les classes d'histoire ancienne & d'histoire moderne sont des subdivifions de la claſſe que j'ai nommée *livres d'hiſtoire;* comme les claſſes d'hiſtoire de France & d'hiſtoire d'Angleterre font des ſubdiviſions de la claſſe que j'ai nommée *hiſtoire moderne.*

J'appelle *claſſes ſubordonnées les unes aux autres* les claſſes qui ſe forment par une ſuite de ſubdiviſions. Ainſi les claſſes d'hiſtoire de France & d'hiſtoire d'Angleterre font ſubordonnées à la claſſe d'*hiſtoire moderne*, comme les claſſes d'hiſtoire moderne & d'hiſtoire ancienne font ſubordonnées à la claſſe de *livres d'hiſtoire*. Il eſt certain que quand j'aurai de la ſorte claſſé tous mes livres, il me ſera plus facile de les retrouver.

C'eſt ainſi que nous claſſons les choſes à meſure que nous les obſervons, & par ce moyen nous nous ferons différentes eſpeces d'idées.

Chaque choſe eſt une, & on l'appelle par cette raiſon *ſinguliere* ou *in-*

dividuelle. Pierre & Paul, par exemple, font deux *individus*.

Un enfant, à qui on dit que Pierre est un homme, remarquera que Paul est un homme également, parce que Paul reffemble à Pierre. Bientôt il appliquera le nom d'*homme* à tous les individus qui reffemblent à Pierre & à Paul, & alors il aura fait une claffe de tous ces individus.

Quand il remarquera que, parmi les hommes, il y a des nobles & des roturiers, des eccléfiaftiques & des militaires, des favants & des ignorants, &c., la claffe, qu'il défignoit par le mot *homme*, fe fubdivifera en plufieurs autres claffes, qu'il diftinguera par des noms différents.

De même quand il confidérera ce que les hommes ont de commun avec les chiens, les chevaux, &c., & qu'il remarquera que les hommes, les chiens, les chevaux, quand on n'a égard qu'à ce qu'ils ont de commun, se désignent tous par le nom d'*animal*; alors il jugera qu'homme, chien, cheval, &c. ne sont que des subdivisions de la classe d'*animal*, & il mettra dans cette classe tous les animaux, à mesure qu'il aura occasion de les remarquer.

Noble ne se dit que d'une partie des individus qu'on désigne par le nom d'*homme*. Or, on nomme *générale* la classe qui comprend le plus grand nombre d'individus, & on nomme *particuliere* la classe qui n'en comprend qu'un certain nombre. *Noble* est donc une classe particuliere par rapport à *homme*, & *homme* est une classe générale par rapport à *noble*, *roturier*, &c.

Mais comme la classe d'*homme* est générale par rapport aux classes dans lesquelles on la subdivise, elle est elle-même une classe particuliere par rapport à la classe dont elle est une subdivision. *Homme* est donc une classe particuliere par rapport à *animal*, & *animal* est une classe générale par rapport à *homme*, *chien*, *cheval*, &c.

On donne encore à ces classes les noms de *genre* & d'*espece* ; & on comprend sous le nom de genres les classes générales, & sous le nom d'especes les classes particulieres. Par exemple, *noble* & *roturier* sont des especes par rapport à *homme* ; & *homme*, qui est un genre par rapport à *noble* & *roturier*, est une espece par rapport à *animal*.

Comme on classe les objets sensibles, on classe aussi leurs qualités. Quand on considérera, par exemple, les qualités par rapport aux sens qui nous en donnent la connoissance, on en distinguera en général de cinq especes, & chacune de ces especes deviendra un genre par rapport aux clasles dans lesquelles elle sera subdivisée. *Couleur*, par exemple, est un genre par rapport aux qualités qui nous sont connues par la vue, & les couleurs se subdivisent en plusieurs especes, *blanc*, *noir*, *rouge*, &c.

Classer ainsi les choses, c'est les distribuer avec ordre. Alors nous pouvons remonter, de classe en classe, depuis l'individu jusqu'au genre qui comprend toutes les especes, comme nous pouvons descendre de ce genre jusqu'aux individus.

Ce n'est donc qu'afin de pouvoir, à notre choix, aller de l'espece au genre & revenir du genre à l'espece, que nous distribuons les choses dans des classes subordonnées. Sans cette distribution, toutes nos idées se confondroient, & il nous seroit impossible d'étudier la Nature.

Quand cette distribution est faite, nos idées se trouvent elles-mêmes distribuées par classes, comme les choses que nous avons observées. Alors nous avons des idées singulieres ou individuelles, qui nous représentent les individus; des idées particulieres, qui nous représentent les especes; & des idées générales, qui nous représentent les genres. L'idée, par exemple, que j'ai de Pierre, est singuliere ou individuelle, & comme l'idée d'homme est générale par rapport aux idées de noble & de roturier, elle est particuliere par rapport à l'idée d'animal.

Après avoir vu comment nos idées se forment, il est aisé de connoître ce qu'elles sont chacune en elles-mêmes.

Un homme en général, une couleur en général ne peut tomber sous les sens. Nous ne pouvons voir que tel homme, telle couleur. En un mot, nous ne voyons que des individus.

Dès que les sens ne nous offrent que des individus, nous ne pouvons avoir, à parler à la rigueur, que des idées individuelles. Que font donc les idées générales ? Ce font les noms des classes que nous avons faites, à mesure que nous avons senti le besoin de distribuer nos connoissances avec ordre. Que représentent ces idées ? Elles ne représentent que ce que nous appercevons dans les individus mêmes. L'idée générale d'*homme* ne représente que ce que nous voyons de commun dans Pierre, dans Paul, &c.: c'est pourquoi je dis qu'à parler à la rigueur, nous n'avons que des idées individuelles. En effet, nous n'appercevons dans les idées générales, que ce que nous appercevons dans les individus.

Cette maniere d'expliquer la génération des idées est simple. Peut-être même le paroîtra-t-elle trop à quelques lecteurs. Mais on conviendra que, si les philosophes avoient eu cette simplicité-là, ils se seroient épargné bien des questions frivoles & beaucoup de mauvais raisonnements.

On conçoit au reste que pour rendre ces choses familieres à un enfant, il faut rapporter plus ou moins d'exemples. On en trouvera facilement, parce qu'un enfant qui fait parler, a déja bien des idées d'individus, d'especes & de genres. Il ne s'agit pas de lui faire faire quelque chose de nouveau: il s'agit seulement de lui faire remarquer ce qu'il a fait lui-même, & de lui apprendre quelques nouvelles dénominations.

Dès qu'il n'y a, dans le vrai, que des mots à lui enseigner, ceux qui pensent qu'il ne peut apprendre que des mots, conviendront que tout ce que j'ai exposé dans cet article, est à sa portée.

ARTICLE II.

Des opérations de l'ame.

L'ATTENTION.

On nomme en général *objet* tout ce qui s'offre aux sens ou à l'esprit. Lorsque vous jetez indifféremment les yeux sur tous les objets qui se présentent à vous, vous ne remarquez pas plus les uns que les autres. Mais si vous fixez les yeux sur un d'eux, vous remarquez plus particulierement les sensations qu'il fait sur vous, & vous ne vous appercevez plus des sensations que les autres vous envoient. Or, les sensations que vous recevez de cet objet, & que vous remarquez plus particuliérement, vous font connoître ce qui se passe en vous, lorsque vous donnez votre attention.

L'attention suppose donc deux choses, l'une de la part du corps, l'autre de la part de l'ame. De la part du corps, c'est la direction des sens ou des organes sur un objet; de la part de l'ame, c'est la sensation même que cet objet fait sur vous, & que vous remarquez plus particulierement.

La direction des organes, qui fait que vous remarquez plus particulierement une sensation, n'est que la cause de l'attention. C'est uniquement dans votre ame que l'attention se trouve, & elle n'est que la sensation particuliere que vous éprouvez.

Ainsi, lorsque, de plusieurs sensations qui se font en même temps sur vous, la direction des organes vous en en fait remarquer une, de maniere que vous ne remarquez plus les autres : cette senfation devient ce que nous appellons *attention*.

L'attention peut se porter sur un objet, sur une partie, ou seulement sur une qualité. Dans tous ces cas, elle n'est jamais qu'une senfation, qui se fait remarquer, & qui fait disparoître les autres.

Comme l'attention, donnée à un objet préfent, n'est que la senfation plus particuliere, qu'il fait sur vous; l'attention donnée à un objet abfent, n'est que le souvenir des senfations qu'il a faites : souvenir qui est affez vif pour se faire remarquer, & qui n'est lui-même qu'une senfation plus ou moins distincte.

LA COMPARAISON

DONNER tout-à-la fois votre attention à deux objets, c'est les remarquer en même temps. Or, les remarquer en même temps, c'est les comparer. La comparaison n'est donc que l'attention donnée à deux choses.

Vous pouvez comparer deux objets présents, deux objets absents, ou un objet présent avec un objet absent. Dans tous ces cas la comparaison n'est jamais que l'attention donnée aux idées que vous avez de deux choses, c'est-à-dire, aux sensations que les objets font sur vous, s'ils sont présents, & au souvenir des sensations qu'ils ont faites, s'ils sont absents.

Dire que nous donnons notre attention à deux choses, c'est dire qu'il y a en nous deux attentions. La comparaison n'est donc qu'une double attention.

Nous venons de voir que l'attention n'est qu'une sensation qui se fait remarquer. Deux attentions ne font donc que deux sensations qui se font remarquer également ; &, par conséquent, il n'y a dans la comparaison que des sensations.

Mais, pourroit-on demander, si l'attention n'est que sensation, comment donnons nous notre attention ? que signifie même ce langage, *donner son attention ?*

Il signifie, si l'objet est présent, que nous dirigeons nos sens sur lui, pour recevoir d'une maniere plus particuliere les sensations qu'il fait, & pour les recevoir, en quelque sorte, à l'exclusion de toute autre. Aussi avons nous remarqué que la direction des sens est la cause de l'attention.

Mais nous ne pouvons pas diriger nos sens sur un objet absent? comment donc alors donnons nous notre attention ?

Je réponds que nous ne donnons notre attention à un objet absent, qu'autant que le souvenir, qui s'en retrace à notre esprit, a prévenu notre attention. Car nous n'y penserions pas, si nous ne nous en souvenions point du tout. Or, quand le souvenir s'en retrace, il suffit, pour y donner notre attention, que nous ne la donnions pas à autre chose. Car alors ce souvenir sera la sensation, que nous remarquerons plus particulierement.

LE JUGEMENT.

Lorsque vous comparez deux objets, vous voyez qu'ils font sur vous les mêmes senfations ou des senfations différentes : vous voyez donc qu'ils se reffemblent ou qu'ils différent. Or, c'est-là juger. La comparaifon renferme donc le jugement ; &, par conféquent, il n'y a dans le jugement, comme dans la comparaifon, que ce que nous appellons senfation.

Les chofes ne peuvent que fe reffembler ou différer. Nos jugements ne découvrent donc dans les objets que des reffemblances ou des différences, des égalités ou des inégalités. Vous mettez une feuille de papier fur une autre, & vous jugez fi elles font égales ou inégales en grandeur. Vous les placez l'une à côté de l'autre, & vous jugez fi elles fe reffemblent par la couleur, ou fi elles different. Or, les rapprocher ainfi, pour juger de leur égalité ou de leur inégalité, de leur reffemblance ou de leur différence, c'eft ce qu'on appelle les *rap-*

porter l'une à l'autre ; & en conséquence on dit qu'elles ont des rapports de ressemblance ou de différence, d'égalité ou d'inégalité. Voilà les rapports les plus généraux, sous lesquels on peut considérer les choses.

LA RÉFLEXION.

Vous pouvez conduire successivement votre attention sur plusieurs choses, sur plusieurs parties de la même, ou sur plusieurs qualités ; & à mesure que vous la conduisez ainsi, vous pouvez comparer ces choses, ces parties, ces qualités, & en juger. Lorsque l'attention fait de la sorte une suite de comparaisons, & porte une suite de jugements, vous remarquez qu'elle réfléchit en quelque sorte d'une chose sur une autre, d'une partie sur une partie, d'une qualité sur une qualité. Alors elle prend le nom de *réflexion*. La réflexion n'est donc que l'attention, qui va & revient d'une idée à une autre, jusqu'à ce que nous ayons assez observé & assez comparé, pour juger de la chose que nous voulons connoître.

L'IMAGINATION.

Mon attention peut se porter sur le souvenir d'un objet absent, & me le représenter comme présent. Elle peut aussi se porter, par exemple, d'un côté sur l'idée d'homme, & de l'autre sur l'idée de cent coudées, & faire des deux une seule idée. Dans l'un & l'autre cas, l'attention prend le nom d'*imagination*. C'est pourquoi on dit qu'un homme à imagination est un esprit créateur. En effet, de plusieurs qualités que l'Auteur de la Nature a répandues dans différents objets, il en fait un seul tout, & il crée des choses qui n'existent que dans son esprit.

LE RAISONNEMENT.

UN homme vertueux mérite d'être récompensé. Pierre est un homme vertueux : donc Pierre mérite d'être récompensé. Voilà un *raisonnement* : il est formé de trois jugements, qu'on appelle *propositions*.

Or, puisqu'un jugement n'est que l'attention qui compare, & qui apperçoit un rapport ; il est évident qu'un raisonnement ne peut être que l'attention même, puisqu'il n'est formé que de jugements. Il nous reste à considérer ce qu'il y a de particulier dans les jugements dont un raisonnement est composé.

D'après l'exemple que je viens d'apporter, nous voyons que ce qui constitue un raisonnement, c'est que le troisieme jugement est renfermé dans les deux premiers: car lorsque je dis, *Pierre est un homme vertueux & un homme vertueux mérite d'être récompensé*, c'est dire, que Pierre mérite d'être récompensé, la chose est même sensible à l'œil. Voilà pourquoi celui qui a apperçu la vérité des deux premiers jugements, ne peut pas ne pas assurer le troisieme. Il infere donc que Pierre mérite d'être récompensé; & en tirant cette conséquence, il ne fait qu'énoncer explicitement ce qu'il a déja dit implicitement.

D'après cette explication, je dis qu'un raisonnement n'est que l'attention qui est déterminée à porter un troisieme jugement, parce qu'elle le voit renfermé dans deux jugements qu'elle a faits.

L'ENTENDEMENT.

Comme l'oreille entend les sons, l'ame entend les idées; & on dit l'*en-tendement* de l'ame. Or, comment l'ame entend-elle les idées? C'est en donnant son attention, en comparant, en jugeant, en réfléchissant, en imaginant, en raisonnant. L'entendement embrasse donc toutes les opérations : il n'en est que le résultat.

On donne à ces opérations le nom de *faculté*, & alors on ne veut pas dire qu'elles sont actuellement dans l'ame, on veut dire seulement que l'ame en est capable. Ce nom se donne aussi, dans le même sens, aux actions du corps. Nous avons la faculté de voir, de marcher, de comparer & de juger ; parce que nous sommes capables de voir, de marcher, de comparer & de juger.

D'après ce que nous venons d'exposer dans cet article, on peut conclure que les opérations de l'entendement ne sont que la sensation même, qui se transforme en attention, en comparaison, en jugement, en réflexion, &c.

LE DESIR.

LA privation d'une chose que vous jugez vous être nécessaire, produit en vous un mal-aise ou une inquiétude, en sorte que vous souffrez plus ou moins. C'est ce qu'on nomme *besoin*.

Le mal-aife détermine vos yeux, votre toucher, tous vos fens fur l'objet dont vous êtes privé. Il détermine encore votre ame à s'occuper de toutes les idées qu'elle a de cet objet, & du plaifir qu'elle pourroit en recevoir. Il détermine donc l'action de toutes les facultés du corps & de l'ame.

Cette détermination des facultés fur l'objet dont on eft privé, eft ce qu'on appelle *defir*. Le defir n'eft donc que la direction des facultés de l'ame, fi l'objet eft abfent; & il enveloppe encore la direction des facultés du corps, fi l'objet eft préfent.

Les defirs font plus ou moins vifs, à proportion que l'inquiétude, caufée par la privation, eft plus ou moins grande. Car plus nous fouffrons de la privation d'une chofe, plus il y a de vivacité dans la direction des facultés du corps & de l'ame.

Les desirs prennent le nom de *passions*, lorsqu'ils sont vifs & continus; c'est-à-dire, lorsque nos facultés se dirigent avec force & continuement sur le même objet.

Si, au desir de la chose dont on est privé, on ajoute ce jugement, *je l'obtiendrai*, alors naît l'espérance. Ainsi l'espérance suppose la privation de la chose, le jugement qu'elle nous est nécessaire, & le jugement qu'on l'obtiendra.

Si, à ce jugement, *je l'obtiendrai*, on substitue, *je ne dois point trouver d'obstacle, rien ne peut me résister*; le desir est alors ce qu'on nomme *volonté*. *Je veux*, signifie donc, *je desire, & je pense que rien ne peut contrarier mon desir*.

LA VOLONTÉ CONSIDÉRÉE COMME FACULTÉ.

Dans un sens plus général, la volonté se prend pour une faculté, qui embrasse toutes les opérations qui naissent du besoin; comme l'entendement est une faculté, qui embrasse toutes les opérations qui naissent de l'attention.

LA FACULTÉ DE PENSER.

Ces deux facultés, la volonté & l'entendement, se confondent dans une faculté plus générale, qu'on nomme la *faculté de penser*. Avoir des sensations, donner son attention, comparer, &c., c'est *penser*. Eprouver un besoin, desirer, vouloir, c'est encore *penser*. Enfin, le mot *pensée* peut se dire en général de toutes les opérations de l'ame, & de chacune en particulier, comme le mot *mouvement* s'applique à toutes les actions du corps.

Le mot *penser* vient de *pensare*, qui signifie *peser*. On a voulu dire que, comme on pese des corps, pour savoir dans quel rapport le poids de l'un est au poids de l'autre; l'ame pese en quelque sorte les idées, lorsque nous les comparons pour savoir dans quels rapports elles sont entr'elles.

Par-là vous voyez que le mot *penser* a eu deux acceptions. Dans la premiere, qui est celle de *peser*, il s'est dit du corps, & il étoit pris au propre : dans la seconde, qui est celle que nous lui donnons aujourd'hui, il a été transporté à l'ame, & il se prend au figuré, ou, comme on dit encore, métaphoriquement. Les Latins exprimoient la pensée par une autre métaphore. Ils se servoient d'un mot, qui signifie *rassembler, mettre ensemble;* parce qu'en effet les opérations de l'entendement & de la volonté demandent que l'ame rassemble des idées.

Cet article est un peu plus difficile que le premier: j'en conviens. Cependant je me borne à faire observer à un enfant ce qu'il fait continuellement. Le grand point est de lui faire comprendre ce que c'est que l'attention; car dès qu'il le comprendra, tout le reste sera facile.

ARTI-

ARTICLE III.

Des habitudes.

Le mot *agir* se dit du corps & de l'ame. Or que fait le corps, quand il agit? Il se meut. Le mouvement est donc l'action du corps, & autant on distingue de mouvements dans le corps, autant on distingue d'actions différentes.

Parmi les actions, les unes sont naturelles, parce qu'elles se font par une suite de notre conformation, & sans être dirigées par notre volonté. Tels sont les mouvements qui sont le principe de la vie.

D'autres actions du corps se font

parce que nous les voulons faire, parce que nous dirigeons nous-mêmes nos mouvements. Vous vous promenez, parce que vous voulez vous promener. Ces actions se nomment *volontaires*.

Lorsqu'on fait souvent faire au corps les mêmes actions, il arrive enfin qu'il les fait avec tant de facilité, que nous n'avons plus besoin d'en diriger les mouvements : il agit alors, comme s'il y étoit déterminé par sa seule organisation. Ces sortes d'actions sont ce qu'on nomme des *habitudes*. Il est aisé d'en trouver des exemples.

Mais quoique les actions tournent en habitudes, elles ont été volontaires dans le commencement; & elles ne sont devenues habituelles, que parce que notre corps les a souvent répétées. Pour en contracter l'habitude, il faut qu'elles soient dirigées par l'attention; & quand l'habitude est contractée, elles préviennent la volonté, & se font sans nous, c'est-à-dire, sans que nous soyons obligés d'y penser. Nous avons, par exemple, eu beaucoup de peine à apprendre à lire, & aujourd'hui nous lisons, comme si nous n'avions pas eu besoin d'apprendre.

Les actions de l'ame, c'est-à-dire, les opérations de l'entendement & de la volonté, deviennent habituelles ainsi que les actions du corps. Il y a des choses que nous n'aurions pas entendues dans notre enfance, & sur lesquelles nous raisonnons aujourd'hui avec la même facilité que si nous les avions toujours sues. Une multitude de jugements d'habitude se décelent dans l'usage que nous faisons de nos sens. De pareils jugements se montrent encore d'une maniere plus sensible dans ces liaisons d'idées, qui sont tout-à-la fois le principe de nos égaremens & de notre intelligence. Souvent nous ne nous trompons, que parce que nous obéissons, sans nous en douter, à de fausses liaisons, qui nous sont devenues habituelles, & c'est alors que nous nous opiniâtrons davantage -dons nos erreurs. D'autrefois nous ne concevons avec facilité, que parce que nous jugeons d'après des liaisons qui ont été mieux faites. Plus ces liaisons nous sont habituelles, moins nous les remarquons & plus aussi notre conception est rapide. Notre esprit n'est même étendu, qu'à proportion que nous avons eu occasion de former beaucoup de liaisons de cette espece. Ces exemples ne sont pas à la portée d'un enfant : mais il sera facile d'en trouver dans les jugements qu'il portera lui-même ; & on lui fera remarquer ce que ses jugements d'habitude ont de vrai ou de faux.

Losque les habitudes sont une fois contractées, nous paroissons faire les choses naturellement, parce que nous les faisons avec la même facilité, que si la nature seule nous les faisoit faire. Mais si on nous dit que de pareilles actions sont naturelles, on parle improprement ; & pour nous assurer qu'elles sont un effet des habitudes que nous avons contractées, il suffit de nous rappeller que nous avons appris à les faire.

Nous pouvons augmenter le nombre de nos habitudes, parce que nous n'avons qu'à faire souvent une chose, & nous contracterons l'habitude de la faire. Nous pouvons aussi diminuer le nombre de nos habitudes : car si nous cessons de faire une chose, il arrivera que nous la ferons avec moins de facilité ; & que nous aurons même de la peine à la faire. Alors bien loin de la faire par habitude, il nous sera difficile de la faire, même lorsque nous le voudrons.

De-là il résulte que nous pouvons acquérir de bonnes habitudes, & nous corriger des mauvaises.

ARTICLE IV.

Que l'ame est une substance différente du corps.

Lorsque nous touchons, nous ne pouvons remarquer, dans les organes du tact, que des mouvements qui varient comme les impressions qui se font sur les fibres; & ces mouvements occasionnent en nous des sensations de solidité ou de fluidité, de dureté ou de mollesse, de chaleur ou de froid, &c.

Lorsque nous voyons des couleurs, les rayons de lumiere, qui réfléchissent de dessus les objets, viennent frapper les fibres d'une membrane qui est au fond de l'œil, & y causent un ébranlement.

Lorsque nous entendons des sons, les vibrations du corps sonore se communiquent à l'air, & de l'air au tympan.

En un mot, il ne peut y avoir que du mouvement dans les organes, & cependant une sensation, quoique produite à l'occasion du mouvement, n'est pas ce mouvement même. Les sensations ne sont donc pas dans les organes.

Elles sont par conséquent dans quelque chose, qui est différent de tout ce qui est corps ; c'est-à-dire, dans une substance où il y a autre chose que du mouvement. C'est ce qu'on nomme *ame*, *esprit* ou *substance spirituelle*. Plus nous réfléchirons sur les propriétés de cette substance, plus nous nous convaincrons qu'elle est tout-à-fait différente du corps.

L'ame compare les sensations qui lui sont transmises par différents organes. Toutes les sensations se réunissent donc en elle, comme dans une seule substance. Car si les cinq especes de sensations appartenoient à cinq substances, comme les mouvements, qui les occasionnent, appartiennent à cinq organes différents, aucune de ces substances ne les pourroit comparer.

En quoi donc consiste l'unité de l'ame ? Est-elle une dans le même sens que nous disons qu'un corps est un ? Mais un corps est composé de deux moitiés, & chaque moitié l'est de deux autres ; en sorte que pour arriver à une substance qui soit une, il faudroit arriver à une substance qui n'eût pas deux moitiés, qui n'eût pas plusieurs parties, qui ne fût point composée ; c'est-à-dire, à une substance simple.

Si l'ame est une dans le même sens que le corps, elle n'est pas une proprement : elle est au contraire une collection de plusieurs substances.

Dans ce cas, ou les senfations se partageroient entre les substances, en sorte que l'une en auroit que l'autre n'auroit pas, ou chaque sensation appartiendroit également à toutes les substances & à chacune. Si les sensations se partageoient entre toutes les substances, il n'y en auroit aucune en nous, qui les pût comparer. Cette supposition ne peut donc pas avoir lieu.

Si toutes les sensations se réunissent dans chacune également, c'est une conséquence que chaque substance soit une proprement & absolument sans composition. Voudra-t-on supposer qu'elles sont composées? Je répéterai le même raisonnement, & je dirai : ou les sensations se partagent entre ces substances, ou elles se rassemblent toutes dans chacune. On sera donc obligé de reconnoître enfin qu'elles ne peuvent se trouver ensemble que dans une substance qui n'est pas composée de plusieurs autres, que dans une substance simple. L'ame est donc simple & sans composition (*).

Nous voyons la substance étendue, nous la touchons, c'est-à-dire, que nous appercevons les qualités, telles que la solidité, la figure, le mouvement. Nous voyons également, & nous touchons en quelque sorte la substance inétendue ou l'ame : car nous appercevons des opérations qui n'appartiennent qu'à elle, & que nous avons comprises sous le nom général de *pensée*. Mais comme nous n'appercevons pas ce qui est, dans le corps, le sujet de la solidité, de la figure & du mouvement ; nous n'appercevons pas non plus ce qui est, dans l'ame, le sujet des opérations de l'entendement & de la volonté. En un mot, soit que nous

―――――――――――
(*) Dans le Traité sur l'Art de Raisonner, on donnera un nouveau jour à cette démonstration.

observions la substance étendue, soit que nous observions la substance simple, nous ne pouvons appercevoir que les qualités qui leur appartiennent ; & dans l'un & l'autre cas, ce que nous nommons substance, c'est-à-dire, sujet ou soutien des qualités, nous est également inconnu.

Les corps ne sont figurés, mobiles, &c., que parce qu'ils sont étendus. L'étendue est donc la propriété qui les distingue. Toutes les autres qualités supposent cette propriété, & elles n'en sont que des modifications.

De même l'ame ne juge & ne raisonne, que parce qu'elle a des sensations. La faculté de sentir est donc la propriété qui la distingue, & toutes ses opérations ne sont que différentes manieres de sentir.

On peut donc définir le corps une substance étendue, & l'ame une substance qui sent. Or, il suffit de considérer que l'étendue & la sensation sont deux propriétés incompatibles, pour être convaincu que la substance de l'ame & la substance du corps sont deux substances absolument différentes.

ARTICLE V.

Comment nous nous élevons à la connoissance de Dieu.

Nous ne pouvons pas nous dissimuler combien nous sommes foibles. A chaque instant, nous sentons l'impuissance où nous sommes d'avoir ou de faire ce que nous desirons; & notre bonheur, comme notre vie, est au pouvoir de tout ce qui nous environne.

Mais les corps, dans la dépendance desquels nous sommes, ont-ils dessein d'agir sur nous? non sans doute: ils dépendent eux-mêmes, & ils obéissent au mouvement qui leur est donné.

L'aiguille de votre montre marque

les heures. Elle n'a pas la volonté de les marquer : elle obéit au ressort qui est dans votre montre. L'horloger a fait l'aiguille & le ressort : il est la cause, & la montre est l'effet.

Vous voyez, dans une montre, une subordination d'effets & de causes. L'aiguille est mue ; voilà un effet : le mouvement lui est donné par une roue qui agit sur elle immédiatement, & cette roue est la cause du mouvement de l'aiguille. Le mouvement de cette roue est un effet par rapport à une autre roue qui la fait mouvoir ; & ainsi successivement. Par-là depuis le mouvement du premier ressort jusqu'à celui de l'aiguille, il y a une suite de mouvements, qui sont tout-à-la fois effets & causes sous différents rapports.

Un exemple plus familier vous rendra la chose encore plus sensible. Lorsque vous faites une procession avec des cartes, vous voyez qu'en faisant tomber la premiere, toutes les autres tombent; & vous remarquez que la chûte de la seconde est l'effet de la chûte de la premiere, & en même temps la cause de la chûte de la troisieme. C'est là ce que j'appelle une suite de causes & d'effets subordonnés.

Or, il est évident que, dans une suite de causes & d'effets, il faut nécessairement qu'il y ait une premiere cause. S'il n'y avoit point d'horloger, il n'y auroit point de montre.

Réfléchissez sur vous-même, & vous serez convaincu qu'il y a en vous, comme dans une montre, une suite de causes & d'effets subordonnés. Réfléchissez sur l'Univers: ce sera à vos yeux une grande montre, où il y a encore une subordination de causes & d'effets.

Nous venons de voir que, lorsqu'il

y a une subordination de causes & d'effets, il y a nécessairement une premiere cause. Il y a donc une premiere cause qui a fait l'Univers.

Pour établir cette subordination entre les choses, il en faut connoître parfaitement tous les rapports, il faut avoir l'intelligence de toutes les parties. Un horloger ne sera pas capable de faire une montre, s'il y a une seule partie dont il ne sache pas les proportions. L'horloger, qui a fait l'Univers, a donc nécessairement de l'intelligence.

Comme l'intelligence de l'horloger doit embrasser toutes les parties d'une montre, l'intelligence de la premiere cause doit embrasser tout l'Univers. Si quelque partie échappoit à sa connoissance, il ne lui seroit pas possible de la mettre dans l'ordre où elle doit être; & cependant son ouvrage seroit détruit, si une seule étoit hors
de

de fa place. Or, une intelligence qui embraffe tout, eft une intelligence infinie. L'intelligence de la premiere caufe eft donc infinie.

Mais pour faire une montre, il ne fuffit pas d'en avoir l'intelligence, il faut encore en avoir l'adreffe ou le pouvoir. La puiffance de la premiere caufe eft donc auffi étendue que fon intelligence : elle embraffe tout, elle eft infinie.

Puifque cette premiere caufe embraffe tout, elle eft par-tout. Elle eft donc immenfe.

Dès que cette caufe eft premiere, elle eft indépendante. Si elle dépendoit, il y auroit une caufe qui feroit avant elle. Mais puifqu'il faut néceffairement qu'il y ait une caufe qui foit premiere, c'eft une conféquence que cette même caufe foit indépendante.

Cette premiere cause étant indépendante, toute-puissante & souverainement intelligente, elle fait tout ce qu'elle veut. Elle est donc libre.

Elle ne peut pas acquérir de nouvelles connoissances; car son intelligence seroit bornée. Elle voit donc tout-à-la fois le passé, le présent & l'avenir. Elle ne peut pas non plus changer de résolution; car si elle en changeoit, elle n'auroit pas tout prévu. Elle est donc immuable.

C'est une suite de son indépendance qu'elle n'ait pas commencé & qu'elle ne puisse pas finir. Si elle avoit commencé, elle dépendroit de celui qui lui auroit donné l'être; & si elle pouvoit finir, elle dépendroit de celui qui pourroit cesser de la conserver. Elle est donc éternelle.

Comme intelligente, elle discerne le bien & le mal, juge le mérite &

le démérite. Comme libre, elle agit en conséquence, c'est-à-dire, qu'elle aime le bien, hait le mal, récompense la vertu, punit le vice, & pardonne à celui qui se repent & se corrige. Dans tout cela, elle ne fait que ce qu'elle veut; parce qu'elle veut le bien, & ne veut que le bien.

Les qualités de cette cause s'appellent attributs, & on donne à l'attribut par lequel elle punit, le nom de *justice*; à celui par lequel elle récompense, le nom de *bonté*; à celui par lequel elle pardonne, le nom de *miséricorde*.

La puissance qui fait tout, l'intelligence qui régle tout, la bonté qui récompense, la justice qui punit, la miséricorde qui fait grace, s'expriment par un seul nom, celui de *providence*. Il vient d'un mot latin qui signifie *pourvoir*. C'est en effet par ces attributs que cette premiere cause pourvoit à tout.

Une premiere cause toute intelligente, toute-puissante, indépendante, libre, immuable, éternelle, immense, juste, bonne, miséricordieuse, & dont la providence embrasse tout, voilà l'idée que nous devons avoir de Dieu.

Si vous réfléchissez sur les attributs de Dieu, vous verrez dans quel ordre nous les concevons. Vous remarquerez premierement que la liberté est le résultat de l'intelligence, de la toute-puissance & de l'indépendance. En second lieu, que la toute-puissance & l'intelligence infinie embrassent l'éternité & l'immensité; car il faut que Dieu voie & agisse dans tous les temps & dans tous les lieux. En troisieme lieu, vous jugerez qu'une cause, qui est par tout, & qui voit tout, doit être immuable. Vous verrez, en quatrieme lieu, que, de sa connoissance & de sa liberté, naissent sa justice, sa bonté

& sa miséricorde. Enfin, lorsque vous réunirez tous ces attributs, vous vous ferez l'idée de la Providence.

Tel est le précis des idées préliminaires, que j'ai jugé nécessaires pour préparer le Prince à d'autres connoissances. Mais je ne me suis pas borné à ces idées. Je me suis, par exemple, sur-tout appliqué à lui faire comprendre comment un mot passe du propre au figuré. Il en a vu des exemples dans les noms des opérations de l'entendement : je lui en ai donné d'autres, en lui expliquant ce qu'on entend par *intelligence, pénétration, sagacité, discernement, esprit, talent, génie.*

A l'occasion des habitudes & de la maniere dont elles se forment, je lui ai expliqué ſes principaux devoirs, & je lui ai donné quelque notion de ce qu'il y a de plus eſſentiel dans les loix des ſociétés civiles.

Il m'eſt arrivé auſſi, pour ſatisfaire ſa curioſité, de m'écarter quelquefois ſur des choſes qui ne devoient pas faire partie des Leçons préliminaires. Par exemple, à l'occaſion de l'action des objets ſur les ſens, je lui ai expliqué la viſion.

MOTIF DES ÉTUDES
QUI ONT ÉTÉ FAITES
APRÈS LES LEÇONS PRÉLIMINAIRES.

Le jeune Prince connoissoit déja le syftême des opérations de son ame, il comprenoit la génération de ses idées, il voyoit l'origine & le progrès des habitudes qu'il avoit contractées, & il concevoit comment il pouvoit substituer des idées justes aux idées fausses qu'on lui avoit données, & de bonnes habitudes aux mauvaises qu'on lui avoit laissé prendre. Il s'étoit familiarisé si promptement avec toutes ces choses, qu'il s'en retraçoit la suite sans effort, & comme en badinant. Cette expérience me confirma dans l'opinion où j'étois, que les enfants sont capables de raisonner ; & que les notions les plus abstraites sont à leur portée, lorsqu'on leur en montre la génération.

Le Prince ne pouvoit manquer de se rendre tous les jours plus familieres les choses qu'il avoit apprises dans les Leçons préliminaires : car les connoissances que je voulois lui donner dans la suite, devoient être pour lui autant d'occasions de réfléchir encore sur les opérations de son ame & sur la génération de ses idées. Je crus donc devoir passer à d'autres études.

Après l'avoir fait réfléchir sur son enfance, je jugeai, comme je l'ai dit (*), que l'enfance du Monde seroit pour lui l'objet le plus curieux & le plus facile à étudier.

(*) Discours préliminaire.

Il n'imaginoit pas que le Monde eût été autrement qu'il le voyoit : il avoit à ce sujet le même préjugé qu'il avoit eu sur lui-même, lorsqu'il imaginoit n'avoir pas appris à penser. Le monde enfant étoit donc un paradoxe, qui devoit exciter sa curiosité. Il pouvoit observer, comme il s'étoit observé lui-même, & rien ne me paroissoit plus à sa portée que les commencements & les premiers progrès des arts.

Dans cette étude je trouvois encore d'autres avantages. Je lui donnois des idées de toute espece : je lui faisois voir comment les besoins ont conduit les hommes de connoissance en connoissance, d'usage en usage, d'opinion en opinion ; & commençant à lui faire remarquer l'influence des causes physiques & des causes morales, je lui représentois les sociétés soumises à des changements continuels.

Au milieu de ce flux & reflux d'usages & d'opinions, il devoit s'accoutumer à juger que ce qui se fait n'est pas toujours ce qui se doit faire; & voyant des préjugés par-tout, il devoit commencer à se méfier de lui-même; il devoit craindre d'en avoir, & il se préparoit à s'en défaire.

L'origine des loix de Mr. Goguet, ouvrage tout-à-fait propre à remplir mon objet, paroissoit depuis quelques mois. J'en fis copier tout ce que je croyois pouvoir faire entendre au Prince, & j'y ajoutai les éclaircissements que je jugeai nécessaires. La leçon de l'après-midi fut destinée à cette lecture. Le matin nous lisions les poëtes.

Nous commençames par le Lutrin, d'où nous passames à des pieces de théâtre. Nous lûmes quelques comédies de Moliere, quelques tragédies de Corneille, quelques-unes de Racine, & nous nous fimes l'idée d'un drame. Le Prince comprit comment une action s'expose, s'intrigue, se dénoue : il vit comment les événements se préparent, comment ils sont amenés sans être prévus : il remarqua l'art avec lequel on soutient un caractere : il distingua les personnages épisodiques, & il jugea de leur utilité ou de leur inutilité.

Voulant alors lui donner une connoissance plus développée de la poësie, je lui fis lire l'Art Poëtique de Despréaux ; & pour achever de lui faire connoître ce poëte, nous lûmes encore quelques-unes de ses meilleures Satyres & de ses meilleures épitres, & le lutrin.

Après toutes ces lectures, nous nous bornâmes pendant un an ou même davantage à celle de Racine, que nous recommençames une douzaine de fois. De tous les écrivains que nous avions lus, c'étoit certainement le plus propre à former le goût: aussi le Prince l'apprit-il presque tout par cœur.

Il ne trouva pas d'abord dans la lecture des poëtes la même facilité que dans les Leçons préliminaires. Je l'avois prévu : je savois qu'il ne manqueroit d'intelligence, que parce qu'il lui manquoit des idées, que je ne voyois pas d'impossiblité à lui donner. Dans les commencements, les lectures furent courtes, & les explications fort longues : chaque mot nous arrêtoit, il sembloit que les vers fussent écrits dans une langue tout-à-fait étrangere. Mais insensiblement les explications devinrent moins nécessaires, & les lectures devinrent plus longues.

Je n'exigeois pas d'abord qu'il entendît absolument tout ce qu'il lisoit; il me suffisoit qu'il en comprît assez pour suivre une action. Quelquefois les derniers actes nous faisoient entendre ce que nous n'avions pas compris dans les premiers; d'autres fois les dernieres pieces que nous lisions, nous faisoient revenir aux premieres avec une nouvelle intelligence; & après plusieurs lectures nous parvenions enfin à tout entendre. C'est ainsi que le Prince, se familiarisant avec la poësie, se faisoit peu-à-peu des modeles du beau. Alors il me fut facile de lui faire sentir ce que peut le choix des expressions, il ne fallut que traduire en prose les vers de Racine, & substituer d'autres mots à ceux de ce poëte. Je m'appliquois sur-tout à lui faire saisir un ensemble, & bientôt il embrassa des objets d'une assez grande étendue.

Les vraies connoissances sont dans la réflexion qui les acquiert, beaucoup plus que dans la mémoire qui s'en charge; & on fait mieux les choses qu'on est capable de retrouver, que celles dont on peut se ressouvenir. Il

ne suffit donc pas de donner des connoissances à un enfant : il faut qu'il
s'instruise en cherchant lui - même ;
& le grand point est de le bien gui-
der. S'il est conduit avec ordre, il se
fera des idées exactes, il en saisira la
suite & la liaison : alors, maître de
les parcourir, il pourra se rapprocher
des plus éloignées, & s'arrêter à son
choix sur celles qu'il voudra considérer. La réflexion peut toujours retrouver les choses qu'elle a sues, parce
qu'elle sait comment elle les a trouvées : la mémoire ne retrouve pas de
même celles qu'elle a apprises, parce qu'elle ne sait pas comment elle
apprend.

Voilà pourquoi nous ne savons jamais mieux les choses, que lorsque
nous les avons apprises sans maître.
Moins nous comptons sur des secours
étrangers, plus nous sommes forcés à
réfléchir nous-mêmes ; & nous n'oublions rien, parce que les choses que

nous avons trouvées une fois, nous savons les trouver encore.

Mais pour exercer la réflexion, il ne faudroit pas négliger la mémoire. Ces deux facultés sont également nécessaires : elles se donnent des secours mutuels ; & ne peuvent se passer l'une de l'autre. C'est à la réflexion à graver les idées dans la mémoire, c'est à la mémoire à les retracer à la réflexion ; & plus les idées se sont distribuées avec ordre, plus on est capable de mémoire & de réflexion.

Le Prince avoit naturellement de la mémoire, & je la cultivois avec soin. Mais je m'étois fait une loi de ne lui faire apprendre par cœur que des choses qu'il entendroit parfaitement. Chaque jour il apprenoit deux leçons. Lorsque c'étoit de la prose, je n'exigeois pas qu'il les récitât mot à mot ; au contraire j'aimois mieux qu'il changeât l'expression, pourvu qu'il n'altérât pas le sens. Je réservois la poësie pour accoutumer sa mémoire à plus d'exactitude.

Si on considere les idées qu'il avoit acquises, on jugera que je ne tardai pas à l'instruire de sa religion. Je choisis à cet effet le Catéchisme de l'abbé Fleury & la Bible de Royaumont. Chaque jour nous lisions un article de l'un & de l'autre, quelque chose de l'origine des loix, & un morceau de poësie. Je lui expliquois ce qu'il n'entendoit pas: c'étoit ensuite à lui à me rendre compte de ce qu'il venoit de lire; & il rélisoit haut, jusqu'à ce qu'il m'en eût fait un précis.

Avant d'étudier les regles de l'Art de parler, il faut être familiarisé avec les beautés du langage; il faut être capable de parler bien & de bien des choses; & l'étude de la Grammaire seroit plus fatigante qu'utile, si on la commençoit trop tôt. En effet, pour
savoir

savoir les regles de l'Art de parler, il ne suffit pas de les entendre, & de les avoir apprises par cœur ; il faut encore s'être fait une habitude de les appliquer.

Lorsque le Prince eut contracté cette habitude, je lui fis étudier la Grammaire que j'avois faite pour lui. Elle étoit à sa portée, puisque nous avions déja fait ensemble la plupart des observations, qui montrent les regles du langage. Pendant cette étude, nous continuâmes la lecture des poëtes, celle du Catéchisme Historique & celle de la Bible : j'y joignis même quelques lettres de Me. de Sévigné, choisissant celles qui commençoient à être à la portée de mon éleve, & qui paroissoient devoir l'amuser.

Ces lectures, qui lui perfectionnoient le goût, le préparoient à sentir toujours mieux les beautés de sa langue ; de sorte qu'après avoir achevé la Grammaire, il fut en état d'étudier l'Art d'Ecrire. Les poëtes & les lettres de Me. de Sévigné étoient une occasion de répéter souvent les observations que nous avions faites; & nous songions moins à apprendre les regles par cœur, qu'à contracter l'habitude de les appliquer continuellement à de nouveaux exemples. Nous ne cessions pas pour cela de lire le Catéchisme Historique & la Bible de Royaumont. Nous avons recommencé bien de fois l'un & l'autre; & pendant deux ans ou environ, nous avons donné chaque jour quelques moments à cette étude. Je croyois faire beaucoup mieux, en mettant souvent sous ses yeux l'Histoire de la Religion, qu'en la gravant une seule fois dans sa mémoire.

Après avoir étudié la Grammaire & l'Art d'Ecrire, je jugeai qu'il seroit en état de lire les Tropes de Mr. du

Marsais. En effet, il entendit cet ouvrage sans effort.

Son goût commençoit à se former : il avoit des connoissances, il savoit comment il les avoit acquises. Etroitement liées entr'elles, elles étoient confiées à sa réflexion autant qu'à sa mémoire. Ses dernieres études ne lui faisoient donc pas oublier les premieres : au contraire elles lui en retraçoient toujours quelque chose; & plus il avançoit en connoissances, plus il se familiarisoit avec ce qu'il avoit déja appris. En effet, tout ce que je lui ai enseigné sur la génération des idées, sur les opérations de l'ame, sur la grammaire & sur l'art d'écrire, se réduit pour le fond à un très petit nombre d'idées, qui se répétent continuellement, & qui ne font l'objet de différentes études, que parce qu'on les considere sous différents points de vue. Qu'est-ce que la Grammaire? C'est un systême de mots, qui représente le système des idées dans l'esprit, lorsque nous les voulons communiquer dans l'ordre & avec les rapports que nous appercevons; & l'Art d'Ecrire n'est que ce même système, porté au point de perfection dont il est susceptible. En faisant successivement ces études, on ne fait donc que revenir continuellement sur un même fond d'idées: par conséquent ce qu'on étudie rappelle continuellement ce qu'on a étudié, & rien ne s'oublie. Cette seule considération peut faire comprendre, comment le Prince a pu faire des progrès dans ces études, & passer rapidement de l'une à l'autre.

L'art de Raisonner, ou l'art de conduire son esprit dans la recherche de la vérité, n'est pas un art nouveau pour quelqu'un qui connoît déja les opérations de son ame, & dont le goût commence à se former. Mais il s'agissoit d'exercer le raisonnement du Prince fur de nouveaux objets, & c'étoit une occafion de lui donner de nouvelles connoiffances.

Je n'aurois pas cru lui apprendre à raifonner, fi je m'étois attaché à lui montrer comment on arrange des mots & des propofitions, pour faire ce qu'on appelle un fyllogifme. Car un fyllogifme n'eft pas un raifonnement, ce n'eft qu'une certaine forme qu'on fait prendre à un raifonnement qu'on a déja fait ; & en s'arrêtant à cette forme, qui fubftitue les mots aux idées, on ne fe fait qu'un jargon. Cependant, pour raifonner, il faut raifonner fur quelque chofe, puifqu'il faut obferver, comparer & juger. Voulant donc enfeigner cet art au Prince, je me propofai de lui faire faire de nouvelles études, & de lui montrer comment on obferve, fuivant la différence des objets qu'on veut étudier, comment on s'affure de fes obfervations, comment on compare, & comment on analyse pour comparer. Dans la vue de remplir cet objet, je jugeai devoir lui faire remarquer la conduite des meilleurs philosophes. C'étoit lui faire l'histoire des découvertes de l'esprit humain, & par conséquent l'instruire en réveillant sa curiosité.

Quand il eut fini l'Art de Raisonner, il lut dans l'ouvrage que Me. la Marquise du Châtelet a fait sur Newton, le chapitre où elle expose les Phénoménes du Monde, & celui où elle en donne l'explication. Il lut encore la Préface de Cotes, celle de Mr. de Voltaire, & la belle Epitre de ce poëte célebre sur le Philosophe Anglois. Nous fîmes ensuite un extrait du flux & du reflux d'après Me. du Châtelet. Enfin nous lûmes le Traité de la Sphere de Mr. de Maupertuis, son Voyage au Nord, tout ce qu'il a écrit sur le systême du Monde, & la seconde partie du Newton de Mr. de Voltaire. Je puis assure que ces lectures se trouverent à la portée du Prince. Voilà où nous en étions après deux ans d'étude.

Il n'avoit pas encore été question de latin, parce qu'avant d'entreprendre l'étude d'une nouvelle langue, il faut savoir la sienne, & sur-tout avoir assez de connoissances pour n'être arrêté que par les mots. Car s'il est utile de laisser à un enfant des difficultés à surmonter, il ne faut pas le dégoûter par des obstacles ou trop multipliés ou trop grands; & toute l'attention doit être de proportionner les difficultés à ses forces, & de ne lui en présenter jamais qu'une à la fois.

Si j'eusse fait du latin le premier objet de nos leçons, combien le Prince n'auroit-il pas perdu de temps à l'étude de la Grammaire ? comment l'aurois-je mis en état de sentir les beautés de cette langue ? quel écrivain auroit été à la portée d'un enfant dépourvu de toute connoissance ? & quel avantage aurois-je trouvé à lui faire lire en latin des choses qu'il n'auroit pas entendues en françois ?

En se familiarisant au contraire avec nos meilleurs poëtes, il apprenoit facilement les regles de la grammaire : quelques exemples nous les fournissoient, & nous en faisions bientôt l'application à d'autres. Il se formoit d'ailleurs le goût, & il se préparoit à sentir dans une langue étrangere, des beautés qu'il commençoit à sentir dans la sienne. Cependant je lui donnois des connoissances dans bien des genres : je ne lui laissois plus, pour apprendre le latin, que la difficulté d'apprendre des mots; & je devois toujours trouver, pour le fond des choses, des écrivains à sa portée. Aussi me suis-je fait une loi de ne lui faire lire dans cette langue, que des écrivains qu'il auroit entendus, s'ils avoient écrit en françois. Il est arrivé qu'il a appris le latin facilement, & qu'il n'a trouvé aucun dégoût dans cette étude.

Rien n'est plus inutile que de fatiguer un enfant, en chargeant sa mémoire des regles d'une langue qu'il n'entend pas encore. Qu'importe en effet qu'il sache ces regles par cœur, s'il ne lui est pas possible d'en faire l'application ? J'attendis donc que la lecture l'instruisît peu-à-peu, & ce fut un ennui de moins pour lui.

Cependant, comme il avoit fait une étude de sa langue, je crus le devoir prévenir sur les principaux points, où la syntaxe latine diffère de la syntaxe françoise. Son étonnement, en voyant une différence à laquelle il ne s'attendoit pas, lui donna une curiosité tout-à-fait propre à écarter les dégoûts. Depuis nous donnâmes tous les jours quelques moments au latin :

mais il ne fut jamais le principal objet de nos occupations.

Je suivis pendant quelques mois la méthode de Mr. du Marsais. Mais je l'abandonnai, lorsque le Prince put se passer de ce secours; c'est-à-dire, lorsqu'il eut appris beaucoup de mots latins, & qu'il se fut familiarisé avec la syntaxe de cette langue.

Lorsque nous eûmes suffisamment lu Racine, nous lûmes la Henriade & l'Essai sur la Poësie Epique de Mr. de Voltaire. Bientôt après nous commençames la Poëtique d'Horace. Cette derniere lecture, qui, pour le fond des choses, n'étoit pas hors de la portée de mon éleve, lui fit faire des progrès rapides dans la langue latine. Après l'avoir faite à plusieurs reprises, je choisis quelques Satyres & quelques Odes, & je les fis lire au Prince.

Jusqu'alors nous avions toujours fait

ces sortes de lectures ensemble, & je ne lui avois pas laissé la fatigue & l'ennui de chercher dans un dictionnaire la signification des mots. Alors je le chargeai de se préparer seul à traduire quelques vers de Virgile. Il commença par l'Enéide, qu'il trouva facile, & dont il traduisit les six premiers chants. Il expliqua ensuite les Bucoliques & les Georgiques; & quand il eut achevé, nous reprîmes Horace que nous lûmes plusieurs fois tout entier. Il lisoit alors avec Mr. de Keralio les Métamorphoses d'Ovide.

A mesure qu'il avançoit dans l'étude de l'Histoire, il lut quelques morceaux de Tite-Live, les principales Lettres de Cicéron à Atticus, les petits Historiens latins, les Commentaires de César, la Vie d'Agricola & les Mœurs des Germains. Il fit la plupart de ces lectures avec Mr. de Keralio.

Jusqu'à la fin de l'éducation, nous avons continué de donner, chaque jour, quelques moments à l'étude de la langue latine. Quant à la lecture des poëtes françois, nous l'interrompimes, lorsque le Prince eut beaucoup lu plusieurs Tragédies de Corneille, tout Racine, tout Moliere, tout Regnard, & toutes les pieces de théatre de Mr. de Voltaire. Sur la fin de la troisieme année, je fis étudier au Prince l'ouvrage que j'ai intitulé *l'Art de Penser*. Après cette étude, nous passâmes à celle de l'Histoire, & nous en fîmes notre principal objet, pendant six ans.

Mr. de Keralio, qui joignoit à des connoissances dans bien des genres, beaucoup de clarté & de méthode, & avec qui j'ai dit que le Prince faisoit souvent des lectures, étoit très propre à lui donner des idées justes & précises. Il lui enseigna les Mathématiques. Après lui avoir fait observer comment se fait la numération, il lui fit comprendre que la maniere dont on procéde dans les quatre opérations de l'arithmétique, n'eſt qu'une conséquence de la maniere dont se fait la numération même, & il le prépara à étudier les Eléments de Mathématiques & de Géométrie de Mr. le Blond. Le Prince pouſſa ſes études en Algebre juſqu'à la réſolution des équations du ſecond degré.

Alors, pour lui donner une idée de la Géométrie des Courbes, on lui fit lire un Traité fort élémentaire des Sections Coniques; & quand il eut acquis ces connoiſſances, il entendit ſans effort le livre de Mr. Trabaud ſur le Mouvement & ſur l'Equilibre. Il étudia auſſi l'Hydroſtatique, l'Hydraulique, l'Aſtronomie & la Géographie. On lui faiſoit copier des cartes.

L'Architecture Militaire devint alors pour lui une étude facile. Il apprit à la dessiner. On lui fit lire ensuite l'Artillerie raisonnée de Mr. le Blond, & on mit sous ses yeux des modeles de toutes les pieces d'artillerie.

Pour achever de lui faire connoître cette partie de la science militaire, il ne restoit plus qu'à lui enseigner l'attaque & la défense des places. On eut pour cela les plus grands secours. Le Roi envoya au Prince, son petit-fils, deux plans en relief, qui faciliterent & avancerent beaucoup son instruction. Le premier de ces plans offre aux yeux une Place forte, disposée à soutenir un siege. Les arbres des environs sont coupés, les maisons abattues, les chemins creux comblés, &c. On voit ensuite, par des pieces qu'on rapporte successivement, le progrès journalier des travaux des assiégeants, l'ouverture de la tranchée, l'établissement des paralleles, des batteries, des cavaliers de tranchée, le logement du chemin couvert, la descente & le passage du fossé, les assauts aux ouvrages détachés, &c. Les travaux les plus importants sont représentés, lorsqu'ils ne sont encore qu'ébauchés, lorsqu'ils sont poussés jusqu'à un certain point, enfin lorsqu'ils sont perfectionnés & solidement établis.

Le second plan est la même Place attaquée comme dans le premier : mais on y voit de plus, par les pieces qu'on rapporte successivement, les chicanes que les assiégés opposent au progrès des assiégeants, les effets des sorties, ceux des fourneaux sous le glacis, les obstacles qu'on oppose au passage du fossé, à l'attachement du mineur, les retranchements dans les ouvrages, &c. L'étude réfléchie de ces deux plans, peut sans contredit, suppléer à plusieurs années d'expérience. Voilà les choses que Mr. de Keralio a enseignées au Prince.

Sur la fin de l'éducation, les PP. le

Seur & Jacquier furent appellés à Parme pour faire un cours de Physique Expérimentale sous les yeux du Prince, qui, voulant profiter du séjour de ces savants, fit avec eux plusieurs lectures, & repassa tout ce qu'il avoit acquis de connoissances en Mathématiques. Il s'engagea même jusques dans le Calcul différentiel.

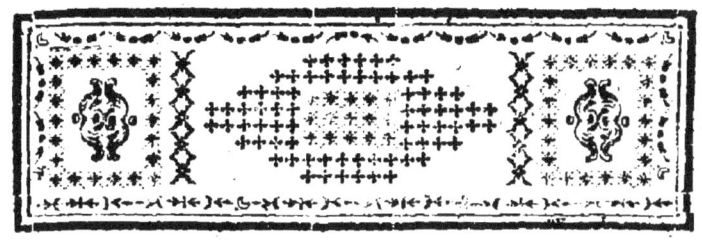

GRAMMAIRE.

Objet de cet Ouvrage.

MESSIEURS de Port-royal ont les premiers porté la lumiere dans les livres élémentaires. Cette lumiere, il eſt vrai, étoit foible encore : mais enfin c'eſt avec eux que nous avons commencé à voir, & nous leur avons d'autant plus d'obligation, que, depuis des ſiecles, des préjugés groſſiers fermoient les yeux à tout le monde.

<small>Ecrivains qui ont porté la lumiere dans les livres élémentaires.</small>

D'excellents eſprits ſe ſont depuis appliqués à frayer la route qui leur étoit ouverte. M. du Marſais, qui a recherché en philoſophe les principes du langage, a expoſé ſes vues avec autant de ſimplicité que de clarté. M. Duclos a enrichi de remarques la *Grammaire générale & raisonnée*, & a donné, en quelque sorte, une nouvelle vie à cet ouvrage, en le rendant plus commun & plus utile.

Il étoit temps d'avoir une grammaire. M. du Marsais, qui pouvoit ne laisser rien à desirer à cet égard, en avoit promis une, & n'en a donné que quelques articles dans l'Encyclopédie. D'autres ont travaillé en ce genre avec succès, & ont montré beaucoup de sagacité. Cependant j'avoue que je ne trouve point, dans leurs ouvrages, cette simplicité qui fait le principal mérite des livres élémentaires.

<small>C'est dans l'analyse de la pensée qu'il faut chercher les principes du langage.</small>

Je regarde la grammaire comme la premiere partie de l'art de penser. Pour découvrir les principes du langage, il faut donc observer comment nous pensons : il faut chercher ces principes dans l'analyse même de la pensée.

Or, l'analyse de la pensée est toute faite dans le discours. Elle l'est avec plus ou moins de précision, suivant que les langues sont plus ou moins parfaites, & que ceux qui les parlent ont l'esprit plus ou moins juste. C'est ce qui me fait considérer les langues comme autant de méthodes analytiques. Je me propose donc de chercher quels sont les signes & quelles sont les regles de cette méthode; & je divise cet ouvrage en deux parties.

Dans la premiere, que j'intitule *de l'analyse du discours*, nous chercherons les signes que les langues nous fournissent pour analyser la pensée. Ce sera une Grammaire générale, qui nous découvrira les éléments du langage & les regles communes à toutes les langues.

De l'analyse du discours, premiere partie de cette grammaire.

Dans la seconde, intitulée *des éléments du discours*, nous observerons les éléments que la premiere partie nous aura donnés; & nous découvrirons les regles que notre langue nous prescrit pour porter, dans l'analyse de nos pensées, la plus grande clarté & la plus grande précision.

Des éléments du discours, seconde partie.

Persuadé que les arts seroient plus faciles, s'il étoit possible de les enseigner avec des mots familiers à tout le monde, je pense que les termes techniques ne sont utiles, qu'autant qu'ils sont absolument nécessaires. C'est pourquoi j'ai banni tous ceux dont j'ai pu me passer, préférant une périphrase, lorsqu'une idée ne doit pas revenir souvent. J'ai

Pourquoi on a banni, de cette grammaire, tous les termes techniques, dont on a pu se passer.

encore retranché, de cette Grammaire, des détails que les étrangers pourroient y defirer; mais je n'écris que pour les François à qui l'ufage les apprend. (a)

(*) Eft il néceffaire d'avertir que ce commencement n'a été fait que pour le lecteur?

PREMIERE PARTIE.

DE

L'ANALYSE DU DISCOURS.

CHAPITRE PREMIER.

Du langage d'action.

Les gestes, les mouvements du visage, & les accents inarticulés, voilà, Monseigneur, les premiers moyens que les hommes ont eus pour se communiquer leurs pensées. Le langage qui se forme avec ces signes, se nomme *langage d'action*.

Des signes du langage d'action.

Par les gestes, j'entends les mouvements du bras, de la tête, du corps entier qui s'éloigne ou s'approche d'un objet, & toutes les attitudes que nous prenons, suivant les impressions qui passent jusqu'à l'ame.

Le desir, le refus, le dégoût, l'aversion, &c. sont exprimés par les mouvements du bras, de la tête & par ceux de tout le corps, mouvements plus ou moins vifs, suivant la vivacité avec laquelle nous nous portons vers un objet, ou nous nous en éloignons.

Tous les sentiments de l'ame peuvent être exprimés par les attitudes du corps. Elles peignent d'une maniere sensible l'indifférence, l'incertitude, l'irrésolution, l'attention, la crainte & le desir confondus ensemble, le combat des passions tour-à-tour supérieures les unes aux autres, la confiance & la méfiance, la jouissance tranquille & la jouissance inquiete, le plaisir & la douleur, le chagrin & la joie, l'espérance & le désespoir, la haine, l'amour, la colere, &c.

Mais l'élégance de ce langage est dans les mouvements du visage, & principalement dans ceux des yeux. Ces mouvements finissent un tableau que les attitudes n'ont fait que dégrossir ; & ils expriment les passions avec toutes les modifications dont elles sont susceptibles.

Ce langage ne parle qu'aux yeux. Il seroit donc souvent inutile, si, par des cris, on n'appelloit pas les regards de ceux à qui on veut faire connoître sa pensée. Ces cris sont les accents de la nature : ils varient suivant les sentiments dont nous sommes affectés; & on les nomme *inarticulés*, parce qu'ils se forment dans la bouche, sans être frappés ni avec la langue, ni avec les levres. Quoique capables de faire une vive impression sur ceux qui les entendent; ils n'expriment cependant nos sentiments que d'une maniere imparfaite; car ils n'en font connoître ni la cause, ni l'objet, ni les modifications; mais ils invitent à remarquer les gestes & les mouvements du visage; & le concours de ces signes acheve d'expliquer ce qui n'étoit qu'indiqué par des accents inarticulés.

Si vous réfléchissez sur les signes dont se forme le langage d'action, vous reconnoîtrez qu'il est une suite de la conformation des organes; & vous conclurez que plus il y a de différence dans la conformation des animaux, plus il y en a dans leur langage d'action; & que, par conséquent, ils ont aussi plus de peine à s'entendre. Ceux dont la conformation est tout-à-fait différente, sont dans l'impuissance de se communiquer leurs sentiments. Le plus grand commerce d'idées est entre ceux qui, étant d'une même espece, sont conformés de la même maniere.

Le langage d'action est une suite de la conformation des organes.

Quoiqu'il soit naturel, on a besoin de l'apprendre.

Ce langage est naturel à tous les individus d'une même espece, cependant tous ont besoin de l'apprendre. Il leur est naturel, parce que si un homme, qui n'a pas l'usage de la parole, montre d'un geste l'objet dont il a besoin, & exprime, par d'autres mouvements, le desir que cet objet fait naître en lui, c'est, comme nous venons de le remarquer, en conséquence de la conformation. Mais, si cet homme n'avoit pas observé ce que son corps fait en pareil cas, il n'auroit pas appris à reconnoître le desir dans les mouvements d'un autre. Il ne comprendroit donc pas le sens des mouvements qu'on feroit devant lui : il ne seroit donc pas capable d'en faire à dessein de semblables, pour se faire entendre lui-même. Ce langage n'est donc pas si naturel qu'on le sache sans l'avoir appris. L'erreur, où vous pouviez tomber à ce sujet vient de ce qu'on est porté à croire qu'on n'a appris que ce dont on se souvient d'avoir fait une étude. Mais avoir appris n'est autre chose que savoir dans un temps ce qu'on ne savoit pas auparavant. En effet, qu'en conséquence de votre conformation, les circonstances seules vous aient instruit de ce que vous ne saviez pas, ou que vous vous soyez instruit vous même, parce que vous avez étudié à dessein ; c'est toujours apprendre.

GRAMMAIRE.

Puisque le langage d'action est une suite de la conformation de nos organes, nous n'en avons pas choisi les premiers signes. C'est la nature qui nous les a donnés : mais en nous les donnant, elle nous a mis sur la voie pour en imaginer nous-mêmes. Nous pourrions, par conséquent, rendre toutes nos pensées avec des gestes, comme nous les rendons avec des mots ; & ce langage seroit formé de signes naturels & de signes artificiels.

En nous donnant des signes naturels, l'auteur de la nature nous a mis sur la voie pour en imaginer d'artificiels.

Remarquez bien, Monseigneur, que je dis de *signes artificiels*, & que je ne dis pas de *signes arbitraires* : car il ne faudroit pas confondre ces deux choses.

Il ne faut pas confondre les signes artificiels avec les signes arbitraires.

En effet, qu'est-ce que des signes arbitraires ? Des signes choisis sans raison & par caprice. Ils ne seroient donc pas entendus. Au contraire, des signes artificiels sont des signes dont le choix est fondé en raison : ils doivent être imaginés avec tel art, que l'intelligence en soit préparée par les signes qui sont connus.

Vous comprendrez quel est cet art, si vous considérez une suite d'idées que vous voudriez rendre par le langage d'action. Prenons pour exemple les opérations de l'entendement. Vous voyez dans toutes un même fond d'idées,

Avec quel art on imagine des signes artificiels.

& vous remarquez que ce fond varie de l'une à l'autre par différents accessoires. Pour exprimer cette suite d'opérations, il faudra donc avoir un signe qui se retrouve le même pour toutes, & qui varie cependant de l'une à l'autre : il faudra qu'il soit le même, afin qu'il exprime le fond d'idées qui leur est commun ; & il faudra qu'il varie, afin qu'il exprime les différents accessoires qui les distinguent.

Alors vous aurez une suite de signes qui ne seront dans le vrai qu'un même signe modifié différemment. Les derniers, par conséquent, ressembleront aux premiers ; & c'est cette ressemblance qui en facilitera l'intelligence. On la nomme *analogie*. Vous voyez que l'analogie, qui nous fait la loi, ne nous permet pas de choisir les signes au hasard & arbitrairement.

Langage d'action des pantomimes. Ce langage, qui vous paroît à peine possible, a été connu des Romains. Les comédiens qu'on appelloit *pantomimes*, représentoient des pieces entieres sans proférer une seule parole. Comment donc étoient-ils parvenus à former peu-à-peu ce langage ? Est-ce en imaginant des signes arbitraires ? mais on ne les auroit pas entendus, ou le peuple eut été obligé de faire une étude qu'il n'auroit certainement pas faite. Il falloit donc qu'en partant des signes

GRAMMAIRE. 11

naturels, qui étoient entendus de tout le monde, les pantomimes prissent l'analogie pour guide dans le choix des signes qu'ils avoient besoin d'inventer, & les plus habiles étoient ceux qui suivoient cette analogie avec plus de sagacité.

D'après ce que je viens de dire, nous pouvons distinguer deux langages d'action : l'un naturel, dont les signes sont donnés par la conformation des organes ; & l'autre artificiel, dont les signes sont donnés par l'analogie. Celui-là est nécessairement très borné : celui-ci peut être assez étendu pour rendre toutes les conceptions de l'esprit humain. (*a*) considérons

Deux sortes de langage d'action.

(*) Mr. l'Abbé de l'Epée, qui instruit les sourds & muets avec une sagacité singuliere, a fait, du langage d'action, un art méthodique aussi simple que facile, avec lequel il donne à ses éleves des idées de toute espece ; & j'ose dire des idées plus exactes & plus précises que celles qu'on acquiert communément avec le secours de l'ouie. Comme, dans notre enfance, nous sommes réduits à juger de la signification des mots par les circonstances où nous les entendons prononcer, il nous arrive souvent de ne la saisir qu'à peu près, & nous nous contentons de cet *à peu près* toute notre vie. Il n'en est pas de même des sourds & muets qu'instruit Mr. l'Abbé de l'Epée. Il n'a qu'un moyen pour leur donner les idées qui ne tombent pas sous les sens ; c'est d'analyser & de les faire analyser avec lui. Il les conduit donc, des idées sensibles aux idées abstraites, par des analyses simples & métho-

ces deux langages dans celui qui parle & dans celui qui écoute. Il faut me passer cette expression, & parce qu'elle est plus précise, & que l'analogie me force à la préférer.

<small>Avec le langage d'action, chaque pensée s'exprime tout à la fois & sans succession.</small>

Dans celui qui ne connoît encore que les signes naturels, donnés par la conformation des organes, l'action fait un tableau fort composé : car elle indique l'objet qui l'affecte, & en même temps, elle exprime & le jugement qu'il porte, & les sentiments qu'il éprouve. Il n'y a point de succession dans ses idées. Elles s'offrent toutes à la fois dans son action, comme elles sont toutes à la fois présentes à son esprit.

diques ; & on peut juger combien son langage d'action a d'avantages sur les sons articulés de nos gouvernantes & de nos précepteurs.

Mr. l'Abbé de l'Epée enseigne à ses élèves le françois, le latin, l'italien & l'espagnol, & il leur dicte, dans ces quatre langues, avec le même langage d'action. Mais pourquoi tant de langues ? c'est afin de mettre les étrangers en état de juger de sa méthode, & il se flatte que peut être il se trouvera une puissance qui formera un établissement pour l'instruction des sourds & muets. Il en a formé un lui même, auquel il sacrifie une partie de sa fortune. J'ai cru devoir saisir l'occasion de rendre justice aux talents de ce citoyen généreux, dont je ne crois pas être connu, quoique j'aie été chez lui, que j'aie vû ses élèves, & qu'il m'ait mis au fait de sa méthode.

On pourroit l'entendre d'un clin d'œil, &, pour le traduire il faudroit un long discours.

Nous nous sommes fait une si grande habitude du langage traînant des sons articulés, que nous croyons que les idées viennent l'une après l'autre dans l'esprit, parce que nous proférons les mots les uns après les autres. Cependant ce n'est point ainsi que nous concevons; & comme chaque pensée est nécessairement composée, il s'ensuit que le langage des idées simultanées est le seul langage naturel. Celui au contraire des idées successives est un art dès ses commencements & c'est un grand art quand, il est porté à sa perfection.

Ce langage des idées simultanées est seul naturel.

Mais, quoique simultanées dans celui qui parle le langage d'action, les idées deviennent souvent successives dans ceux qui écoutent. C'est ce qui leur arrive, lorsqu'au premier coup d'œil ils laissent échapper une partie de l'action. Alors ils ont besoin d'un second coup d'œil, ou même d'un troisieme pour tout entendre ; & par conséquent ils reçoivent successivement les idées qui leur étoient offertes toutes à la fois. Cependant si nous considérons qu'un peintre habile voit rapidement tout un tableau, & d'un clin d'œil, y démêle une

Les idées simultanées dans celui qui parle, deviennent successives dans ceux qui l'écoutent.

multitude de détails qui nous échappent; nous jugerons que des hommes, qui ne parlent encore que le langage des idées simultanées, doivent se faire une habitude de voir, aussi d'un clin d'œil, presque tout ce qu'une action leur présente à la fois. Ils ont certainement un regard plus rapide que le nôtre.

<small>Les idées successives dans ceux qui écoutent, sont encore chacune des pensées composées.</small>

Quoique celui qui écoute puisse ne saisir, qu'à plusieurs reprises, la pensée de celui qui parle; il est certain qu'à chaque fois, ce qu'il saisit est encore une pensée composée : ce sera au moins un jugement. Il est donc démontré que le langage d'action tant qu'il n'est encore qu'une suite de la conformation des organes, offre toujours une multitude d'idées à la fois. les tableaux peuvent se succéder : mais chaque tableau est un ensemble d'idées simultanées.

<small>Le langage d'action a l'avantage de la rapidité.</small>

Le langage d'action a donc l'avantage de la rapidité. Celui qui le parle paroît tout dire sans effort. Avec nos langues, au contraire, nous nous traînons péniblement d'idée en idée, & nous paroissons embarrassés à faire entendre tout ce que nous pensons. Il semble même que ces langues, qui sont devenues pour nous une seconde nature, ralentissent l'action de toutes nos facultés. Nous n'avons plus ce coup d'œil qui embrasse une multitude de choses, & nous ne savons plus voir que comme nous parlons, c'est-à-dire, successivement.

Nous ne voyons diſtinctement les choſes, qu'autant que nous les obſervons les unes après les autres. À cet égard, le langage d'action a donc du déſavantage : car il tend à confondre ce qui eſt diſtinct dans le langage des ſons articulés. Cependant il ne faut pas croire que pour ceux à qui il eſt familier, il ſoit confus autant qu'il le ſeroit pour nous. Le beſoin qu'ils ont de s'entendre leur apprend bientôt à décompoſer ce langage. L'un s'étudie à dire moins de choſes à la fois, & il ſubſtitue des mouvements ſucceſſifs à des mouvements ſimultanés. L'autre s'applique à obſerver ſucceſſivement le tableau que le langage d'action met ſous ſes yeux, & il rend ſucceſſif ce qui ne l'eſt pas. Ils apprennent ainſi peu à peu dans quel ordre ils doivent faire ſuccéder leurs mouvements, pour rendre leurs idées d'une maniere plus diſtincte. Ils ſavent donc, juſqu'à un certain point, décompoſer ou analyſer leurs penſées : car analyſer n'eſt autre choſe qu'obſerver ſucceſſivement, & avec ordre.

<small>Comment l'art peut en faire une méthode analytique.</small>

Quelque groſſiere que ſoit cette analyſe, elle eſt le fruit de l'obſervation & de l'étude. Le langage d'action, qui la fait, n'eſt donc plus un langage purement naturel. Ce n'eſt pas une action qui obéiſſant uniquement à la conformation des organes, exprime à la fois tout ce qu'on ſent. C'eſt une action qu'on régle avec art, afin de présenter les idées dans l'ordre successif le plus propre à les faire concevoir d'une maniere distincte ; &, par conséquent, aussi-tôt que les hommes commencent à décomposer leurs pensées, le langage d'action commence aussi à devenir un langage artificiel.

Il deviendra tous les jours plus artificiel, par ceque plus ils analyseront, plus ils sentiront le besoin d'analyser. Pour faciliter les analyses, ils imagineront de nouveaux signes, analogues aux signes naturels. Quand ils en auront imaginé, ils en imagineront encore ; & c'est ainsi qu'ils enrichiront le langage d'action. Ils l'enrichiront plus promptement, ou plus lentement, suivant qu'ils saisiront, ou qu'ils laisseront échapper le fil de l'analogie. Ce langage sera donc une méthode analytique plus ou moins parfaite.

Pourquoi on a commencé, dans cette grammaire, par observer le langage d'action. Persuadé que l'homme, lorsqu'il crée les arts, ne fait qu'avancer dans la route que la nature lui a ouverte, & faire avec regle, à mesure qu'il avance, ce qu'il faisoit auparavant par une suite de sa conformation ; j'ai cru, Monseigneur, que pour mieux m'assurer des vrais principes des langues, je devois d'abord observer le premier langage qui nous est donné par la conformation de nos organes. J'ai pensé que

que lorſque nous connoîtrons les principes d'après leſquels nous le parlons, nous connoîtrons auſſi les principes d'après leſquels nous parlons tout autre langage. En effet, Monſeigneur, plus vous étudirez l'eſprit humain, plus vous vous convaincrez qu'il n'a qu'une maniere de procéder. S'il fait une choſe nouvelle, il la fait ſur le modele d'un autre qu'il a faite, il la fait d'après les mêmes regles; & lorſqu'il perfectionne, c'eſt moins parce qu'il imagine de nouvelles regles, que parce qu'il ſimplifie celles qu'il connoiſſoit auparavant. C'eſt ainſi que le langage d'action les a préparés au langage des ſons articulés & qu'ils ſont paſſés de l'un à l'autre, en continuant de parler d'après les mêmes regles.

L'analogie & l'analyſe dont vous venez de voir les commencements dans le langage d'action : voilà, Monſeigneur, à quoi ſe réduiſent, dans le vrai, tous les principes des langues. La premiere partie de cette grammaire vous en convaincra.

A quoi ſe reduiſent tous les principes des langues.

Tom. I.   B

CHAPITRE II.

Considérations générales sur la formation des langues & sur leurs progrès.

L'homme est conformé pour parler le langage des sons articulés.

On appelle sons articulés ceux qui sont modifiés par le mouvement de la langue, lorsqu'elle frappe contre le palais ou contre les dents ; & ceux qui sont modifiés par le mouvement des levres, lorsqu'elles frappent l'une contre l'autre. Vous voyez donc, Monseigneur, que si nous sommes conformés pour parler le langage d'action, nous le sommes également pour parler le langage des sons articulés. Mais ici la nature nous laisse presque tout à faire. Cependant elle nous guide encore. C'est d'après son impulsion que nous choisissons les premiers sons articulés, & c'est d'après l'analogie que nous en inventons d'autres, à mesure que nous en avons besoin.

Les mots n'ont pas été

On se trompe donc, lorsqu'on pense que, dans l'origine des langues, les hommes ont pu choisir indifféremment & arbitrairement tel ou tel mot pour être le signe d'une idée. En effet, comment avec cette conduite, se feroient ils entendus ?

Les accents qui se forment sans aucune articulation, sont communs aux deux langages; & on a dû les conserver dans les premiers sons articulés, dont on s'est servi pour exprimer les sentiments de l'ame. On n'aura fait que les modifier, en les frappant avec la langue ou avec les levres; & cette articulation, qui les marquoit davantage, pouvoit les rendre plus expressifs. On n'auroit pas pu faire connoître les sentiments qu'on éprouvoit, si on n'avoit pas conservé dans les mots les accents mêmes de chaque sentiment.

En parlant le langage d'action, on s'étoit fait une habitude de représenter les choses par des images sensibles : on aura donc essayé de tracer de pareilles images avec des mots. Or, il a été aussi facile que naturel d'imiter tous les objets qui font quelque bruit. On trouvera sans doute plus de difficulté à peindre les autres. Cependant il falloit les peindre, & on avoit plusieurs moyens.

Premierement l'analogie, qu'a l'organe de l'ouie avec les autres sens, fournissoit quelques couleurs grossieres & imparfaites qu'on aura employées.

En second lieu, on trouvoit encore des couleurs dans la douceur & dans la dureté des syllabes, dans la rapidité & dans la lenteur de la prononciation, & dans les différentes inflexions dont la voix est susceptible.

Enfin, si, comme nous l'avons vu, l'analogie, qui déterminoit le choix des signes, a pu faire, du langage d'action, un langage artificiel propre à représenter des idées de toute espece, pourquoi n'auroit-elle pas pu donner le même avantage au langage des sons articulés ?

En effet, nous concevons qu'à mesure qu'on eut une plus grande quantité de mots, on trouva moins d'obstacles à nommer de nouveaux objets. Vouloit-on indiquer une chose, dans laquelle on remarquoit plusieurs qualités sensibles ? on réunissoit ensemble plusieurs mots, qui exprimoient chacun quelqu'une de ces qualités. Ainsi les premiers mots devenoient des éléments, avec lesquels on en composoit de nouveaux ; & il suffisoit de les combiner différemment, pour nommer une multitude de choses différentes. Les enfants nous prouvent tous les jours combien la chose étoit facile, puisque nous leur voyons faire des mots, souvent très expressifs. Vous en avez fait vous même, Monseigneur. Or, est-ce au hasard que vous les choisissiez? non certainement: l'analogie, quoiqu'à votre insu, vous déterminoit dans votre choix. L'analogie a également guidé les hommes dans la formation des langues. (*)

Il y a des Philosophes, Monseigneur, qui ont pensé que les noms de la langue primitive exprimoient la nature même des choses. Ils raisonnoient sans doute d'après des principes semblables à ceux que je viens d'exposer, & ils se trompoient. La cause de leur méprise vient de ce qu'ayant vu que les premiers noms étoient représentatifs, ils ont supposé qu'ils représentoient les choses telles qu'elles sont. C'étoit donner gratuitement de grandes connoissances à des hommes grossiers, qui commençoient à peine à prononcer des mots. Il est donc à propos de remarquer que lorsque je dis qu'ils représentoient les choses avec des sons articulés, j'entends qu'ils les représentoient

C'est une erreur de croire que les noms de la langue primitive exprimoient la nature des choses.

(*) Pour se convaincre combien les mots sont peu arbitraires, il faut lire le *traité de la formation méchanique des langues*, ouvrage neuf, ingénieux, où l'auteur montre beaucoup d'érudition & de sagacité.

B

d'après des apparences, des opinions, des préjugés, des erreurs ; mais ces apparences, ces opinions, ces préjugés, ces erreurs étoient communes à tous ceux qui travailloient à la même langue, & c'est pourquoi ils s'entendoient. Un philosophe, qui avoit été capable de s'exprimer d'après la nature des choses, leur eut parlé sans pouvoir se faire entendre. On pourroit ajouter que nous ne l'entendrions pas nous-mêmes.

<small>En formant les langues, nous n'avons fait qu'obéir à notre maniere de voir & de sentir.</small>

Les principes que je viens d'indiquer demanderoient sans doute de plus grands éclaircissements. Mais j'en ai assez dit, Monseigneur, pour vous faire voir que les langues sont l'ouvrage de la nature ; qu'elles se sont formées, pour ainsi dire, sans nous ; & qu'en y travaillant, nous n'avons fait qu'obéir servilement à notre maniere de voir & de sentir.

En effet, si vous avez appris à parler françois, ce n'est pas que vous en eussiez formé le dessein, c'est que vous vous êtes trouvé dans des circonstances qui vous l'ont fait apprendre. Vous avez senti le besoin de communiquer vos idées & de connoître celles des autres ; parce que vous avez senti combien il vous étoit nécessaire de vous procurer les secours des personnes qui vous entouroient. En conséquence vous vous êtes accoutumé à attacher vos idées aux mots qui paroissoient propres à les manifester. Ainsi, pour apprendre le françois, vous n'avez fait qu'obéir à vos besoins & aux circonstances où vous vous êtes trouvé.

Ce qui arrive aux enfants qui aprennent les langues, est arrivé aux hommes qui les ont faites. Ils n'ont pas dit, *faisons une langue :* ils ont senti le besoin d'un mot, & ils ont prononcé le plus propre à représenter la chose qu'ils vouloient faire connoître. Or, comme les enfants, à mesure qu'ils aprennent une langue, éprouvent combien il leur est avantageux de la savoir, &, par conséquent, sentent toujours davantage le besoin de l'apprendre encore mieux ; de même les hommes, qui forment une langue, éprouvent combien elle leur est avantageuse, & sentent toujours davantage le besoin de l'enrichir de quelques nouvelles expressions. Ils l'enrichiront donc peu à peu.

Cet ouvrage est long sans doute. Il n'est pas même possible que toutes les langues se perfectionnent également ; & le plus grand nombre, imparfaites & grossieres, paroissent, après des siecles, être encore à leur naissance. C'est que les langues sont à leurs derniers progrès, lorsque les hommes, cessant de se faire de nouveaux besoins, cessent aussi de se faire de nouvelles idées. (a)

(*) Quand je parle d'une premiere langue, je ne prétends pas établir que les hommes l'ont faite, je pense seulement qu'ils l'ont pu faire. Ce n'est pas l'opinion de Mr. Rousseau. *Pour faire une langue, il falloit, dit il, discours sur l'origine & les fondements de l'inégalité parmi les hommes, ranger les êtres sous des dénominations communes & génériques; il en falloit connoître les propriétés & les différences; il falloit des observations & des définitions, c'est à dire, de l'histoire naturelle & de la méthaphysique, beaucoup plus que les hommes de ce temps là n'en pouvoient avoir.*

Une pareille opinion de la part de cet écrivain, aussi profond qu'éloquent, ne peut être qu'une inadvertance. En effet, il exige dans les hommes, qu'on suppose avoir fait une langue, beaucoup plus de connoissances qu'il ne leur en falloit. Car s'il eut été nécessaire qu'ils eussent assez connu l'histoire naturelle & la métaphysique, pour déterminer les propriétés des choses, pour en marquer les différences, & pour en donner des définitions; il me semble qu'aujourd'hui les enfants ne pourroient apprendre à parler qu'autant qu'ils sauroient assez d'histoire naturelle & de métaphysique, pour suivre les progrès des langues dans tous les procédés de l'esprit humain. On dira sans doute que toutes ces connoissances sont nécessaires à quiconque veut savoir une langue parfaitement, & j'en conviens. Mais le sont-elles à un enfant; à qui il suffit, pour ses besoins, de s'exprimer grossiérement, & à qui il ne faut qu'un petit nombre de mots? Or, le langage d'un enfant est l'image de la langue primitive, qui, dans son origine, a dû être très grossiere & très bornée; & dont les progrès ont été lents, parce que les hommes avançoient lente-

Vous savez, Monseigneur, ce que c'est qu'un système, vous entrevoyez comment il

Comment les langues, en

ment de connoissances en connoissances. Voilà sans doute à quoi Mr. Rousseau n'a pas fait attention. Il a vu tout ce qu'il falloit pour faire une langue, où il pût développer son génie, comme dans la nôtre ; & il a jugé avec raison qu'elle n'a pu être l'ouvrage des hommes qui ont les premiers prononcé des sons articulés. Mais pour faire une langue imparfaite, telle qu'auroit pu être la langue primitive, ou telle que celles de plusieurs peuples sauvages ; je crois qu'il n'étoit point nécessaire de connoître les propriétés des choses, puisqu'aujourd'hui nous mêmes nous parlons de bien des choses dont nous ne connoissons pas les propriétés. Il n'étoit pas plus nécessaire de savoir faire des définitions : car, parmi nous, les meilleurs esprits sont ceux qui sentent davantage la difficulté d'en faire, qui en font le moins, & cependant ce sont ceux qui parlent le mieux. Je suppose seulement que les hommes ont eu des besoins, & qu'en conséquence ils ont observé, non les propriétés des choses, mais les rapports sensibles des choses à eux ; & ils les ont observés, parce qu'ils les sentoient, & qu'ils ne pouvoient pas ne pas les sentir. Ces rapports, connus ou sentis, commençoient à leur donner des idées, mais des idées imparfaites qui les laissoient dans l'impuissance de faire des définitions, ou qui ne leur permettoient d'en faire que comme nous en faisons souvent nous mêmes. Ces idées, telles qu'elles étoient, suffisoient pour faire remarquer des ressemblances & des différences entre les choses &, par conséquent, pour avoir des dénominations communes & génériques, & pour distribuer les êtres dans différentes classes. Tout cela ne demandoit que cette portion de métaphysique, qui est en nous, même avant que nous sachions parler, & que les besoins développent dans les enfants.

proportion avec nos idées forment un fystême qui est calqué fur celui de nos connoiffances.

s'en forme un de toutes vos connoiffances. En effet, vous concevez que toutes vos idées tiennent les unes aux autres, qu'elles fe diftribuent dans différentes claffes, & qu'elles naiffent toutes d'un même principe. Le fystême de vos idées eft fans doute moins étendu que celui de votre Précepteur, & celui de votre Précepteur l'eft moins que celui de beaucoup d'autres : car vous avez moins d'idées que moi, & j'en ai moins que ceux qui font nés avec de plus grandes difpofitions, & qui ont plus étudié. Auffi me dites-vous, avec raifon, que je ne vous apprendrai pas tout. Mais que nos connoiffances foient plus ou moins étendues, elles font toujours un fyftême où tout eft lié plus ou moins.

Puifque les mots font les fignes de nos idées, il faut que le fyftême des langues foit formé fur celui de nos connoiffances. Les langues, par conféquent, n'ont des mots de différentes efpeces, que parce que nos idées apartiennent à des claffes différentes ; & elles n'ont des moyens pour lier les mots, que parce que nous ne penfons qu'autant que nous lions nos idées. Vous comprenez que cela eft vrai de toutes les langues qui ont fait quelques progrès.

Les langues font en proportion avec les idées, comme cette petite chaife, fur laquelle vous vous affeyez, eft en proportion avec vous. En croissant, vous avez besoin d'un siege plus élevé ; de même les hommes, en acquérant des connoissances, ont besoin d'une langue plus étendue.

Mais comment les hommes acquierent-ils des idées ? c'est en observant les objets ; c'est-à-dire, en réfléchissant sur eux-mêmes, & sur tout ce qui a rapport à eux. Qui n'observe rien, n'apprend rien.

Or, ce sont nos besoins qui nous engagent à faire ces observations. Le laboureur a intérêt de connoître quand il faut labourer, semer, faire la recolte, quels sont les engrais les plus propres à rendre la terre fertile, &c. Il observe donc ; il se corrige des fautes qu'il a faites, & il s'instruit.

Le commerçant observe les différents objets du commerce, où il faut porter certaines marchandises, d'où il en faut tirer d'autres, & quels sont pour lui les échanges les plus avantageux.

Ainsi, chacun dans son état, fait des observations différentes, parce que chacun a des besoins différents. Le commerçant ne s'avise pas de négliger le commerce pour étudier l'agriculture, ni le laboureur de négliger l'agriculture pour étudier le commerce. Avec une pareille conduite ils manqueroient bientôt du néceſſaire l'un & l'autre.

Chaque condition fait donc un recueil d'obſervations, & il ſe forme un corps de connoiſſances dont la ſociété jouit. Or, comme dans chaque claſſe de citoyens, les obſervations tendent à ſe mettre en proportion avec les beſoins, le recueil des obſervations de toutes les claſſes tend à ſe mettre en proportion avec les beſoins de la ſociété entiere.

Chaque claſſe, à meſure qu'elle acquiert des connoiſſances, enrichit la langue des mots qu'elle croit propres à les communiquer. Le ſyſtême des langues s'étend donc, & il ſe met peu à peu en proportion avec celui des idées.

Quelles langues ſont plus parfaites. Actuellement vous pouvez juger quelles langues ſont plus parfaites, & quelles langues le ſont moins.

Les ſauvages ont peu de beſoins, donc ils obſervent peu : donc ils ont peu d'idées. Ils n'ont aucun intérêt à étudier l'agriculture, le commerce, les arts, les ſciences ; donc leurs langues ne ſont pas propres à rendre les connoiſſances que nous avons ſur ces différents objets. Aſſez parfaites pour eux puiſqu'elles ſuffiſent à leurs besoins, el les seroient imparfaites pour nous, parce qu'elles manquent d'expressions pour rendre le plus grand nombre de nos idées. Il faut donc conclure, que les langues les plus riches sont celles des peuples qui ont beaucoup cultivé les arts & les sciences.

Vous vous souvenez, Monseigneur, que pour rendre sensible la proportion qui tend à s'établir entre les besoins, les connoissances & les langues, nous avons tracé différents cercles : un fort petit, dans lequel nous avons circonscrit les besoins des sauvages; un plus grand qui contenoit les besoins des peuples pasteurs; un plus grand encore, pour les besoins des peuples qui commencent à cultiver la terre; enfin un dernier dont la circonférence s'étend continuellement, & c'est celui où nous renfermions les besoins des peuples qui créent les arts. Ces cercles croissoient à nos yeux, à mesure que la société se formoit de nouveaux besoins. Nous remarquions que les besoins précédant les connoissances, puisqu'ils nous déterminent à les acquérir, le cercle des besoins dépasse dans les commencements celui des connoissances. Nous ferions le même raisonnement sur les connoissances; elles précédent les mots, puisque nous ne faisons des mots que pour exprimer des idées que nous avions déja. Le cercle des connoissances dépasse donc aussi dans les commen-

Comment il s'établit une proportion entre les besoins, les connoissances & les langues.

cements celui des langues. Enfin, nous remarquions que tous ces cercles tendent à se confondre avec le plus grand, parce que, chez tous les peuples, les connoissances tendent à remplir le cercle des besoins, & que les langues croissent dans la même proportion.

Parcourons maintenant la surface de la terre, nous verrons les connoissances augmenter ou diminuer, suivant que les besoins sont plus multipliés ou plus bornés. Réduites presqu'à rien parmi les sauvages, ce sont des plantes informes, qui ne peuvent croître dans un sol ingrat où elles manquent de culture. Au contraire, transplantées dans les sociétés civiles, elle s'élevent, elles s'étendent, elles se greffent les unes sur les autres, elles se multiplient de toutes sortes de manieres & elles varient leurs fruits à l'infini.

Toutes les langues portent sur les mêmes fondemens. Comme votre petite chaise est faite sur le même modele que la mienne qui est plus élevée; ainsi le systême des idées est le même pour le fond, chez les peuples sauvages & chez les peuples civilisés, il ne différe, que parce qu'il est plus ou moins étendu : c'est un même modele d'après lequel on a fait des sieges de différente hauteur.

Or, puisque le systême des idées a par-tout

les mêmes fondements, il faut que le systême des langues soit, pour le fond, également le même par-tout ; par conséquent, toutes les langues ont des regles communes ; toutes ont des mots de différentes especes ; toutes ont des signes pour marquer les rapports des mots.

Cependant les langues sont différentes, soit parce qu'elles n'employent pas les mêmes mots pour rendre les mêmes idées, soit parce qu'elles se servent de signes différents pour marquer les mêmes rapports. En françois, par exemples, on dit *le livre de pierre*, & en latin, *liber petri* : Vous voyez que les Romains exprimoient, par un changement dans la terminaison, le même rapport que nous exprimons par un mot destiné à cet usage.

En quoi les langues different.

Les langues ne se perfectionnent qu'autant qu'elles analysent ; au lieu d'offrir à la fois des masses confuses, elles présentent les idées successivement, elles les distribuent avec ordre, elles en font différentes classes ; elles manient, pour ainsi dire, les éléments de la pensée, & elles les combinent d'une infinité de manieres ; c'est à quoi elles réussissent plus ou moins, suivant qu'elles ont des moyens plus ou moins commodes pour séparer les idées, pour les rapprocher, & pour les comparer sous tous les rapports possibles. Vous connoissez, Monsei-

Comment elles se perfectionnent.

gneur, les chiffres romains & les chiffres arabes; & vous jugez, par votre expérience, combien ceux-ci facilitent les calculs. Or les mots font, par rapport à nos idées, ce que les chiffres font par rapport aux nombres. Une langue seroit donc imparfaite, si elles se servoit de signes aussi embarrassants que les chiffres romains.

Connoissances préliminaires à l'analyse du discours. Ce chapitre, Monseigneur, & le précédent, ne sont que des préliminaires à l'analyse du discours, & ils étoient nécessaires : car avant d'entreprendre de décomposer une langue, il faut avoir quelques connoissances de la maniere dont elle s'est formée.

Une autre connoissance qui n'est pas moins nécessaire, c'est de savoir en quoi consiste l'art d'analyser la pensée. Vous n'avez encore sur ce sujet que des notions imparfaites : je vais essayer de vous en donner de plus précises, dans les chapitres suivants.

CHAPI.

CHAPITRE III.

En quoi consiste l'art d'analyser nos pensées.

Vous éprouvez, Monseigneur, que tous les objets, qui font en même temps une sensation dans vos yeux, sont également présents à votre vue.

<small>Comment l'œil analyse, & nous fait remarquer, dans une sensation confuse, plusieurs sensations distinctes.</small>

Or, vous pouvez embrasser d'un coup d'œil tous ces objets, sans donner une attention particuliere à aucun; & vous pouvez aussi porter votre attention de l'un à l'autre, & les remarquer chacun en particulier. Dans l'un & l'autre cas tous continuent d'être présents à votre vue, tant qu'ils continuent tous d'agir sur vos yeux.

Mais lorsque votre vue les embrasse également, & que vous n'en remarquez aucun, vous ne pouvez pas vous rendre un compte exact de tout ce que vous voyez; & parce que vous appercevez trop de choses à la fois, vous les appercevez confusément.

Pour être en état de vous en rendre compte, il faut les appercevoir d'une maniere distincte ; & pour les appercevoir d'une maniere distincte, il faut observer, l'une après l'autre, ces sensations qui se font dans vos yeux toutes au même instant.

Lorsque vous les observez ainsi, elles sont successives par rapport à votre œil, qui se dirige d'un objet sur un autre : mais elles sont simultanées par rapport à votre vue, qui continue de les embrasser. En effet, si vous ne regardez qu'une chose, vous en voyez plusieurs ; & il vous est même impossible de n'en pas voir beaucoup plus que vous n'en regardez.

Or, des sensations, simultanées par rapport à votre vue, agissent sur vous comme une seule sensation qui est confuse, parce qu'elle est trop composée. Il ne vous en reste aucun souvenir, & vous êtes porté à croire que vous n'avez rien vu. Des sensations, au contraire, que vous observez l'une après l'autre, agissent sur vous comme autant de sensations distinctes : vous vous souvenez des choses que vous avez vues, & quelquefois ce souvenir est si vif qu'il vous semble les voir encore.

Si plusieurs sensations simultanées se réunissent confusément, & paroissent, lorsque la vue les embrasse toutes à la fois, composer une seule sensation dont il ne reste rien ; vous voyez qu'elles se décomposent, lorsque l'œil les observe l'une après l'autre, & qu'alors elles s'offrent à vous successivement d'une maniere distincte.

Ce que vous remarquez des sensations de la vue est également vrai des idées & des opérations de l'entendement. Lorsque votre esprit embrasse à la fois plusieurs idées & plusieurs opérations qui coexistent, c'est-à-dire, qui existent en lui toutes ensemble, il en résulte quelque chose de composé dont nous ne pouvons démêler les différentes parties ; nous n'imaginons pas même alors que plusieurs idées aient pu être en même temps présentes à notre esprit, & nous ne savons ni à quoi, ni ce que nous avons pensé. Mais lorsque ces idées & ces opérations viennent à se succéder, alors votre pensée se décompose, nous démêlons peu à peu ce qu'elle renferme, nous observons ce que fait notre esprit, & nous nous faisons de ses opérations une suite d'idées distinctes.

L'analyse des idées de l'entendement se fait de la même maniere.

En effet, comme l'unique maniere de décomposer les sensations de la vue est de les faire succéder l'une à l'autre ; de même l'unique maniere de décomposer une pensée est de faire succéder, l'une à l'autre, les idées & les opérations dont elle est formée. Pour décomposer, par exemple, l'idée que j'ai à la vue de ce bureau, il faut que j'observe successivement toutes les sensations qu'il fait en même temps sur moi, la hauteur, la longueur, la largeur, la couleur, &c. c'est ainsi que pour décomposer ma pensée, lorsque je forme un desir, j'observe successivement l'inquiétude ou le mal-aise que j'éprouve, l'idée que je me fais de l'objet propre à me soulager, l'état où je suis pour en être privé, le plaisir que me promet sa jouissance, & la direction de toutes mes facultés vers le même objet.

A quoi se réduit l'art de décomposer la pensée.

Ainsi décomposer une pensée, comme une sensation, ou se représenter successivement les parties dont elle est composée, c'est la même chose ; &, par conséquent, l'art de décomposer nos pensées n'est que l'art de rendre successives les idées & les opérations qui sont simultanées.

Je dis *l'art de décomposer nos pensées*, & ce n'est pas sans raison que je m'exprime de la sorte. Car, dans l'esprit chaque pensée est naturellement composée de plusieurs idées & de plusieurs opérations qui coexistent ; & pour savoir décomposer, il faut avoir appris à se repréfenter, l'une après l'autre, ces idées & ces opérations. Vous venez de le voir dans la décomposition du defir; & vous pouvez encore vous en convaincre par l'analyfe de l'entendement humain. Car fi l'attention, la comparaifon, le jugement, &c. ne font que la fenfation transformée, c'eft une conféquence que ces opérations ne foient que la fenfation décompofée, ou confidérée fucceffivement fous différents points de vue.

La fenfation enveloppe donc toutes nos idées & toutes nos opérations; & l'art de la décompofer n'eft que l'art de nous repréfenter fucceffivement les idées & les opérations qu'elle renferme.

Je pourrois, par conféquent, former des jugements & des raifonnements, & n'avoir point encore de moyens pour les décompofer. J'en ai même formé, avant d'avoir fu m'en repréfenter les parties dans l'ordre fucceffif, qui peut feul me les faire diftinguer. Alors je jugeois, & je raifonnois fans pouvoir me faire d'idées diftinctes de ce qui fe paffoit en moi, &, par conféquent, fans favoir que je jugeois & que je raifonnois. Mais il n'en étoit pas moins vrai, que je faifois des jugements & des raifonnements. La décompofition d'une penfée fuppofe l'exiftence de cette penfée; & il feroit

Nous avons jugé & raifonné, avant de pouvoir remarquer que nous jugions & raifonnions

absurde de dire, que je ne commence à juger & à raisonner, que lorsque je commence à pouvoir me représenter successivement ce que je fais quand je juge & quand je raisonne.

<small>Ce sont les langues qui nous fournissent les moyens de décomposer la pensée.</small>

Si toutes les idées, qui composent une pensée, sont simultanées dans l'esprit, elles sont successives dans le discours: ce sont donc les langues qui nous fournissent les moyens d'analyser nos pensées. Nous allons observer ces moyens dans les deux chapitres suivants.

CHAPITRE IV.

Combien les signes artificiels sont nécessaires pour décomposer les opérations de l'ame, & nous en donner des idées distinctes.

Lorsqu'on juge qu'un arbre est grand, l'opération de l'esprit n'est que la perception du rapport de *grand* à *arbre*, si, comme nous l'avons dit, juger n'est qu'appercevoir un rapport entre deux idées que l'on compare.

<small>Le jugement peut être considéré comme une perception, ou comme une affirmation.</small>

Il est vrai, Monseigneur, que vous auriez pu m'objecter que, lorsque vous jugez, vous faites quelque chose de plus que d'appercevoir. En effet, vous ne voulez pas seulement dire que vous appercevez qu'un arbre est grand, vous voulez encore affirmer qu'il l'est.

Je réponds que la perception & l'affirmation ne sont de la part de l'esprit qu'une même opération, sous deux vues différentes. Nous pouvons considérer le rapport, entre *arbre & grand*, dans la perception que nous en avons, ou dans les idées de *grand & d'arbre*, idées qui nous représentent un grand arbre comme existant hors de nous. Si nous le considérons seulement dans la perception, alors il est évident que la perception & le jugement ne sont qu'une même chose. Si, au contraire, nous le considérons encore dans les idées de *grand & darbre*, alors l'idée de grandeur convient à l'idée d'arbre, indépendamment de notre perception, & le jugement devient une affirmation. Envisagée sous ce point de vue, la proposition, *cet arbre est grand*, ne signifie pas seulement que nous appercevons l'idée d'arbre avec l'idée de grandeur : elle signifie encore que la grandeur appartient réellement à l'arbre.

Un jugement comme perception, & un jugement comme affirmation, ne sont donc qu'une même opération de l'esprit; & ils ne diffèrent, que parce que le premier se borne à faire considérer un rapport dans la perception qu'on en a, & que le second le fait considérer dans les idées que l'on compare.

Comment, avec le secours des signes artificiels, les jugements, qui n'étoient que

Or, d'où nous vient le pouvoir d'affirmer ou de considérer un rapport dans les idées que nous comparons, plutôt que dans la perception que nous en avons ? de l'usage des signes artificiels.

Vous avez vu que pour découvrir le méchanisme d'une montre, il faut décomposer, c'est-à-dire, en séparer les parties, les distribuer avec ordre, & les étudier chacune à part. Vous vous êtes aussi convaincu que cette analyse est l'unique moyen d'acquérir des connoissances de quelques especes qu'elles soient.

des perceptions, deviennent des affirmations.

Vous avez jugé en conséquence que pour connoître parfaitement la pensée, il la falloit décomposer, & en étudier successivement toutes les idées, comme vous étudieriez toutes les parties d'une montre.

Pour faire cette décomposition vous avez distribué avec ordre les mots qui sont les signes de vos idées. Dans chaque mot vous avez considéré chaque idée séparément; &, dans deux mots que vous avez rapprochés, vous avez observé le rapport que deux idées ont l'une à l'autre. C'est donc à l'usage des mots que vous devez le pouvoir de considérer vos idées chacune en elles-mêmes, & de les comparer les unes avec les autres pour en découvrir les rapports. En effet, vous n'aviez pas d'autre moyen pour faire cette analyse. Par conséquent, si vous n'aviez eu l'usage d'aucun signe artificiel, il vous auroit été impossible de la faire.

Mais si vous ne pouviez pas faire cette analyse, vous ne pourriez pas considérer, séparément & chacune en elles-mêmes, les idées dont se forme votre pensée. Elles resteroient donc comme enveloppées confusément dans la perception que vous en avez.

Dès qu'elles seroient ainsi enveloppées, il est évident que les comparaisons & les jugements de votre esprit ne seroient pour vous que ce que nous appellons perception. Vous ne pourriez pas faire cette proposition, *cet arbre est grand*; puisque ces idées seroient simultanées dans votre esprit, & que vous n'auriez pas de moyens pour vous les représenter dans l'ordre successif qui les distingue & que le discours peut seul leur donner. Par conséquent, vous ne pourriez pas juger de ce rapport, si, par en juger, vous entendez l'affirmer.

Tout vous confirme donc que le jugement, pris pour une affirmation, est, dans votre esprit, la même opération que le jugement, pris pour une perception; & qu'ayant, par vous même, la faculté d'appercevoir un rapport, vous devez, à l'usage des signes artificiels, la faculté de l'affirmer ou de pouvoir faire une proposition. L'affirmation est, en quelque sorte, moins dans votre esprit que dans les mots qui prononcent les rapports que vous appercevez.

GRAMMAIRE. 43

Comme les mots développent successivement, dans une proposition, un jugement dont les idées sont simultanées dans l'esprit ; ils développent, dans une suite de propositions, un raisonnement dont les parties sont également simultanées ; & vous découvrez en vous une suite d'idées & d'opérations, que vous n'auriez pas démêlées sans leur secours.

> Comment toutes les parties d'un raisonnement, quoique simultanées dans l'esprit, se développent successivement par le moyen des signes artificiels.

Puisqu'il n'y a point d'homme qui n'ait été sans l'usage des signes artificiels, il n'en est point à qui les idées & les opérations de son esprit ne se soient offertes, pendant un temps, tout à fait confondues avec la sensation, & tous ont commencé par être dans l'impuissance de démêler ce qui se passoit dans leur pensée. Ils ne faisoient qu'appercevoir, & leur perception, où tout se confondoit, leur tenoit lieu de jugement & de raisonnement : elles en étoient l'équivalent. Vous concevez combien il étoit difficile de débrouiller ce chaos. Vous avez néanmoins surmonté cette difficulté, & vous devez juger que vous en pouvez surmonter d'autres.

> Tout homme a été dans l'impuissance de démêler ce qui se passe dans son esprit.

Dès que nous ne pouvons appercevoir séparément & distinctement les opérations de notre ame, que dans les noms que nous leur avons donnés, c'est une conséquence que nous ne sachions pas observer de pareilles opérations dans les animaux, qui n'ont pas l'usage de nos

> Tout animal, qui a des sensations, a la faculté d'appercevoir des rapports.

signes artificiels. Ne pouvant pas les démêler en eux, nous les leur refusons ; & nous disons qu'ils ne jugent pas, parce qu'ils ne prononcent pas, comme nous, des jugements.

Vous éviterez cette erreur, si vous considérez que la sensation enveloppe toutes les idées & toutes les opérations dont nous sommes capables. Si ces idées & ces opérations n'étoient pas en nous, les signes artificiels ne nous apprendroient pas à les distinguer. Ils les supposent donc, & tout animal, qui a des sensations a la faculté de juger, c'est-à-dire, d'appercevoir des rapports.

CHAPITRE V.

Avec quelle méthode on doit employer les signes artificiels pour se faire des idées distinctes de toute espece.

Nous venons de voir que les signes artificiels sont nécessaires pour démêler les opérations de notre ame : ils ne le sont pas moins pour nous faire des idées distinctes des objets qui sont hors de nous. Car, si nous ne connoissons les choses, qu'autant que nous les analysons ; c'est une conséquence que nous ne les connoissions, qu'autant que nous nous représentons successivement les qualités qui leur appartiennent. Or, c'est ce que nous ne pouvons faire qu'avec des signes choisis & employés avec art.

L'analyse des objets qui sont hors de nous ne peut le faire qu'avec des signes artificiels.

Il ne suffiroit pas de faire passer ces qualités l'une après l'autre devant l'esprit. Si elles y passoient sans ordre, nous ne saurions où les retrouver, il ne nous resteroit que des

Cette analyse est assujettie à un ordre.

idées confuses ; & , par conséquent, nous ne retirerions presque aucun fruit des décompositions que nous aurions faites. L'analyse est donc assujettie à un ordre.

<small>On découvrira cet ordre, si on considére l'objet que se fait l'analyse.</small>

Pour le découvrir, cet ordre, il suffit de considérer que l'analyse a pour objet, de distinguer les idées, de les rendre faciles à retrouver, & de nous mettre en état de les comparer sous toutes sortes de rapports.

Or, si elle en trace la suite dans la plus grande liaison, si, en les faisant naître les unes des autres, elle en montre le développement successif, si elle donne à chacune une place marquée, & la place qui lui convient ; alors chaque idée sera distincte & se retrouvera facilement. Il suffira même de s'en rappeller une, pour se rappeller successivement toutes les autres, & il sera facile d'en observer les rapports. Nous pouvons les parcourir sans obstacles, & nous arrêter, à notre choix, sur toutes celles que nous voudrons comparer.

<small>La nature indique cet ordre.</small>

Il ne s'agit donc pas pour analyser, de se faire un ordre arbitraire. Il y en a un qui est donné par la maniere dont nous concevons. La nature l'indique elle-même, & , pour le découvrir, il ne faut qu'observer ce qu'elle nous fait faire .

Les objets commencent d'eux mêmes à se décompoſer, puis qu'ils ſe montrent à nous avec des qualités différentes, ſuivant la différence des organes expoſés à leur action. Un corps, tout à la fois ſolide, coloré, ſonore, odoriférant & ſavoureux, n'eſt pas tout cela à chacun de nos ſens; & ce ſont là autant de qualités, qui viennent ſucceſſivement à notre connoiſſance par autant d'organes différents.

Elle nous a donné des ſens qui décompoſent les objets ſans aucun art de notre part.

Le toucher nous fait conſidérer la ſolidité, comme ſéparée des autres qualités qui ſe réuniſſent dans le même corps : la vue nous fait conſidérer la couleur de la même maniere. En un mot, chaque ſens décompoſe; & c'eſt nous, dans le vrai, qui formons des idées compoſées, en réuniſſant, dans chaque objet, des qualités que nos ſens tendent à ſéparer.

Or, vous avez vu, Monſeigneur, qu'une idée abſtraite eſt une idée que nous formons, en conſidérant une qualité ſéparément des autres qualités auxquelles elle eſt unie. Il ſuffit donc d'avoir des ſens pour avoir des idées abſtraites.

Mais tant que nous n'avons des idées abſtraites que par cette voie, elles viennent à nous ſans ordre; elles diſparoiſſent, quand les objets ceſſent d'agir ſur nos ſens : ce ne ſont que des connoissances momentanées, & notre vue est encore bien confuse & bien trouble.

Cependant, c'est la nature qui commence à nous faire démêler quelque chose dans les impressions que les organes font passer jusqu'à l'ame. Si elle ne commençoit pas, nous ne pourrions pas commencer nous-mêmes. Mais, quand elle a commencé, elle s'arrête : contente de nous avoir mis sur la voie, elle nous laisse, & c'est à nous d'avancer.

Pour les décomposer avec art, l'ordre de l'analyse doit être celui de la génération des idées.

Jusques-là, c'est donc sans aucun art de notre part que se font toutes les décompositions. Or, comment pourrons nous faire avec art d'autre décompositions pour acquérir de vraies connoissances ? c'est encore en observant l'ordre que la nature nous prescrit elle-même. Mais vous savez que cet ordre est celui dans lequel nos idées naissent les unes des autres, conséquamment à notre maniere de sentir & de concevoir. C'est donc dans l'ordre le plus conforme à la génération des idées que nous devons analyser les objets.

L'ordre de la génération des idées est de l'individu au genre, & du genre aux especes.

Papa, dans la bouche d'un enfant qui n'a vu que son pere, n'est encore pour lui que le nom d'un individu. Mais lorsqu'il voit d'autres hommes, il juge, aux qualités qu'ils ont en commun avec son pere, qu'ils doivent aussi

avoir

avoir le même nom, & il les appelle *papa*.
Ce mot n'est donc plus pour lui le nom d'un
individu, c'est un nom commun à plusieurs
individus qui se ressemblent : c'est le nom de
quelque chose qui n'est ni Pierre ni Paul :
c'est, par conséquent, le nom d'une idée qui
n'a d'existence que dans l'esprit de cet enfant,
& il ne l'a formée, que parce qu'il a fait abstraction des qualités particulieres aux individus
Pierre & Paul, pour ne penser qu'aux qualités
qui leur sont communes. Il n'a pas eu de peine
à faire cette abstraction : il lui a suffi de ne pas
remarquer les qualités qui distinguent les individus. Or, il lui est bien plus facile de saisir les ressemblances que les différences ; & c'est
pourquoi il est naturellement porté à généraliser, lorsque dans la suite les circonstances
lui apprendront qu'on appelle *homme* ce qu'il
nommoit *papa*, il n'acquerra pas une nouvelle
idée, il apprendra seulement le vrai nom d'une
idée qu'il avoit déja.

Mais il faut observer qu'une fois qu'un
enfant commence à généraliser, il rend une idée
aussi étendue qu'elle peut l'être, c'est-à-dire,
qu'il se hâte de donner le même nom à tous les
objets qui se ressemblent grossiérement, & il les
comprend tous dans une seule classe. Les ressemblances sont les premieres choses qui le
frappent, parce qu'il ne sait pas encore assez

analyser pour distinguer les objets par les qualités qui leur sont propres. Il n'imaginera donc des classes moins générales, que lorsqu'il aura appris à observer par où les choses different. Le mot *homme*, par exemple, est d'abord pour lui une dénomination commune, sous laquelle il comprend indistinctement tous les hommes. Mais lorsque dans la suite il aura occasion de connoître les différentes conditions, il fera aussi-tôt les classes subordonnées & moins générales de militaires, de magistrats, de bourgeois, d'artisans, de laboureurs, &c. tel est donc l'ordre de la génération des idées. On passe tout à coup de l'individu au genre, pour descendre ensuite aux différentes especes qu'on multiplie d'autant plus qu'on acquiert plus de discernement, c'est-à-dire, qu'on apprend mieux à faire l'analyse des choses.

Toutes les fois donc qu'un enfant entend nommer un objet, avant d'avoir remarqué qu'il ressemble à d'autres, le mot, qui est pour nous le nom d'une idée générale, est pour lui le nom d'un individu : ou si ce mot est pour nous un nom propre, il le généralise aussi-tôt qu'il trouve des objets semblables à celui qu'on a nommé ; & il ne fait des classes moins générales, qu'à mesure qu'il apprend à remarquer les différences qui distinguent les choses.

Vous voyez donc, Monseigneur, comment nos premieres idées sont d'abord individuelles, comment elles se généralisent, & comment de générales elles deviennent des especes subordonnées à un genre.

Cette génération est fondée sur la nature des choses. Il faut bien que nos premieres idées soient individuelles : car puisqu'il n'y a hors de nous que des individus, il n'y a aussi que des individus qui puissent agir sur nos sens. Les autres objets de notre connoissance ne sont point des choses réelles qui aient une existence dans la nature : ce ne sont que différentes vues de l'esprit qui considere dans les objets les rapports par où ils se ressemblent, & ceux par où ils different.

Cet ordre est fondé sur la nature des choses.

Il n'y a donc qu'un moyen pour acquérir des connoissances exactes & précises, c'est de nous conformer dans nos analyses, à l'ordre de la génération des idées. Voilà la méthode avec laquelle nous devons employer les signes artificiels.

La méthode, qui suit l'ordre de la génération des idées, est l'unique pour analyser les choses, & pour acquérir de vraies connoissances.

Si nous ne savions pas faire usage de cette méthode, les signes artificiels ne nous conduiroient qu'à des idées imparfaites & confuses ; & si nous n'avions point de signes artificiels, nous n'aurions point de méthode, &, par conséquent, nous n'aquerrions point de connoissance. Tout vous confirme donc, Monseigneur, combien les signes artificiels nous sont nécessaires pour démêler les idées qui sont confusément dans nos sensations. (*a*)

Avant que nous eussions étudié ensemble cette méthode, vous en aviez déja fait usage, & vous aviez acquis quelques idées abstraites. Conduit par les circonstances qui vous faisoient deviner à peu près le sens des mots, vous aviez analysé les choses, sans remarquer que vous les analysiez, & sans réfléchir sur l'ordre que vous deviez suivre dans ces analyses; aussi étoient-elles souvent bien imparfaites. Mais enfin vous aviez analysé, & vous vous étiez fait des idées que vous n'auriez jamais eues, si vous n'aviez pas entendu des mots, & si vous n'aviez pas senti le besoin d'en saisir la signification.

Si ces idées étoient en petit nombre, si

(*) Pourroit on devenir géometre sans méthode, & si les géometres n'avoient point de signes artificiels, pourroient ils avoir une méthode? Or, la langue qu'un enfant apprend, est la méthode à laquelle il doit les connoissances qu'il acquiert tout seul. Il y trouve des signes pour faire des analyses qu'il n'auroit jamais faites, s'il n'avoit pas appris à parler.

elles étoient encore bien confuses, & si vous n'ériez pas capable de vous en rendre raison, c'est que les circonstances vous avoient mal conduit. Vous n'aviez pas eu occasion d'apprendre assez de mots, ou vous ne les aviez pas appris dans l'ordre le plus propre à vous en donner l'intelligence. Souvent celui que vous entendiez prononcer & dont vous auriez voulu saisir le sens, en supposoit pour être bien compris, d'autres que vous ne connoissiez pas encore. Quelquefois les personnes, qui parloient devant vous, faisoient un étrange abus du langage ; & ne connoissant pas elles-mêmes la valeur des termes dont elles se servoient, elles vous donnoient de fausses idées. Cependant vous pensiez d'après elles avec confiance, & elles croyoient vous instruire. Or, des signes qui venoient à votre connoissance, avec si peu d'ordre & de précision, n'étoient propres qu'à vous faire faire des analyses fausses ou peu exactes. Une pareille méthode, si c'en est une, ne pouvoit donc vous donner que beaucoup de notions confuses & beaucoup de préjugés.

Qu'avez-vous fait avec moi pour donner plus de précision à vos idées, & pour en acquérir de nouvelles ? Vous avez repassé sur les mots que vous saviez, vous en avez appris de nouveaux, & vous avez étudié le sens des uns & des autres, dans l'ordre de la génération des idées. Vous voyez que cette méthode est l'unique : votre expérience vous a au moins convaincu qu'elle est bonne.

Il y a deux méthodes ; l'une pour parler aux personnes instruites, & l'autre pour parler aux personnes qu'on instruit.

Pour achever, Monseigneur, de vous éclairer sur la méthode, il faut vous faire remarquer qu'il y a un ordre dans lequel nous acquérons des idées, & un ordre dans lequel nous distribuons celles que nous avons acquises.

Le premier est, comme vous l'avez vu, celui de leur génération : le second est le renversement du premier. C'est celui où nous commençons par l'idée la plus générale, pour descendre de classe en classe jusqu'à l'individu.

Vous aurez plus d'une fois occasion de remarquer que les idées générales abrégent le discours. C'est donc par elles qu'on doit commencer, quand on parle à des personnes instruites. Il seroit importun & superflu de remonter à l'origine des idées, puisqu'on ne leur diroit que ce qu'elles savent.

Il n'en est pas de même quand on parle à des personnes qui ne savent rien, ou qui savent tout imparfaitement. Si je vous présentois mes idées dans l'ordre qu'elles ont dans mon esprit, je commencerois par des choses que vous ne pourriez pas entendre, parce qu'elles en fupposeroient que vous ne favez pas. Je dois donc vous les préfenter dans l'ordre dans lequel vous auriez pu les acquerir tout feul.

Par exemple, fi j'avois défini l'entendement, la volonté ou la penfée, avant d'avoir analyfé les opérations de l'ame, vous ne m'auriez pas entendu. Vous ne m'entendriez pas davantage, fi je commençois cet ouvrage par définir la grammaire, & ce que les grammairiens appellent les *parties d'oraifon*. Il eft vrai que je pourrois dans la fuite expliquer ces chofes: mais feroit-il raifonnable de vous forcer à écouter & à répéter des mots auxquels vous n'attacheriez encore aucune fignification, & d'en renvoyer l'explication à un autre temps? Je dois donc ne vous apprendre les mots que vous ne favez pas, qu'après vous en avoir donné l'idée, en me fervant des mots dont vous avez l'intelligence.

J'ai plufieurs raifons, Monfeigneur, pour vous faire faire ces réflexions. La premiere, c'eft qu'en vous rendant compte de la méthode que je me propofe de fuivre, je vous éclaire davantage, & que je vous mets peu à peu en état de vous inftruire fans moi.

Avantages de la méthode d'inftruction.

La feconde, c'eft qu'en vous montrant comment je dois m'expliquer pour être à votre portée, je vous apprends à juger par vous même, si en effet je vous offre mes idées dans l'ordre le plus propre à me faire entendre. Je pourrois, oubliant ma méthode, vous parler comme à une personne instruite. Alors vous ne m'entendriez pas, & peut-être vous en prendriez vous à vous même. Il faut que vous sachiez que ce pourroit être ma faute.

Enfin ces réflexions sont propres à vous prévenir contre un préjugé où l'on est généralement, que les idées abstraites sont bien difficiles. Vous pouvez juger par vous-même si celles que vous vous êtes faites, depuis que nous étudions ensemble, vous ont beaucoup coûté. Les autres ne vous coûteront pas davantage.

En effet, pourquoi avons nous tant de peine à nous familiariser avec les sciences qu'on nomme abstraites ? C'est que nous les étudions, avant d'avoir fait d'autres études qui devoient nous y préparer : c'est que ceux qui les enseignent, nous parlent comme à des personnes instruites, & nous supposent des connoissances que nous n'avons pas. Toutes les études seroient faciles, si, conformément à l'ordre de la génération des idées, on nous faisoit passer de connoissance en connoissance, sans jamais franchir aucune idée intermédiaire, ou du moins en ne sup-

primant que celles qui peuvent facilement se
suppléer. Je puis vous rendre cette vérité sensible par une comparaison qui n'est pas noble, à
la vérité, mais elle nous éclairera, & nous ne
cherchons que la lumiere.

Considerez donc, Monseigneur, les idées
que vous avez acquises comme une suite d'échelons, & jugez s'il vous eût été possible de
sauter tout à coup au haut de l'échelle. Vous
voyez que vous n'auriez pas même pu monter
les échelons deux à deux, & vous les avez
montés facilement un à un. Or, les sciences
ne sont que plusieurs échelles mises bout à
bout. Pourquoi donc ne pourriez vous pas, d'échelon en échelon, monter jusqu'au dernier ?

CHAPITRE VI.

Les langues considérées comme autant de méthodes analytiques.

C'est comme méthodes analytiques, qu'il faut considérer les langues.

Vous avez vu combien les signes artificiels nous sont nécéssaires pour démêler dans nos sensations toutes les oppérations de notre ame; & nous avons observé comment nous devons nous en servir pour nous faire des idées de toute espece. Le premier objet du langage est donc d'analyser la pensée. En effet nous ne pouvons montrer, successivement aux autres, les idées qui coexsistent dans notre esprit, qu'autant que nous savons nous les montrer succssivement à nous-mêmes: c'est-à-dire, que nous ne savons parler aux autres, qu'autant que nous savons nous parler. On se tromperoit, par conséquent, si on croyoit que les langues ne nous sont utiles que pour nous communiquer mutuellement nos pensées.

C'est donc comme méthodes analytiques,

que nous les devons confidérer ; & nous ne les connoîtrons parfaitement que lorfque nous aurons obfervé comment elles ont analyfé la penfée.

Dans le peu que vous favez de votre langue, Monfeigneur, vous voyez des mots pour exprimer vos idées, & d'autres mots pour exprimer les rapports que vous appercevez entre elles. Vous concevez, qu'avec moins de mots, vous auriez moins d'idées, & vous découvririez moins de rapports. Il ne faut pour cela que vous rappeller l'ignorance où vous étiez, il n'y a pas long-temps. Vous concevez auffi qu'avec plus de mots que vous n'en favez, vous pourriez avoir plus d'idées & découvrir plus de rapports.

Comment les langues font des méthodes analytiques plus ou moins parfaites.

Dans le françois, tel que vous l'avez fu d'abord, vous pouvez vous repréfenter une langue qui commence & qui ne fait, pour ainfi dire, que dégroffir la penfée. Dans le françois, tel que vous le favez aujourd'hui, vous voyez une langue qui a fait des progrès, qui fait plus d'analyfes, & qui les fait mieux. Enfin dans le françois tel que vous le faurez un jour, vous prévoyez de nouveaux progrès ; & vous commencez à comprendre comment il deviendra capable d'analyfer la penfée jufques dans les moindres détails.

Si cette analyse se faisoit sans méthode, la pensée ne se débrouilleroit qu'imparfaitement ; les idées s'offriroient confusément & sans ordre à celui qui voudroit parler ; & il ne pourroit se faire entendre qu'autant qu'on le devineroit. Aussi avons-nous vu que cette analyse est assujettie à une méthode ; & que cette méthode est plus ou moins parfaite, suivant que se conformant à la génération des idées, elle la montre d'une manière plus ou moins sensible. Tout confirme donc que nous devons considérer les langues comme autant de méthodes analytiques : méthodes qui d'abord ont toute l'imperfection des langues qui commencent & qui, dans la suite, font des progrès à mesure que les langues en font elles-mêmes.

C'est à leur insu, que les hommes, en formant les langues, ont suivi une méthode analytique.

Mais, me direz-vous, les hommes ne connoissoient pas cette méthode avant d'avoir fait les langues : comment donc les ont-ils faites d'après cette méthode ?

Cette difficulté, Monseigneur, prouve seulement que, dans les commencements, cette méthode a été aussi imparfaite que les langues.

En effet, si vous réfléchissez sur les idées que vous avez acquises avec moi, vous vous convaincrez que vous les devez à l'analyse; que vous n'auriez pas pu en acquérir d'aussi précises par toute autre voie; & que, par conséquent, vous avez tout seul analysé quelquefois méthodiquement, si auparavant vous en aviez d'exactes, comme en effet vous en aviez. Mais alors vous analysiez sans le savoir. Or, c'est ainsi que les hommes ont suivi, dans la formation des langues, une méthode analytique. Tant que cette méthode a été imparfaite, ils se sont exprimés grossiérement & avec beaucoup d'embarras; & c'est à proportion des progrès qu'elle a faits, qu'ils ont été capables de parler avec plus de clarté & de précision.

La nature vous a guidé dans les analyses que vous avez faites tout seul, vous avez démêlé quelques qualités dans les objets, parce que vous aviez besoin de les remarquer, vous avez démêlé quelques opérations dans votre ame, parce que vous aviez besoin de faire connoître vos craintes & vos desirs. Vous avez, à la verité, trouvé des secours dans les personnes qui vous approchoient : vous n'avez eu qu'à faire attention aux circonstances où elles prononçoient certains mots, pour apprendre à nommer les idées que vous vous faisiez.

Les hommes qui ont fait les langues,

ont de même été guidés par la nature, c'est-à-dire, par les besoins qui sont une suite de notre conformation. S'ils ont été obligés d'imaginer les mots que vous avez trouvés faits, ils ont suivi, en les choisissant, la même méthode, que vous avez suivie vous même en les apprenant.

Mais, comme vous, ils l'ont suivie à leur insu. Si on avoit pu la leur faire remarquer de bonne heure, les langues auroient fait des progrès rapides, comme votre françois en fera. La lenteur des progrès ne prouve donc pas qu'elles se sont formées sans méthode : elle prouve seulement que la méthode s'est perfectionnée lentement. Mais enfin cette méthode a donné peu à peu les regles du langage ; & le systême des langues s'est achevé lorsqu'on a été capable de remarquer ces regles.

Cette méthode a des regles communes à toutes les langues, & des regles particulieres à chacune.

Or, la pensée, considérée en général, est la même dans tous les hommes. Dans tous elle vient également de la sensation : dans tous, elle se compose & se décompose de la même maniere.

Les besoins qui les engagent à faire l'analyse de la pensée sont encore communs à tous; & ils employent tous à cette analyse des moyens semblables, parce qu'ils sont tous conformés de la même maniere. La méthode, qu'ils suivent, est donc assujettie aux mêmes regles dans toutes les langues.

Mais cette méthode se sert, dans différentes langues, de signes différents. Plus ou moins grossiere, plus ou moins perfectionnée, elle rend les langues plus ou moins capables de clarté, de précision & d'énergie; & chaque langue a des regles qui lui sont propres.

On appelle *grammaire* la science qui enseigne les principes & les regles de cette méthode analytique. Si elle enseigne les regles que cette méthode prescrit à toutes les langues, on la nomme *grammaire générale*; & on la nomme *grammaire particuliere*, lors qu'elle enseigne les regles que cette méthode suit dans telle ou telle langue.

[Objet de la grammaire.]

Etudier la grammaire, c'est donc étudier les méthodes que les hommes ont suivies dans l'analyse de la pensée.

Cette entreprise n'est pas aussi difficile qu'elle peut vous le paroître. Elle se borne à observer ce que nous faisons quand nous parlons: car le système du langage est dans chaque homme qui sait parler. D'ailleurs un discours n'est qu'un jugement ou une suite de jugements. Par conséquent, si nous découvrons comment une langue analyse un petit nombre de jugements, nous connoîtrons la méthode qu'elle suit dans l'analyse de toutes nos pensées. C'est ce que nous allons rechercher dans les chapitres suivants. Nous commencerons par observer les analyses qui se font avec le langage d'action.

CHAPITRE VII.

Comment le langage d'action décompose la penſée.

Le langage d'action, Monſeigneur, que je veux vous faire obſerver, n'eſt pas celui dont les pantomimes ont fait un art. C'eſt celui que la nature nous fait tenir en conſéquence de la conformation qu'elle a donnée à nos organes.

Comment la penſée de celui qui parle le langage d'action, ſe décompoſe aux yeux de ceux qui l'obſervent.

Lorſqu'un homme exprime un deſir par ſon action ; & montre d'un geſte un objet qu'il deſire, il commence déja à décompoſer ſa penſée : mais il la décompoſe moins pour lui que pour ceux qui l'obſervent.

Il ne la décompoſe pas pour lui : car tant que les mouvements, qui expriment ſes différentes idées, ne ſe ſuccedent pas, toutes ſes idées ſont ſimultanées, comme ſes mouvements. Sa penſée s'offre donc à lui toute entiere, sans succession, & sans décomposition.

Mais son action la décompose souvent pour ceux qui l'observent; & cela arrivent toutes les fois qu'ils ne peuvent comprendre ce qu'il veut, qu'après avoir porté la vue sur lui pour y remarquer l'expression du desir, & ensuite sur l'objet pour remarquer ce qu'il desire. Cette observation rend donc successifs à leurs yeux des mouvements qui étoient simultanés dans l'action de cet homme, & elle fait voir deux idées séparées & distinctes, parce qu'elle les fait voir l'une après l'autre.

Comment il apprend à la décomposer lui même. Or, si un homme, qui ne parle que le langage d'action, remarque que pour comprendre la pensée d'un autre, il a souvent besoin d'en observer successivement les mouvements; rien n'empêche qu'il ne remarque encore tôt ou tard que pour se faire entendre lui-même plus facilement, il a besoin de rendre ses mouvements successifs. Il apprendra donc à décomposer sa pensée; & c'est alors, comme nous l'avons remarqué, que le langage d'action commencera à devenir un langage artificiel.

Idées distinctes qu'offre Cette décomposition n'offre guere que deux ou trois idées distinctes: telles que, j'ai *faim, je voudrois ce fruit, donnez-le moi.* Elle n'offre donc que des idées principales plus ou moins composées.

Mais la force des besoins, la vivacité du desir, le goût qu'on se flatte de trouver dans le fruit qu'on demande, la préférence qu'on donne à ce fruit, la peine qu'on souffre par la privation, &c. sont autant d'idées accessoires qui ne se démêlent pas encore & qui cependant sont exprimées dans les regards, dans les attitudes, dans l'altération des traits du visage, en un mot, dans toute l'action. Ces idées ne se décomposeront qu'autant que les circonstances détermineront à faire remarquer, les uns après les autres, les mouvements qui en sont les signes naturels.

Il seroit curieux, Monseigneur, de rechercher jusqu'où les hommes pourroient porter cette analyse. Mais ce sont des détails dans lesquels je ne dois entrer, qu'autant qu'ils peuvent être utiles à l'objet que je me propose. Il me suffit pour le présent d'avoir observé comment le langage d'action commence à décomposer la pensée. Passons au langage des sons articulés.

CHAPITRE VIII.

Comment les langues, dans les commencements, analysent la pensée.

Précautions à prendre pour ne pas se perdre dans des conjectures peu vraisemblables.

Pour juger, Monseigneur, des analyses qui se sont faites à la naissance des langues, il faudroit s'assurer de l'ordre dans lequel les choses ont été nommées. On ne peut former à cet égard que des conjectures, encore seroient-elles d'autant plus incertaines, qu'on entreroit dans de plus grands détails. Comme l'organisation, quoique la même pour le fond est susceptible, suivant les climats, de bien des variétés, & que les besoins varient également; il n'est pas douteux que les hommes, jetés par la nature dans des circonstances différentes, ne se soient engagés dans des routes qui s'écartent les unes des autres.

Cependant toutes ces routes partent d'un même point, c'est-à-dire, de ce qu'il y a de commun dans l'organisation & dans les befoins. Il s'agit donc d'obferver les hommes dans les premiers pas qu'ils ont faits. Bornons-nous à découvrir comment ils ont commencé, & nos conjectures en auront plus de vraifemblance.

Dans toutes les langues, les accents, communs aux deux langages, ont fans doute été les premiers noms. C'eft la nature qui les donne, & ils fuffifent pour indiquer nos befoins, nos craintes, nos defirs, tous nos fentiments. Sufceptibles de différents mouvements & de différentes inflexions, ils femblent fe moduler fur toutes les cordes fenfibles de notre ame, & leur expreffion varie comme nos befoins.

Les accents ont été les premiers noms.

Les hommes n'avoient donc qu'à remarquer ces accents, pour démêler les fentiments qu'ils éprouvoient, & pour diftinguer, dans ces fentiments, jufqu'à des nuances. Dans la néceffité de fe demander & de fe donner des fecours, ils firent une étude de ce langage. Ils apprirent donc à s'en fervir avec plus d'art; & les accents, qui n'étoient d'abord pour eux que des fignes naturels, devinrent infenfiblement des fignes artificiels qu'ils modifierent avec différentes articulations. Voilà vraifemblablement pourquoi la profodie a été dans plufieurs langues une efpece de chant.

Comment les organes des sens ont été nommés.

Lorsque les hommes s'étudioient à observer leurs sensations, ils ne pouvoient pas ne pas remarquer qu'elles leur arrivoient par des organes qui ne se ressemblent pas, & que, par cette raison, ils distinguoient facilement. Il ne s'agissoit donc plus que de convenir des noms qu'on donneroit à ces organes.

Si ces noms avoient été pris arbitrairement & comme au hasard, ils n'auroient été entendus que de celui qui les auroit choisis. Cependant, pour passer en usage, il falloit qu'ils fussent également entendus de tous ceux qui vivoient ensemble. Or, il est évident qu'il n'y a que des circonstances communes à tous, qui aient pu déterminer à choisir certains mots plutôt que d'autres. Ce sont donc proprement les circonstances qui ont nommé les organes des sons. Mais quelles sont ces circonstances ? je réponds qu'elles ont été différentes suivant les lieux. C'est pourquoi je crois inutile de chercher à les deviner.

Comment les objets sensibles ont été nommés.

Si les hommes, lorsqu'ils observoient leurs sensations, ont été conduits à observer les organes qui les transmettoient à l'ame, ils ont été également conduits à observer les objets qui les faisoient naître en eux, en agissant sur les organes mêmes. Ils ont donc observé les objets fenfibles, & ils ont diftingué par des noms, fuivant qu'ils ont eu befoin de fe rendre raifon de leurs plaifirs, de leurs peines, de leurs douleurs, de leurs craintes, de leurs defirs, &c. ces noms ont été imitatifs, toutes les fois que les chofes ont pu être repréfentées par des fons.

Les langues auront été long-temps bien bornées, parce que plus elles l'étoient, moins elles fourniffoient de moyens pour faire de nouvelles analyfes; & cependant il falloit, pour les enrichir, analyfer encore. D'ailleurs les hommes, accoutumés au langage d'action qui leur fuffifoit prefque toujours, n'auront imaginé de faire des mots, qu'autant qu'ils y auront été forcés pour fe faire entendre plus facilement. Or, ils n'y auront été forcés que bien lentement: car ne remarquant les chofes que parce qu'elles avoient quelques rapports à leurs befoins, ils en auront remarqué d'autant moins que leurs befoins étoient en petit nombre. Ce qu'ils ne remarquoient pas, n'exiftoit pas pour eux, & n'aura pas été nommé.

Les langues ont été long-temps fort bornées.

On peut donc fuppofer que les langues, dans l'origine, n'étoient qu'un fupplément au langage d'action; & qu'elles n'offroient qu'une collection de mots femblables à ceux-ci, *arbre*,

Elles n'étoient, dans l'origine, qu'un fupplément au lan-

gage d'action *fruit, loup, voir, toucher, manger, fuir*; & qu'on n'aura pu faire que des phrases, semblables à *fruit manger, loup fuir, arbre voir*. Ces mots réveilloient assez distinctement les sentiments que les besoins font naître; & ils ne retraçoient, au contraire, des objets qu'une idée confuse, où l'on démêloit seulement s'il faut les fuir ou les rechercher. Cette analyse étoit donc bien imparfaite. Les mots, en petit nombre, ne désignoient encore que des idées principales; & la pensée n'achevoit de s'exprimer, qu'autant que le langage d'action, qui les accompagnoit, offroit les idées accessoires. Cependant il n'est pas difficile de comprendre comment les langues auront fait de nouveaux progrès.

Comment elles ont pu faire de nouveaux progrès. Si les hommes avoient déja donné des noms aux sentiments de l'ame, aux organes de la sensation & à quelques objets sensibles, c'est que le langage d'action avoit suffisamment décomposé la pensée, pour faire remarquer successivement toutes ces choses. Il est certain que, si on ne les avoit pas démêlées l'une après l'autre, on n'auroit pas pu se faire séparément des idées de chacune; & si on ne les avoit pas remarquées chacune séparément, on n'auroit pas pu les nommer. Mais comme ces idées ne sont pas les seules que le langage d'action a dû faire distinguer, on conçoit comment il aura été possible de donner encore des noms à plusieurs autres.

Or, il est évident que chaque homme, en disant, par exemple, *fruit manger*, pouvoit montrer, par le langage d'action, s'il parloit de lui, ou de celui à qui il adressoit la parole, ou de tout autre ; & il n'est pas moins évident qu'alors ses gestes étoient l'équivalent de ces mots *moi, vous, il*. Il avoit donc des idées distinctes de ce que nous appellons la premiere, la seconde & la troisieme personne ; & celui qui comprenoit sa pensée, se faisoit, de ces personnes, les mêmes idées que lui. Pourquoi donc n'auroient-ils pas pu s'accorder, tôt ou tard l'un & l'autre, à exprimer ces idées par quelques sons articulés ?

Les noms des personnes.

Ces hommes pouvoient encore faire connoître, par des gestes, si un animal étoit grand ou petit, fort ou foible, doux ou méchant, &c. mais dès qu'une fois ils s'avoient démêlé ces idées, ils avoient fait le plus difficile. Il ne leur restoit plus qu'à sentir qu'il seroit commode de les désigner par des sons. On fit donc des adjectifs, c'est-à-dire, des noms qui signifioient les qualités des choses; comme on avoit fait des substantifs, c'est-à-

Les noms adjectifs.

dire, **des noms qui indiquoient les choses mêmes.**

Les prépositions.

On pouvoit, avec la même facilité, après avoir montré deux lieux différents, marquer par un geste, celui d'où l'on venoit, & par un autre, celui où l'on alloit. Voilà donc deux gestes, l'un équivalent à la préposition *de*, & l'autre à la préposition *à*. D'autres gestes pouvoient également être équivalents à *sur, sous avant, après*, &c. or, dès qu'on a eu démêlé ces rapports, dans la pensée décomposée par le langage d'action, on trouvoit d'autant moins de difficultés à leur donner des noms, qu'on avoit déja nommé beaucoup d'autres idées.

Nous verrons, dans la suite, qu'il ne faut que quatre espèces de mots pour exprimer toutes nos pensées : des substantifs, des adjectifs, des prépositions, & un seul verbe tel que le verbe *être*. Il ne reste donc plus qu'à découvrir comment les hommes auront pu avoir un pareil verbe, & prononcer enfin des propositions.

Comment les opérations de l'entendement ont pu être nommées.

Il paroît d'abord bien difficile d'imaginer comment les hommes ont donné des noms aux opérations de l'entendement. En effet, ils ne pouvoient pas les montrer avec des gestes, comme ils avoient montré les objets senfibles ; & il n'en étoit pas de ces opérations, comme des fentiments de l'ame dont les noms fe trouvent faits dans les accents de la nature. Cependant, si nous confidérons que, dans toutes les langues, les noms des opérations de l'entendement font des expreffions figurées, qui, telles *qu'attention, réflexion, imagination, penfée*, offrent des images fenfibles, nous jugerons que les hommes ne font parvenus à donner des noms aux opérations de l'entendement, que parce qu'ils en avoient donné à des idées fenfibles qui pouvoient repréfenter ces opérations mêmes.

Nous pouvons confidérer, Monfeigneur, les organes de la fenfation dans deux états différents. Ou ils reçoivent indifféremment toutes les impreffions que les objets font fur eux, ou ils agiffent pour recevoir une impreffion plutôt qu'une autre. *Voir & regarder*, par exemple, expriment ces deux états. Car, pour voir, l'œil n'agit pas : il fuffit qu'il reçoive les impreffions qui fe font fur lui. Au contraire, lorfqu'il regarde, il agit puifqu'il fe dirige plus particulierement fur un objet. C'eft cette action qui le lui fait remarquer parmi plufieurs autres qu'il continue de voir.

Entendre & *écouter* expriment également ces deux états par rapport à l'ouie. On entend tout ce qui frappe l'oreille, & l'organe n'a qu'à se laisser aller à toutes les impressions qu'il reçoit. On n'écoute, au contraire, que ce qu'on veut entendre par préférence ; & l'organe agit pour le fermer, en quelque sorte, à tout bruit qui pourroit nous distraire. On peut faire la même observation sur tous les sens.

Or, supposons qu'on ait choisi le mot *attention*, pour exprimer l'action de l'œil lorsqu'il regarde ; ce mot, joint au mot *oreille*, aura paru dès-lors fort commode pour exprimer l'action de l'ouie lorsqu'on écoute. On aura continué de l'employer de la sorte : on se sera fait une habitude de le joindre au nom de chaque organe ; &, par conséquent, il aura signifié ce que fait chaque sens, lorsqu'il agit pour être attentif à une impression, & pour se distraire de toute autre.

Attention œil, il faut me permettre ce langage, Monseigneur, aura donc signifié ce que nous faisons, lorsque nous donnons notre attention à une des choses que nous voyons ; *attention oreille*, aura signifié ce que nous faisons, lorsque nous donnons notre attention à une des choses que nous entendons, &c.

Or, dès qu'une fois le mot *attention* est propre à exprimer l'action de chaque organe, au moment que nous sommes attentifs par la vue, par l'ouïe, par le toucher, &c. nous n'aurons qu'à l'employer tout seul, & alors il exprimera cette action seule. L'idée qu'il réveillera ne sera donc plus ni l'action de la vue, ni celle de l'ouïe, ni celle du toucher : ce sera cette action, considérée en faisant abstraction de tout organe. Nous ne penserons pas même aux organes ; &, par conséquent, le mot attention signifiera seulement l'action en général par laquelle nous sommes attentifs. Or, cette action, ainsi considérée, est une opération de l'entendement. Voilà donc une opération de l'entendement qui a un nom.

Vous pouvez, Monseigneur, vous convaincre par vous-même que c'est ainsi que les hommes sont parvenus à nommer cette opération. En effet, si toutes les fois qu'on a prononcé devant vous le mot *attention*, on ne l'avoit employé que pour désigner une opération de l'entendement, vous n'y auriez jamais rien compris. Mais parce que vous avez remarqué que, lorsqu'on le prononçoit, on regardoit ou on écoutoit, vous avez jugé que donner son attention, c'étoit regarder ou écouter ; &, en conséquence, vous avez bientôt pensé, que sans regarder & sans écouter, vous donniez votre attention, lorsque vous vous occupiez par préférence d'une idée qui s'offroit à votre esprit. Vous voyez donc que le mot *attention* n'est devenu pour vous le nom d'une opération de l'entendement, qu'après avoir été le nom de l'action de l'œil qui regarde, & de l'oreille qui écoute.

Cette opération ayant été nommée, il est aisé de comprendre comment toutes les autres peuvent l'être ; puisque comparer, juger, réfléchir, raisonner ne sont que différentes manieres de conduire notre attention. Passons au verbe *être*, & observons les hommes au moment qu'ils vont prononcer la proposition, *je suis*.

Comment les hommes sont parvenus à avoir un verbe, & à prononcer des propositions.

Comme j'ai supposé que le mot *attention* a été donné à l'action des organes, lorsque nous sommes attentifs par la vue, par l'ouïe, par le toucher : je suppose que le mot *être* a été choisi pour exprimer l'état où se trouve chaque organe, lorsque, sans action de sa part, il reçoit les impressions que les objets font sur lui. Dans cette supposition, il est évident qu'*être*, joint à œil, aura signifié *voir* ; & que, joint à *oreille*, il aura signifié *entendre*. Ce mot sera donc devenu un nom commun à toutes les impreſſions ; & en même temps qu'il aura exprimé ce qui paroît se paſſer dans les organes, il aura exprimé ce qui ſe paſſe en effet dans l'ame. Qu'alors on faſſe abſtraction des organes, ce mot, prononcé tout ſeul, deviendra ſynonime de ce que nous appellons *avoir des ſenſations, ſentir, exiſter.* Or, voilà préciſément ce que ſignifie le verbe *être.* Réfléchiſſez ſur vous-même, Monſeigneur, & vous verrez que c'eſt ainſi que vous êtes parvenu à ſaiſir la ſignification de ce mot.

Ce verbe ayant été trouvé, chaque homme a pu prononcer des propoſitions équivalentes à celle ci, *je ſuis*, ou même équivalentes à beaucoup d'autres, telles, *je vois*, *j'entends*, *je donne mon attention*, *je juge*. Il ne falloit pour cela que joindre le nom de la premiere perſonne aux mots qui ſignifioient l'action de voir, d'entendre, de donner ſon attention, de juger.

Quand une fois un homme a fait la propoſition *je ſuis*, en parlant de lui-même, il la peut faire en parlant de tout autre, & il peut la répéter à l'occaſion de tout ce qu'il obſerve. Après avoir dit, *je ſuis*, il dira donc, *il eſt*, *ils ſont* ; & il prononcera l'exiſtence de tous les objets, qui viendront à ſa connoiſſance. Il prononcera également d'autres qualités : car, qui l'empêchera de dire, *il eſt grand*, *il eſt petit*, s'il a déja imaginé des noms adjectifs ?

Lorſque les hommes commencent à faire des propoſitions, ils ne ſavent pas toujours démêler toutes les idées qu'elles renferment.

Au reſte je ne prétends pas que les hommes au moment qu'ils commençoient à prononcer des propoſitions, fuſſent déja en état de démêler toutes les idées qu'elles renfermoient : ce ſeroit leur ſuppoſer bien gratuitement une ſagacité, que nos philoſophes mêmes n'ont pas toujours. La propoſition *je ſuis*, par exemple, comprend d'un côté toutes les impreſſions & toutes les actions dont un corps vivant & organiſé eſt capable ; & de l'autre toutes les ſenſations & toutes les opérations qui appartiennent à l'ame, & qui n'appartiennent qu'à elle. Car, je ne ſuis ou n'exiſte, qu'autant que tout cela, ou une partie de tout cela eſt en moi. Cependant la plupart de ceux qui font cette propoſition, ſont bien éloignés de démêler toutes ces choſes ; & ils ne les voient que d'une maniere confuſe, parce qu'ils ſont incapables de faire l'analyſe des mots dont ils ſe ſervent. Mais enfin cette propoſition a toujours la même ſignification, ſoit qu'on en faſſe l'analyſe ou qu'on ne la faſſe pas ; &, d'une bouche à l'autre, elle ne différe que parce qu'elle offre aux uns des idées diſtinctes,

tes, tandis qu'aux autres, elle n'offre qu'une masse confuse d'idées.

Sans doute, dans l'origine des langues, cette proposition n'offroit aussi qu'une masse confuse dans laquelle on distinguoit peu d'idées ; & il a fallu bien des observations avant que les hommes, qui la prononçoient, pussent comprendre eux-mêmes tout ce qu'ils disoient. Ils parloient comme nous parlons souvent, & nous leur ressemblons plus qu'on ne pense.

Il faut encore remarquer qu'on a été long-temps avant de pouvoir exprimer, dans des propositions, toutes les vues de l'esprit, & que, par conséquent, les langues n'ont pu se perfectionner que bien lentement. Il falloit créer des mots pour les idées accessoires, comme pour les idées principales : il falloit apprendre à les employer d'une maniere propre à développer une pensée, & à la montrer successivement dans tous ses détails. Il falloit donc déterminer l'ordre qu'ils devoient suivre dans le discours, & convenir des variations qu'on leur feroit prendre pour en marquer plus sensiblement les rapports. Tout cela demandoit beaucoup d'observations & des analyses bien faites. J'ai fait voir comment on a commencé, c'est tout ce que je me propoſois. Si on pouvoit obſerver une langue dans ſes progrès ſucceſſifs, on verroit les regles s'établir peu à peu. Cela eſt impoſſible. Il ne nous reſte qu'à obſerver notre langue, telle qu'elle eſt aujourd'hui, & à chercher les loix qu'elle ſuit dans l'analyſe de la penſée.

CHAPITRE IX.

Comment se fait l'analyse de la pensée dans les langues formées & perfectionnées.

Prenons une pensée développée dans un long discours, & observons-en l'analyse. Je trouve un exemple très propre à mon dessein, dans le discours que Racine prononça lorsque Thomas Corneille, qui succédoit à Pierre, fut reçu à l'académie françoise.

Pensée de Racine apportée pour exemple.

» Vous savez, dit Racine, en quel état
» se trouvoit la scene françoise, lorsqu'il (Pier-
» re Corneille) commença à travailler : quel
» désordre ! quelle irrégularité ! nul goût, nul
» connoissance des véritables beautés du théâ-
» tre : les auteurs aussi ignorants que les specta-
» teurs : la plupart des sujets extravagants &
» dénués de vraisemblance : point de mœurs,
» point de caracteres : la diction encore plus

» vicieuse que l'action, & dont les pointes &
» de misérables jeux de mots faisoient le prin-
» cipal ornement : en un mot, toutes les re-
» gles de l'art, celles mêmes de l'honnêteté
» & de la bienséance, partout violées.

» Dans cette enfance, ou, pour mieux
» dire, dans ce chaos du poëme dramatique
» parmi nous, votre illustre frere, après avoir
» quelque temps cherché le bon chemin, &
» lutté, si je l'ose dire ainsi, contre le mau-
» vais goût de son siecle, enfin, inspiré d'un
» génie extraordinaire, & aidé de la lecture
» des anciens ; fit voir sur la scene la raison,
» mais la raison accompagnée de toute la pom-
» pe, de tous les ornements dont notre langue
» est capable, accordant heureusement la vrai-
» semblance & le merveilleux, & laissant
» bien loin derriere lui tout ce qu'il avoit de
» rivaux, dont la plupart, désespérant de
» l'atteindre, & n'osant plus entreprendre de
» lui disputer le prix, se bornerent à combattre
» la voix publique déclarée pour lui, & es-
» sayerent envain, par leurs discours & par
» leurs frivoles critiques, de rabaisser un mé-
» rite qu'ils ne pouvoient égaler.

» La scene retentit encore des acclama-
» tions qu'exciterent à leur naissance le Cid,

»Horace, Cinna, Pompée, tous ces chef-
» d'œuvres, représentés depuis sur tant de
» théâtres, traduits en tant de langues, &
» qui vivront à jamais dans la bouche des
» hommes. A dire le vrai, où trouvera-t-on
» un poëte qui ait possédé à la fois tant de
» grands talents, tant d'excellentes parties,
» l'art, la force, le jugement, l'esprit ? Quelle
» noblesse ! quelle économie dans les sujets !
» quelle véhémence dans les passions ! quelle
» gravité dans les sentiments ! quelle dignité
» & en même temps quelle prodigieuse va-
» riété dans les caracteres ! Combien de rois,
» de princes, de héros de toute nation nous
» a-t il représentés, toujours tels qu'ils doi-
» vent être, toujours uniformes avec eux-
» mêmes, & jamais ne se ressemblant les
» uns aux autres. Parmi tout cela une magni-
» ficence d'expression proportionnée aux maî-
» tres du monde qu'il faisoit souvent parler,
» capable néanmoins de s'abaisser, quand il
» veut, & de descendre jusqu'aux plus sim-
» ples naïvetés du comique, où il est encore
» inimitable. Enfin, ce qui est sur-tout par-
» ticulier, une certaine force, une certaine
» élévation qui surprend, qui enleve, & qui
» rend jusqu'à ses défauts, si on peut lui en
» reprocher quelques-uns, plus estimables que
» les vertus des autres : personnage véritable-
» ment né pour la gloire de son pays, com-

» parable, je ne dis pas à tout ce que l'an-
» cienne Rome a eu d'excellents poëtes tra-
» giques, puisqu'elle confesse elle-même qu'en
» ce genre elle n'a pas été fort heureuse,
» mais aux Eschyles, aux Sophocles, aux Eu-
» ripides, dont la fameuse Athènes ne s'ho-
» nore pas moins que des Thémistocles, des
» Périclès, des Alcibiades qui vivoient en
» même temps qu'eux «.

Toutes les parties de cette pensée s'offroient à la fois à l'esprit de Racine.

C'est ainsi, Monseigneur, que Racine parle de Corneille ; Racine, qui a contribué lui-même aux progrès de la poésie dramatique, qui a enrichi notre langue, & lui a donné toute l'élégance dont elle étoit susceptible. Lorsque ce grand maître s'exprimoit de la sorte sur des choses qui lui étoient familieres, & qu'il avoit méditées jusques dans les moindres détails ; je puis, sans rien hasarder, supposer que sa pensée lui offroit tout à la fois ce que son discours n'offre que successivement.

Fond de cette pensée.

Le théâtre doit beaucoup à Corneille : voilà le fond de sa pensée. Il ne peut développer ce fond qu'autant qu'il en apperçoit toutes les parties.

Les parties principales de

Ce développement suppose qu'il voit l'état où étoit le théâtre avant Corneille, l'état où Corneille l'a mis, & enfin les talents de Corneille. Ainsi sa pensée se décompose en trois parties, qu'il distingue en les séparant en trois alinéa.

cette pensée se distinguens dans trois alinéa.

Vous voyez par-là que dans le discours écrit, les alinéa contribuent à distinguer, d'une maniere plus sensible, les différentes parties d'une pensée. Ils marquent où chacune finit, où chacune commence ; &, par cet artifice, elles se démêlent beaucoup mieux.

S'il faut distribuer, dans plusieurs alinéa, les différentes parties d'une pensée ; il faut, à plus forte raison, séparer de la même maniere plusieurs pensées différentes.

Quelquefois on renferme plusieurs pensées dans un alinéa, & on les distingue seulement par des points.

Cependant cette précaution, nécessaire pour plus de clarté, lorsque ce développement a une certaine étendue, devient inutile, lorsqu'il est fort court. Alors les pensées sont suffisamment distinguées par les points qui les terminent.

Dans le discours prononcé, les repos de la voix tiennent lieu d'alinéa & de points. C'est par ces repos que Racine distinguoit les différentes parties de sa pensée, lorsqu'il prononçoit son discours.

Dans le discours prononcé, les repos de la voix tiennent lieu d'alinéa & de points.

De pareils repos supposent un sens fini. Mais des sens finis peuvent tenir les uns aux autres, & n'être, tous ensemble, que les parties d'un même développement. C'est pourquoi les points, qui sont dans le cours des alinéa, ne marquent pas un repos aussi grand que ceux qui les terminent.

Les repos marqués par des points, ne sont pas égaux.

Si vous considérez même que le premier alinéa fait attendre le second; & le second, le troisieme : vous jugerez que le dernier point est celui qui marque le repos le plus grand. C'est qu'alors la premiere pensée est développée, & Racine va passer au développement d'une autre.

Une pensée, qui demande un développement d'une certaine étendue, telle que celle qui nous sert d'exemple, forme ce qu'on appelle un paragraphe : plusieurs paragraphes font un chapitre : plusieurs chapitres font un livre : plusieurs livres font un traité. Cette seule considération vous fait entrevoir comment les parties d'un grand ouvrage se démêlent avec ordre. En effet, il suffit de regarder l'objet d'un grand ouvrage comme une seule pensée, & on voit aussi-tôt que la méthode, qui doit le développer, est la même que celle qui développeroit une pensée peu composée.

Comment toutes les parties d'un grand ouvrage le développent avec la même méthode que les parties d'une pensée peu composée.

Nous remarquerons, à ce sujet, que penser & bien rendre ce qu'on pense, sont deux choses bien différentes. On pourroit avoir la même pensée que Racine, & ne pas s'expliquer avec la même clarté, la même précision, avec la même élégance : c'est qu'il faut avoir appris à faire l'analyse de ses pensées. Celui qui n'a pas fait cette étude, court risque de ne pas exposer ses idées dans l'ordre le plus propre au développement de toutes celles qui sont à la fois présentes à son esprit. Il mettra au commencement ce qui devroit être à la fin. Il oubliera des idées qu'il ne falloit pas omettre, ou même il embarrassera une pensée avec des idées étrangeres qu'il croit en faire partie, parce qu'elles s'offrent à lui en même temps. Voilà ce qui fait le désordre & l'obscurité du discours.

Une analyse mal-faite met du désordre & de l'obscurité dans le discours.

Dès que Racine a eu distingué trois parties dans sa pensée, il s'est appliqué au développement de la premiere ; & dans cette vue, il a fait l'énumération des défauts qu'il remarquoit dans les tragédies faites avant Corneille.

Comment Racine développe les trois principales parties de sa pensée.

Ce développement étant achevé, amene celui de la seconde, dans lequel Racine expose les essais de Corneille, les moyens & les succès. Delà, passant à la troisieme, il décompose, pour ainsi dire, le génie de ce poëte, & il en montre les talents.

Comment il distingue les parties dans lesquelles il les subdivise. Chacun de ces alinéa est formé de parties distinctes; & vous remarquerez, en y jetant les yeux, qu'elles sont séparées, tantôt par un point, tantôt par deux, tantôt par un point & une virgule, tantôt par une virgule.

Les deux points marquent un repos moins grand que le point; & le point & la virgule, un repos plus foible encore.

Ces repos ne sont inégaux, que parce que le sens est plus ou moins suspendu. Dans le premier alinéa, par exemple, ces mots : *vous savez en quel état se trouvoit la scene françoise, lorsqu'il commença à travailler*, sont terminés par un point, parce qu'ils font un sens fini. Au contraire, toutes les autres parties de cet alinéa sont terminées par deux points. Il est vrai que chacune pourroit offrir un sens fini, si on la considéroit seule : mais étant réunies, le sens est nécessairement suspendu de l'une à l'autre, parce qu'elles concourent toutes également au développement de la premiere, & que ce développement n'est achevé qu'à la fin de l'alinéa.

Dans le second alinéa, vous voyez, avant

ces mots *fit voir sur la scene*, un point & une virgule qu'on n'auroit pas employés, si on avoit dit : *votre illustre frere fit voir sur la scene*. Mais les choses qu'il insére, *entre votre illustre frere & fit voir*, & celles qu'il ajoute ensuite, sont comme deux grouppes d'idées qu'il falloit distinguer par un repos plus sensible. Cependant on n'a pas mis deux points, comme entre les parties du premier alinéa, parce qu'ici le sens, moins suspendu, n'est achevé que par la réunion des deux grouppes : aulieu que, dans le premier alinéa, chaque partie fait par elle-même un sens fini.

Ce que je viens de dire, vous fait voir l'usage de la virgule. Elle sert pour distinguer les dernieres parties dans lesquelles on subdivise une pensée. Quant aux points d'admiration & d'interrogation, leur dénomination seule vous en fait connoître l'emploi.

Quelquefois on ne sait si on doit mettre deux points, ou un point & une virgule : quelquefois aussi on ne sait s'il faut deux points, ou s'il n'en faut qu'un. Mais les cas où l'on est embarrassé, sont précisément ceux où le choix est plus indifférent, & vous pouvez alors ponctuer comme vous jugerez à propos. Il suffit de distinguer sensiblement toutes les parties d'un discours.

Au reste, Monseigneur, mon dessein n'est pas de vous donner un traité de ponctuation. Je veux seulement vous faire voir comment les différentes parties d'un discours se distinguent les unes des autres; & vous concevez que je n'y pouvois mieux réussir, qu'en vous faisant remarquer les signes que l'analyse emploie à cet effet.

CHAPITRE X.

Comment le discours se décompose en propositions principales, subordonnées, incidentes, en phrases & en périodes.

Pour continuer notre analyse, il faut, Monseigneur, découvrir la nature des différentes parties que nous avons démêlées dans le discours de Racine.

<small>Tout jugement, exprimé avec des mots, est une proposition.</small>

J'ai dit que tout discours est un jugement, ou une suite de jugements. Or, un jugement exprimé avec des mots, est ce qu'on nomme *proposition*. Tout discours est donc une proposition, ou une suite de propositions.

Au premier coup d'œil, nous appercevons plusieurs especes de propositions dans le discours que nous analysons : *votre illustre frere fit voir sur la scene la raison.* Voilà une proposition à laquelle se rapportent tous les détails du

<small>Trois especes de propositions.</small>

second alinéa. Ils sont destinés à la développer : ils sont l'expression des accessoires qui la modifient. Aussi, quand Racine dit que Corneille a quelque temps cherché le bon chemin, & qu'il a lutté contre le mauvais goût de son siecle ; il prend un tour qui force à rapporter ces deux propositions à celles qu'il veut modifier.

Ces deux propositions étant considérées par rapport à cette subordination, j'appelle *principale* celle-ci, *votre illustre frere fit voir sur la scene la raison ;* & *subordonnées*, les deux autres, *après avoir cherché le bon chemin, après avoir lutté contre le mauvais goût.*

Au commencement du troisieme alinéa, je découvre une autre espece de proposition: *la scene retentit encore des acclamations, qu'exciterent à leur naissance le Cid, Horace.* Qu'exciterent le Cid, Horace n'est pas une proposition principale : ce n'est pas non plus une proposition subordonnée à une autre. Elle ne se rapporte qu'au mot *acclamations*, en déterminant de quelles acclamations la scene retentit. *Qui surprend, qui enleve* sont encore deux propropositions de même espece, lorsque Racine dit plus bas : *une certaine élevation qui surprend, qui enleve.* Je donne à ces propositions le nom d'*incidentes*.

GRAMMAIRE.

F Or, une proposition est faite pour une autre qu'elle développe, ou elle est faite pour un mot qu'elle modifie, ou enfin c'est à elle que tout le discours se rapporte. Les propositions, considérées sous ces points de vue, se réduisent donc aux trois especes que nous venons de remarquer : elles sont nécessairement ou principales, ou subordonnées, ou incidentes.

Ce qui caractérise une proposition principale, c'est qu'elle a pareillement un sens fini. Vous le voyez dans *votre illustre frere fit voir sur la scene la raison.* Car ce que Racine ajoute n'est pas pour terminer le sens, mais uniquement pour développer une pensée, dont cette proposition est la partie principale. *Caractere des propositions principales.*

Il n'en est pas de même des propositions subordonnées. Le sens n'en est pas fini, il est suspendu, & fait attendre la proposition principale. Ainsi, quand vous avez lu, *après avoir quelque temps cherché le bon chemin, & lutté contre le mauvais goût de son siecle,* vous ne pouvez pas vous arrêter, vous attendez quelqu'autre chose, & vous continuez de lire jusqu'à *fit voir sur la scene la raison.* *Caractere des propositions subordonnées.*

Les propositions incidentes ont cela de particulier, que quelquefois elles sont nécessaires pour faire un sens fini, & quelquefois elles ne *Caractere des propositions incidentes.*

le font pas. Dans *la scene françoise retentit encore des acclamations*, vous voyez que ce tour, *des acclamations*, fait attendre quelque chose, & que la propofition incidente, *qu'exciterent à leur naissance le Cid, Horace*, acheve le sens. De même lorsque Racine dit quelques lignes après, *où trouvera-t-on un poëte*, le sens, pour être fini, demande qu'on ajoute, *qui ait possédé à la fois tant de grands talents?*

Si vous confidérez ces expressions, *des acclamations*, *un poëte*, vous appercevrez que le fens n'en est pas assez déterminé : car, si on s'arrêtoit à ces mots, vous demanderiez, de quelles acclamations? quel poëte? Les propofitions incidentes, qui vous répondent *des acclamations qu'exciterent le Cid, Horace, un poëte qui ait possédé tant de grands talents*, déterminent donc le sens de ces mots, *acclamations, poëte*; & c'est en le déterminant, qu'elles achevent le développement de la propofition principale. Tel est le caractere des propofitions incidentes, lorsqu'elles sont nécessaires pour terminer un sens.

La fin du dernier alinéa nous donne deux exemples de propofitions incidentes, sans lesquelles le sens pourroit être achevé. C'est lorsque Racine dit que Corneille est *comparable aux Eschyles, aux Sophocles, aux Euripides dont*

dont la fameuſe Athènes ne s'honore pas moins que des Themiſtocles, des Périclès, des Alcibiades, qui vivoient en même temps qu'eux.

Racine pouvoit finir ſon diſcours à Alcibiades, il pouvoit même le finir à Euripides, & n'attendant rien de plus, vous n'auriez point fait de queſtion. Or ſi les propoſitions, *dont la fameuſe Athènes*, &c. *qui vivoient*, &c. ne ſont pas néceſſaires pour faire un ſens fini; c'eſt que les mots auxquels elles ſe rapportent, ont par eux-mêmes une ſignification déterminée, qui ne fait rien attendre. Cependant elles ſont néceſſaires, pour achever le développement de la penſée, ou pour faire voir, comme Racine le définoit, tout le cas qu'on doit faire de Corneille.

Voilà donc deux ſortes de propoſitions incidentes : l'une qui détermine la ſignification d'un mot, & qui par cette raiſon eſt néceſſaire pour achever le ſens d'une propoſition : l'autre qui eſt ajoutée à un mot d'une ſignification déterminée, & qui ne devient néceſſaire, qu'autant qu'elle acheve de développer une penſée.

Comme les propoſitions ſubordonnées, lorſqu'elles commencent le diſcours, font attendre la principale; elles la ſuppoſent, lorſqu'elles le terminent. Dans le ſecond alinéa, Racine pou-

Les propoſitions ſubordonnées peuvent avoir deux placés

dans le discours, & les propositions incidentes n'en ont qu'une.

voit finir à ces mots : *fit voir sur la scene la raison :* mais, parce qu'alors il n'auroit pas développé toutes les idées qui s'offroient à lui, il ajoute : *mais la raison accompagnée de toute la pompe, & de tous les ornemens dont notre langue est capable, accordant heureusement la vraisemblance & le merveilleux, & laissant bien loin derriere lui tout ce qu'il avoit de rivaux.* (*a*)

Peut-être que, dans la fin de cet alinéa, vous n'appercevez pas d'abord des propositions subordonnées, aussi facilement que vous les avez apperçues dans le commencement. En effet, elles y sont un peu déguisées. Il y en a deux néanmoins, dont l'une commence au mot *accordant*, & l'autre au mot *laissant*. Car ce tour revient à-peu-près à celui-ci, *parce qu'il accordoit, & parce qu'il laissoit*, où vous voyez deux propositions subordonnées, qui se rapportent à la principale, *fit voir sur la scene la raison*.

Cette observation vous fait découvrir une nouvelle différence entre les propositions sub-

―――――――――――

(*) Racine dit *accorda & laissa* : mais j'ai cru pouvoir me permettre ce changement, pour trouver, dans cet exemple, un tour dont j'avois besoin.

ordonnées & les propositions incidentes. C'est que les premieres peuvent être tantôt avant, tantôt après la principale ; & que, par conséquent, elles peuvent avoir deux places dans le discours. Les autres au contraire, n'en ont jamais qu'une, parce qu'elles doivent toujours être à la suite du mot, dont elles développent, ou dont elles déterminent l'idée.

Vous remarquez, dans le second alinéa, plusieurs propositions de différentes especes, qui concourent au développement d'une seule pensée. Vous voyez encore qu'elles forment un discours, dont les principales parties, sans avoir un sens fini, sont distinguées par des repos plus marqués. Or, ces différentes parties sont ce que l'on appelle *membres*, & le discours entier est ce qu'on nomme *période*. Tout ce qui précéde *fit voir* appartient au premier membre, & tout ce qui suit appartient au second. L'un & l'autre pourroient même se diviser en deux : car après *dans cette enfance, ou, pour mieux dire, dans ce chaos du poëme dramatique parmi nous*, le repos est plus sensible qu'après les autres mots où il est également marqué par des virgules. Il en est de même de celui qui est après, *de tous les ornements dont notre langue est capable*. Ainsi une période peut être composée de deux membres, de trois, ou de quatre. Lorsque nous étudierons l'art d'écrire, vous verrez des

Ce qu'on entend par période.

périodes, où la distinction des membres sera plus marquée.

Ce qu'on entend par phrase.

Vous ne trouvez pas, Monseigneur, de pareils membres dans ce discours : *vous savez en quel état se trouvoit la scene françoise, lorsqu'il commença à travailler.* Quoiqu'il soit composé de deux propositions, il n'y a presque point de repos de l'une à l'autre, & la pensée est développée dans un seul membre, dont le sens est fini. Voilà ce qu'on nomme une *phrase*.

Ellipse ou phrases elliptiques.

Quel désordre! quelle irrégularité! sont encore deux phrases, formées chacune d'une proposition. Elles ont un caractere particulier, c'est qu'elles laissent quelque chose à suppléer. Le sens est *quel désordre n'y avoit-il pas! quelle irrégularité n'y avoit-il pas!* Ces tours se nomment *ellipses.* Or, vous appercevrez, dans le reste de cet alinéa, autant de phrases elliptiques, que vous y remarquerez de parties séparées par deux points.

Phrases principales qui concourent au développement d'une autre.

Toutes les phrases de cet alinéa sont autant de phrases principales.. Il est vrai qu'elles concourent toutes ensemble au développement de la premiere. Mais elles sont indépendantes les unes des autres : elles ont chacune par elles-mêmes un sens fini . & elles font un tout bien différent de celui que font les propositions subordonnées dans le second alinéa.

Peut-être, Monseigneur, ne saurez-vous quelquefois si plusieurs propositions font une période ou une phrase. Alors elles feront tout ce que vous voudrez : il ne faut pas disputer sur les mots. Le grand point est que chaque pensée soit développée avec clarté, avec précision, avec énergie.

Il y a des cas où plusieurs propositions font, à notre choix, une période ou une phrase.

CHAPITRE XI.

Analyse de la proposition.

Nous avons vu le discours, décomposé d'abord en plusieurs parties, se décomposer ensuite en différentes propositions, & ces propositions former des périodes ou des phrases. Il nous reste, Monseigneur, a faire l'analyse des propositions.

Toute proposition est composée de trois termes.

Puisqu'une proposition est l'expression d'un jugement, elle doit être composée de trois mots, ensorte que deux soient les signes des deux idées que l'on compare, & que le troisieme soit le signe de l'opération de l'esprit, lorsque nous jugeons du rapport de ces deux idées.

Corneille est poëte, voilà une proposition. Le premier mot qu'on nomme *sujet* ou *nom*, & le second qu'on nomme *attribut*, sont les signes des deux idées que vous comparez. Le troisieme est le signe de l'opération de votre esprit qui juge du rapport entre *Corneille* & *poëte*. Ce mot est ce qu'on nomme *verbe*. Toute proposition est donc composée d'un sujet, d'un verbe & d'un attribut. Elle s'exprime, par conséquent, avec trois mots, ou avec deux équivalents à trois. *Je parle*, par exemple, est pour *je suis parlant*.

Corneille est poëte est une proposition simple, parce que n'ayant qu'un sujet & qu'un attribut, elle est l'expression d'un jugement unique dans lequel on ne compare que deux idées.

<small>Proposition simple.</small>

Mais *des acclamations qu'exciterent le Cid, Horace, Cinna, Pompée*, est une proposition composée, parce qu'elle est l'expression abrégée de plusieurs jugements ; & ces jugements que vous répétez avec Racine, sont *qu'excita le Cid, qu'excita Horace, qu'excita Cinna, qu'excita Pompée*.

<small>Proposition composée.</small>

Vous remarquerez, Monseigneur, qu'un jugement ne se compose pas comme une proposition. Il est toujours simple, parce qu'il ne peut jamais être formé que de deux idées que nous comparons. Une proposition, au contraire, se compose, lorsqu'elle renferme plusieurs jugements dans son expression ; & que

<small>Un jugement est toujours simple.</small>

par conséquent, elle peut se décomposer en plusieurs propositions.

Une proposition peut être composée dans le sujet, dans l'attribut, ou dans tous deux.

La derniere proposition, que nous avons prise pour exemple, est composée, parce qu'elle a plusieurs sujets. Une proposition, qui n'auroit qu'un sujet, seroit également composée, si elle avoit plusieurs attributs. Par exemple, *Corneille a une magnificence d'expression proportionnée aux maîtres du monde qu'il fait parler, une certaine force, une certaine élévation...* Vous voyez que cette proposition peut se décomposer en trois : *Corneille a une magnificence d'expression, il a une certaine force, il a une certaine élévation.*

D'après ces exemples, vous pouvez facilement imaginer une proposition qui seroit doublement composée, c'est-à-dire, qui auroit tout à la fois plusieurs sujets & plusieurs attributs. Autant elle renfermeroit de sujets & d'attributs, autant elle renfermeroit de propositions simples.

De quelque maniere que le sujet & l'attribut soient exprimés, une proposition est simple, si elle est l'expression d'un jugement uni-

Vous appercevez facilement que *Corneille est poëte* est une proposition simple : car, si vous voyez qu'il n'y a que deux idées dans le jugement qu'elle exprime, vous voyez aussi que chaque idée est rendue par un seul mot. Mais peut-être seriez-vous étonné, Monseigneur, si je vous donnois, pour une proposition simple, la période qui commence par ces mots : *Corneille, après avoir quelque temps*. . . .

Vous me demanderez sans doute, comment cette période pourroit ne former qu'une proposition simple, puisqu'en l'analysant, nous y avons découvert des propositions de plusieurs especes. Je répondrai que, dans le chapitre précédent, nous considérions les propositions sous un autre point de vue. En effet, les propositions subordonnées & les propositions incidentes ne sont qu'un développement de la proposition principale ; &, par conséquent, elles ne sont que les idées partielles du sujet & de l'attribut, qui continuent l'un & l'autre d'être un, avec elles ou sans elles.

Quand on dit que Corneille est poëte, qu'entend-on par *poëte* ? un homme de génie qui, en s'assujettissant à la mesure des vers, a une magnificence d'expression proportionnée aux personnages qu'il introduit sur la scene, qui a une certaine force, qui a une certaine élévation. . . . .

Vous concevez donc que, si cette proposition, *Corneille est poëte*, est simple, elle doit l'être encore, lorsque, substituant au mot *poëte* les mots qui en développent l'idée, vous dites : *Corneille est un homme de génie qui*. . . .

Cette proposition sera simple encore, si, désignant Corneille sans le nommer, vous dites : *celui qui a fait le Cid, Horace, Cinna, Pompée, est un homme de génie, qui....*

En effet, il y a également unité dans le sujet & dans l'attribut, soit qu'on les énonce chacun par un seul mot, soit qu'on les désigne l'un & l'autre par un long discours. Or, dès qu'il n'y a qu'un sujet & qu'un attribut, il n'y a qu'un jugement ; &, par conséquent, la proposition est simple. Revenons actuellement à la période de Racine.

Tout le premier membre est l'expression d'un sujet unique. Car celui qui fit voir sur la scene la raison, c'est Corneille considéré comme ayant quelque temps cherché le bon chemin, comme ayant lutté... de même le second membre est l'expression d'un seul attribut avec ses accessoires, & ces accessoires sont *mais la raison accompagnée....* une idée, rendue par plusieurs mots, en est mieux développée ; mais elle ne cesse pas d'être une.

CHAPITRE XII.

Analyse des termes de la proposition.

CONSIDÉRONS actuellement les trois termes d'une proposition. Le sujet est la chose dont on parle, l'attribut est ce qu'on juge lui convenir, & le verbe prononce l'attribut du sujet. Telles sont les idées qu'on se fait de ces trois sortes de mots. <small>Idées qu'on se fait du sujet, de l'attribut & du verbe.</small>

Pour parler d'une chose, il faut lui avoir donné un nom, ou pouvoir la désigner par plusieurs mots équivalents; & pour lui donner un nom, ou pour la désigner par plusieurs mots, il faut qu'elle existe, ou que nous puissions la regarder comme existante. Car ce qui n'existeroit, ni dans la nature, ni dans notre maniere de concevoir, ne sauroit être l'objet de notre esprit. Le néant même prend une sorte d'existence, lorsque nous en parlons. <small>Nous ne donnons des noms qu'aux choses qui existent dans la nature ou dans notre esprit.</small>

Les noms donnés aux individus, s'appel- <small>Noms propres</small>

lent *noms propres*. Or, puisque les individus sont les seules choses qui existent dans la nature, nous ne parlerions que des individus, si nous ne parlions que des choses qui existent réellement, & nous n'aurions que des noms propres.

Noms généraux.

Mais parce que les idées générales s'offrent à nous comme quelque chose qui convient à plusieurs individus, elles prennent dans notre esprit une sorte de réalité & d'existence. Voilà pourquoi nous avons pu leur donner des noms, & ces noms sont généraux comme elles.

Tous ces noms sont compris sous la dénomination de substantifs.

Ces idées sont de deux especes; les unes distinguent par classes les individus qui existent véritablement. Tels sont *philosophe, poëte, prince, homme*, &c. les autres distinguent par classes des qualités que nous considérons comme existantes avec d'autres qualités qui les modifient. Tels sont *figure, rondeur, couleur, blancheur, vertu, prudence, courage*, &c. ces noms généraux de l'une & de l'autre espece, ainsi que tous les noms d'individus, sont compris sous la dénomination générale de *substantifs*.

Le sujet d'une proposi-

Puisque ces noms comprennent tout ce qui existe dans la nature & tout ce qui existe dans notre esprit, ils comprennent toutes les choses dont nous pouvons parler. Tout nom qui est le sujet d'une proposition, est donc un nom substantif.

tion est toujours un nom substantif.

Lorsque Racine dit, en parlant à Thomas Corneille, *votre illustre frere fit voir* ... vous remarquez que *votre* & *illustre* ajoute chacun quelque accessoire à l'idée que *frere* rappelle. Par cette raison ces mots sont nommés *adjectifs* d'un mot latin qui signifie *ajouter*.

Nom adjectif.

Frere, ainsi que tout autre substantif, exprime un être existant, ou qu'on regarde comme existant. Au contraire, *votre* & *illustre* expriment des qualités, que l'esprit ne considére pas comme ayant une existence par elles-mêmes, mais plutôt comme n'ayant d'existence que dans le sujet qu'elles modifient.

En quoi le substantif & l'adjectif different.

De ces trois idées, celle de *frere* est la principale ; & les deux autres, qui n'existent que par elle, sont nommées *accessoires* : mot qui signifie qu'elles viennent se joindre à la principale, pour exister en elle & la modifier.

En conséquence, nous dirons que tout substantif exprime une idée principale, par rapport aux adjectifs qui le modifient, & que les adjectifs n'expriment jamais que des idées accessoires.

Illustre modifie *frere* ; mais *frere* modifie Pierre Corneille, que Racine indique, & qu'il ne nomme pas. Voilà donc un adjectif & un substantif qui modifient également : en quoi donc différent-ils ? C'est que l'adjectif modifie en faisant exister la qualité dans le sujet, *illustre* dans *frere* ; & que le substantif modifie en faisant exister le sujet dans une certaine classe, Corneille dans la classe, qu'on nomme *frere*. On reconnoît donc les substantifs en ce qu'ils sont des noms de classes. Tels sont *roi, philosophe, poëte*. (a) Si les noms propres sont des substantifs, parce qu'ils expriment des choses qui ont une existence dans la nature ; les noms de classes en sont également, puisqu'ils expriment des choses qui ont une existence dans notre esprit.

Les adjectifs modifient en
Dans *votre illustre frere*, vous remarquerez deux accessoires. *Votre* détermine de qui

---

(*) Parce qu'on peut regarder ces noms comme modifiant des substantifs sous entendus, il y a des grammairiens qui les mettent parmi les adjectifs. Cela est libre ; je remarquerai seulement que si tout nom qui modifie est un adjectif, on ne trouvera plus de substantifs que parmi les noms propres.

est frere celui dont on parle, & *illustre* expli- | *déterminant le sujet, ou en le développant.*
que ou développe l'idée qu'on se fait de *votre*
frere.

Or, une idée principale ne peut être modi- | *Il n'y a, en général, que deux sortes d'accessoires & deux sortes d'adjectifs.*
fiée qu'autant qu'on la développe ou qu'on la
détermine. Les accessoires ne sont donc en général que de deux especes, & tous les adjectifs peuvent se renfermer dans deux classes: les
adjectifs qui déterminent, les adjectifs qui développent. Leur usage est précisément le même
que celui des propositions incidentes. C'est
pourquoi *votre illustre frere* est la même chose
que *votre frere qui est illustre*, ou que *l'illustre*
frere qui est le vôtre.

Les adjectifs & les propositions incidentes | *Les accessoires peuvent s'exprimer par un substantif précédé d'une préposition.*
ne sont pas les seuls tours propres aux acces-
soires : car, nous disons *poëte de génie* pour
poëte qui en a, & *poëte sans génie* pour *poëte*
qui n'en a pas.

Or, dans *poëte de génie*, comme dans
poëte sans génie, vous voyez deux noms
substantifs *poëte* & *génie*; & un mot qui vous
force à considérer le second sous le rapport
d'une idée accessoire à une idée principale que
le premier désigne. Tous les mots, employés
à cet usage, se nomment *prépositions*. *Sans*, *de*
sont donc des prépositions. Il en est de même

d'*a* dans l'exemple suivant : *homme à talents* pour *homme qui a des talents.*

<small>Différentes manieres dont le sujet d'une proposition peut être exprimé.</small>
Un nom, qui est le sujet d'une proposition, est donc un substantif seul, ou un substantif auquel on ajoute des accessoires; & ces accessoires sont exprimés, ou par des adjectifs, ou par des propositions incidentes, ou par un substantif précédé d'une préposition. Voilà toutes les manieres d'exprimer les modifications du sujet d'une proposition. Passons aux modifications de l'attribut.

<small>Différentes manieres dont on exprime l'attribut d'une proposition, lorsque cet attribut est un substantif.</small>
L'attribut d'une proposition est un nom substantif, *Corneille est un poëte*; ou un adjectif, *Corneille est sublime.*

Si l'attribut est un substantif, vous jugez qu'il peut être susceptible des mêmes accessoires que le sujet, & que ces accessoires peuvent être exprimés par des adjectifs, par des propositions incidentes, ou par des substantifs précédés d'une préposition. Nous n'avons donc rien à ajouter à ce que nous avons dit, en traitant des modifications du sujet. Mais il nous reste à observer si le substantif qui est attribut, est toujours de la même espece que le substantif qui est sujet.

<small>Le substantif,</small>
Lorsque vous dites, *Corneille est un poëte,*

un poëte est un écrivain, un écrivain est un homme, vous remarquez que le substantif, qui est l'attribut, est un nom plus général que le substantif qui est le sujet; & vous ne diriez pas *un homme est un écrivain, un écrivain est un poëte, un poëte est Corneille*.

qui est attribut ne sauroit-être un terme moins général que le substantif qui est sujet.

Pour comprendre sur quoi cette remarque est fondée, il suffit de vous rappeller la génération des idées générales. Elle commence, comme nous avons dit, aux individus. Vous avez lu le lutrin, & l'idée de *poëte* n'étoit encore pour vous qu'une idée individuelle, identique avec celle de Despréaux. Vous avez ensuite lu quelques tragédies de Corneille, plusieurs de Racine, & beaucoup de comédies de Moliere. Alors l'idée individuelle de *poëte* est devenue une idée générale, ou une idée commune à Despréaux, Corneille, Racine, Moliere.

Or, cette idée ne leur est commune, que parce qu'elle se retrouve dans chacun d'eux; & elle ne s'y retrouve, que parce qu'elle est une idée partielle de l'idée que vous vous êtes faite successivement de tous quatre. De même l'idée d'écrivain est une partie de celle de poëte; & celle d'homme, une partie de celle d'écrivain. En un mot, si vous remontez de classe en classe, vous verrez que l'idée que vous vous faites d'une classe supérieure, n'est jamais qu'une partie de l'idée que vous avez d'une classe inférieure. Quand, par conséquent, vous dites qu'un *poëte est un écrivain*, la proposition est la même que si vous disiez, *l'idée d'écrivain est une partie de l'idée de poëte*, ce qui est vrai ; & vous ne diriez pas qu'*un écrivain est un poëte*, parce que ce seroit dire que l'idée de poëte est une partie de celle d'écrivain. Vous comprenez donc pourquoi l'attribut, dans les exemples que je viens de donner, est toujours un substantif plus général que le sujet.

Je dis *dans les exemples que je viens de donner*, parce que, lorsque l'attribut est identique avec le sujet, il ne sauroit être plus général. Aussi peut-il alors devenir lui même le sujet de la proposition. Par exemple, vous pouvez dire à votre choix : *l'infant est le Duc de Parme*, ou *le Duc de Parme est l'infant*.

Quand les deux termes d'une proposition ne sont pas identiques, il n'y a donc entr'eux d'autre différence, si non que le substantif, qui est l'attribut, est toujours plus général que le substantif qui est le sujet.

<small>Différentes manieres</small> Les adjectifs, lorsqu'ils sont employés comme attribut, peuvent être distingués en

deux efpeces. Ou ils achevent par eux-mêmes le fens d'une propofition. Tel eft *fublime* dans cette phrafe, *Corneille eft fublime*. Ou ils ne l'achevent pas &, ils font néceffairement attendre quelque chofe. Ainfi quand Racine a dit, *Corneille eft comparable*, il faut qu'il ajoute, *je ne dis pas à ce que Rome.... mais aux Efchiles.....*

<small>d'exprimer l'attribut d'une propofition, lorfque cet attribut eft un adjectif.</small>

Quelquefois pour achever de développer une penfée, on a befoin d'ajouter quelque acceffoire à un adjectif qui fait un fens fini. On dira, par exemple, *il eft économe fans avarice, il eft hardi avec prudence*.

Dans ces exemples, vous voyez que les acceffoires de l'adjectif font tous exprimés par un fubftantif précédé d'une prépofition. Or, il n'y en a point qu'on ne puiffe exprimer par ce moyen. Mais il faut remarquer que nous employons quelquefois à cet effet des expreffions abrégées, qui font l'équivalent d'un fubftantif précédé d'une prépofition. Telles font *prudemment, fagement* pour *avec prudence, avec fageffe*.

Ces expreffions, parce qu'elles font formées d'un feul mot, ont paru fimples aux grammairiens, & ils les ont mifes parmi les éléments du difcours. Cependant vous voyez que si nous en jugeons par la signification ; elles équivalent à deux éléments, & que, par conséquent, il faudra les mettre parmi les expressions composées. Nous en parlerons bientôt.

Nous avons expliqué, Monseigneur, toutes les différentes manieres d'exprimer les accessoires de l'attribut & du sujet. Nous allons dans le chapitre suivant faire l'analyse du verbe & de ses accessoires.

CHAPITRE XIII.

Continuation de la même matiere, ou analyse du verbe.

Ce que nous avons dit, Monseigneur, lorsque nous observions la nécessité des signes pour démêler les générations de l'entendement, nous fera découvrir la nature du verbe. *Le propre du verbe est d'exprimer la coexistence de l'attribut avec le sujet*

Quand le rapport, entre l'attribut & le sujet, n'est considéré que dans la perception que nous en avons, le jugement, comme nous l'avons remarqué, n'est encore qu'une simple perception. Au contraire quand nous considérons ce rapport dans les idées que nous comparons, & que, par ces idées, nous nous représentons les choses comme existentes indépendamment de notre perception ; alors juger n'est pas seulement appercevoir le rapport de l'attribut avec le sujet, c'est encore affirmer que ce rapport existe. Ainsi, quand nous avons fait cette proposition, *cet arbre est grand*, nous n'avons pas seulement voulu dire, que nous appercevons l'idée *d'arbre* avec l'idée de *grandeur*; nous avons encore voulu affirmer que la qualité de *grandeur* existe en effet avec les autres qualités qui constituent l'arbre.

Voilà donc le jugement, qui après avoir été une simple perception, devient affirmation; & cette affirmation emporte que l'attribut existe dans le sujet.

Or, le verbe *être* exprime cette affirmation: il exprime donc encore la coexistence de l'attribut avec le sujet; &, parconséquent, dans *Corneille est poëte*, la coexistence de la qualité de poëte avec Corneille est tout ce que le verbe peut signifier. En effet, puisque nous ne parlons des choses, qu'autant qu'elles ont une existence, au moins dans notre esprit; il ne se peut pas que le mot que nous choisissons pour prononcer nos jugements, n'exprime pas cette existence. Or, ce mot est le verbe. Si nous nous bornions à ne voir, dans le verbe, que la marque de l'affirmation, nous serions embarrassés à appliquer les propositions négatives, puisque nous verrions l'affirmation dans toutes. Mais lorsqu'on a dit que le verbe signifie la coexistence, une proposition est affirmative, si elle affirme que le sujet & l'attribut coexistent, & elle est négative, si elle affirme qu'ils ne coexistent pas. Il suffit, pour la rendre négative, de joindre au verbe les signes de la négation: *Corneille n'étoit pas géometre.*

Il ne faut que des substantifs pour nommer tous les objets dont nous pouvons parler: il ne faut que des adjectifs pour en exprimer toutes les qualités: il ne faut que des prépositions pour en indiquer les rapports: enfin il ne faut que le seul verbe *être* pour prononcer tous nos jugements. Nous n'avons donc pas, rigoureusement parlant, besoin d'autres mots, &, par conséquent, tous les éléments du discours se réduisent à ces quatre especes.

<small>Les éléments du discours se réduisent à quatre especes de mots.</small>

Mais les hommes, dans la vue d'abréger, ont imaginé d'exprimer souvent, par un seul mot, l'idée du verbe *être* réunie avec l'idée d'un adjectif; & ils ont dit, par exemple, *vivre*, *aimer*, *étudier*, pour *être vivant*, *être aimant*, *être étudiant*. Ces verbes se nomment *verbes adjectifs*, pour les distinguer du verbe *être* qu'on nomme *verbe substantif*. Nous allons traiter des uns & des autres.

<small>Verbes adjectifs. Verbe substantif.</small>

Il ne faut pas confondre le verbe substantif avec le verbe *être*, pris dans le sens d'*exister*. Quand on dit qu'une chose existe, on veut dire qu'elle est réellement existante. En

<small>Il ne faut pas confondre le verbe substantif avec le verbe *être*, pris</small>

dans le sens d'exister. pareil cas on peut se servir du verbe *être*, & on dira fort bien : *Corneille étoit du temps de Racine*, c'est-à-dire, *existoit*.

Mais quand je dis, *Corneille est poëte*, il ne s'agit pas d'une existence réelle, puisque Corneille n'existe plus, & cependant cette proposition est aussi vraie, que du vivant de Corneille : peut-être l'est-elle plus encore. La co-existence de *Corneille* & de *poëte* n'est donc qu'une vue de l'esprit, qui ne songe point si Corneille vit ou ne vit pas, mais qui voit *Corneille* & *poëte* comme deux idées coexistantes.

Les verbes expriment avec différents rapports. Les verbes expriment avec différents rapports : rapport à la personne, *je parle*, *vous parlez* ; rapport au nombre, *je parle*, *nous parlons* ; rapport au temps *je parle*, *je parlai*. L'usage vous a appris qu'ils sont à cet effet susceptibles de différentes variations. C'est ce dont nous traiterons dans la seconde partie de cette grammaire. Je ne veux observer ici que les autres accessoires qui peuvent accompagner le verbe.

Le rapport du verbe à l'objet est marqué par la place. Quand je dis, *Corneille fit*, on demandera quoi ? voir. Mais encore que fit-il voir ? la raison. Pour abréger, je considérerai *fit voir* comme un seul verbe, parce que des deux il ne résulte qu'une seule idée, qui pourroit être rendue par un seul mot, *montra*. Je conviens que *faire voir* & *montrer* ne sont pas exactement synonymes, mais dans ce moment, mon objet ne demande pas que nous cherchions en quoi ces expressions diffèrent : il suffit que nous puissions les considérer, chacune également, comme un seul verbe.

Dans *Corneille fit voir la raison*, j'appelle *la raison* l'objet du verbe *fit voir*. Sur quoi il faut remarquer que tous les verbes n'ont pas un objet, tel est *marcher*, & qu'avec ceux qui en ont, nous ne l'exprimons pas toujours. Nous disons, par exemple, *il monte*, *il descend* : mais quand nous ne l'exprimons pas, il s'offre cependant à l'esprit un objet quelconque ; & quelquefois la circonstance l'indique elle-même. *Il monte*, l'objet sera, par exemple, l'escalier, la montagne.

L'objet peut donc être sous-entendu. Mais quand il est exprimé, à quoi le reconnoît-on ? à la place qu'il occupe. Nous n'avons pas d'autre moyen pour marquer le rapport qu'il a avec le verbe ; & c'est à quoi vous jugez que *la raison* est l'objet de *fit voir*.

Nous disons également *parler affaires* & *parler d'affaires*, par où il paroîtroit que l'objet du verbe *parler*, peut être précédé d'une préposition. Mais *parler d'affaires* est une phrase elliptique, dans laquelle l'objet du verbe est sous-entendu. Pour remplir l'ellipse, il faudroit dire, *parler, entre autre choses, choses d'affaires*; & alors on reconnoîtroit que *chose* est l'objet de *parler*. Pour se convaincre qu'il faut ainsi remplir l'ellipse, il suffit de considérer que *parler affaires* c'est en faire son unique objet, au lieu que *parler d'affaires* n'exclut pas tout autre objet dont on voudroit parler par occasion.

<small>Les autres rapports se marquent par des prépositions.</small> A qui Corneille fit-il voir la raison ? *à des spectateurs qui jusqu'alors...... des spectateurs* est le terme de *fit voir*, & son rapport se marque par une préposition, *à*.

Où fit-il voir la raison ? *sur la scene*. Rapport au lieu, marqué par une préposition, *sur*.

Quand fit-il voir la raison ? *Dans cette enfance, dans ce chaos......* rapport au temps, marqué par une préposition, *dans*.

Qu'avoit-il fait auparavant ? *Après avoir cherché le bon chemin, &....* rapport de l'action du verbe à une autre action qui l'a précédée, marqué par une préposition, *après*.

Comment Corneille étoit-il alors ? *inspiré d'un génie extraordinaire, & aidé de la lecture des anciens* : rapport du verbe à l'état du sujet, & ce rapport est marqué par des adjectifs qui modifient Corneille.

Ces accessoires appartiennent proprement au nom : mais je vous les fais remarquer, afin que vous sentiez, Monseigneur, qu'il ne suffit pas de donner au sujet d'une proposition des modifications qui lui conviennent ; & qu'il faut choisir celles qui ont le plus de rapport avec l'action qu'on lui attribue. Tout autre accessoire seroit faux, louche, ou du-moins inutile.

Comment Corneille a-t-il fait voir la raison ? *en accordant heureusement la vraisemblance & le merveilleux* : rapport au moyen ou à la maniere, marqué par une préposition, *en*.

Pourquoi a-t-il fait voir la raison ? Pour acquérir de la gloire : rapport au motif ou à la fin, marqué par une préposition, *pour*.

Enfin par qui la raison a-t-elle été montrée ? par Corneille : rapport à la cause marquée par une préposition, *par*. En général autant on peut faire de questions sur un verbe, autant il peut avoir d'accessoires différents; & si on excepte l'objet, dont le rapport est toujours marqué par la place seule, celui des autres accessoires est toujours indiqué par une préposition énoncée ou sous-entendue. Vous pourrez encore remarquer que ces exemples confirment ce que nous avons dit, que les prépositions sont, par leur nature, destinées à indiquer le second terme d'un rapport.

Les ellipses sont fréquentes dans toutes les langues.

Je viens de dire que les prépositions sont énoncées ou sous-entendues: c'est qu'en effet on les omet souvent, & ces omissions sont fréquentes dans toutes les langues. Quelquefois même nous omettons le verbe, qu'on regarde avec raison comme le principal mot du discours, & sans lequel il semble que nous ne puissions pas prononcer un jugement. Je vous ai fait remarquer plusieurs de ces ellipses dans le passage de Racine. Si j'y ai suppléé, pour vous rendre raison de la phrase, vous sentez que celui qui lit, n'a rien à suppléer: car vous voyez que les idées qui sont exprimées enveloppent suffisamment celles qui ne le sont pas. En effet, quand nous décomposons notre pensée, c'est en quelque sorte malgré nous, & parce que nous y sommes forcés. Nous voudrions, s'il étoit possible, la présenter tout à la fois, & en conséquence nous omettons tous les mots qu'il est inutile de prononcer. Ce tour plaît, par sa précision, à celui qui lit, parce qu'il lui présente plusieurs idées, comme elles sont naturellement dans l'esprit, c'est-à-dire, toutes ensembles.

En résumant ce que nous avons dit dans ce chapitre, il en résulte que les accessoires dont un verbe peut-être susceptible, sont l'objet, le terme, les circonstances de temps, celles de lieu, une action que suppose celle que le verbe exprime, le moyen ou la maniere, la cause, la fin ou le motif. Parmi ces accessoires, les uns appartiennent proprement au verbe *être*, telles sont les circonstances de temps & de lieu : les autres appartiennent plus particulierement aux verbes adjectifs, ou plutôt aux adjectifs dont on a fait des verbes. Un exemple suffira pour vous rendre la chose sensible. *Il aimoit dans ce temps-là l'étude avec passion.* Substituez au verbe *aimoit* les éléments dont il est l'équivalent : vous aurez, *il étoit dans ce temps-là aimant avec passion l'étude.* Or, dans cette phrase, il est évident que *dans ce temps-là* modifie *étoit*, & qu'*avec passion* est une accéssoire de l'adjectif *aimant*.

De tous les accessoires du verbe, les uns appartiennent proprement au verbe substantif être, les autres appartiennent plus particuliérement aux adjectifs dont on a fait des verbes.

Nous avons vu le discours se décomposer en différentes parties. Nous y avons découvert des propositions principales, subordonnées, incidentes, simples, composées.

Le discours réduit à ses vrais éléments.

Nous avons trouvé dans ces propositions, des noms substantifs, des adjectifs, des prépositions & des verbes. Nous avons observé les différents accessoires dont le sujet, le verbe & l'attribut peuvent être modifiés; & nous avons remarqué tous les signes, dont on se sert pour exprimer toute espece d'idées & toute espece de rapports. Voilà donc le discours réduit à ses vrais élémens, & nous en avons achevé l'analyse.

Mais, Monseigneur, vous avez vu que les hommes, pour abréger, ont imaginé des verbes adjectifs. Or, ces verbes qu'on prend pour des élémens, n'en sont pas. Ce sont des expressions composées, équivalentes à plusieurs élémens. Il y a encore d'autres expressions de cette espece. Nous en allons traiter dans le chapitre suivant.

CHAPITRE XIV.

De quelques expressions qu'on a mises parmi les éléments du discours, & qui, simples en apparence, sont, dans le vrai, des expressions composées équivalentes à plusieurs éléments.

UNE expression, qui paroît simple, parce qu'elle est formée d'un seul mot, est composée, lorsqu'elle équivaut à plusieurs éléments. De ce nombre sont l'adverbe, le pronom & la conjonction. En effet, Monseigneur, si vous jugez de la nature des mots, par les idées dont ils sont les signes, vous reconnoîtrez que ceux-là ne doivent pas être mis parmi les éléments du discours.

<small>Mots qui ne doivent pas être mis parmi les éléments du discours.</small>

L'adverbe est une expression abrégée, qui équivaut à un nom précédé d'une préposition. On dit *sagement* pour *avec sagesse*, *plus* pour

<small>L'adverbe.</small>

en quantité *supérieure*, *moins* pour *en quantité inférieure*, *beaucoup* pour *en grande quantité*, *peu* pour *en petite quantité*, *autant* pour *en quantité égale*. *Sagement*, *plus*, *moins*, *beaucoup*, *peu*, *autant* sont des adverbes. Ces exemples suffisent.

<small>Le pronom.</small> Le pronom est une expression plus abrégée encore. Il équivaut quelquefois à une phrase entière : car il tient la place d'un nom qu'on ne veut pas répéter, & de tous les accessoires dont on l'a modifié. *Je fais beaucoup de cas de l'homme dont vous me parlez & que vous aimez : je le verrai incessamment*. *Le* est un pronom qui est employé pour éviter la répétition de *l'homme dont vous me parlez & que vous aimez*.

<small>La conjonction.</small> Nous traiterons plus particuliérement de l'adverbe & du pronom, dans la seconde partie de cet ouvrage. Je ne voulois, pour le présent, que vous en faire connoître la nature. Les conjonctions, plus difficiles à expliquer, demandent que nous nous rappellions quelques observations que nous avons faites.

Nous avons vu comment, dans une période ou dans une phrase dont le sens est fini, toutes les propositions & tous les mots se lient

pour

pour représenter successivement nos idées dans les rapports qu'elles ont entr'elles. Or il est encore nécessaire de lier, les unes aux autres, ces phrases & ces périodes.

Pour cet effet, Racine divise sa pensée en trois principales parties, qu'il développe successivement dans trois alinéa. De la sorte, il les distingue, & cependant il les lie, parce qu'il les met chacune à leur place. L'ordre est donc la meilleure maniere de lier les parties d'un discours, & on n'y sauroit suppléer par aucun autre moyen.

Mais, quoique l'ordre les lie, on veut quelquefois prononcer davantage la liaison, & c'est en effet ce que vouloit Racine, lorsqu'il a commencé son second alinéa par ces mots : *dans cette enfance, ou, pour mieux dire, dans ce chaos du poëme dramatique parmi nous*.... Or, remarquez, Monseigneur, que ces expressions ne font que présenter, avec de nouveaux accessoires, la pensée qu'il a expliquée dans le premier alinéa ; mais elles la présentent plus briévement. Par-là, elles la rapprochent davantage de celle qui doit être expliquée dans le second. Ce tour est donc un passage d'une partie du discours à l'autre ; &, après l'ordre, c'est celui qui les lie le mieux. J'appelle *conjonction* tout mot employé à cet usage.

Tom. I.   I

Dans ce temps-là, de la forte, par conféquent ne font qu'un paffage d'une propofition à une autre, & ces tours rappellent quelque idée de la phrafe précédente. Mais ils font formés de plufieurs éléments; &, par conféquent, il faut les regarder comme des expreffions compofées. Nous ne devons donc mettre, dans la claffe des conjonctions, que les mots équivalents à de pareils tours. Tels font *alors* pour *dans ce temps-là*, *ainfi* pour *de la forte*, *donc* pour *par conféquent*.

La conjonction *&* eft également un paffage d'une premiere propofition à une feconde. Elle rappelle une premiere affirmation qu'on a faite, & elle fait preffentir qu'on en va faire une autre. *Vous étudiez, & vous vous inftruirez.*

Il en eft de même, lorfqu'elle eft entre deux fubftantifs. Si je dis *l'infant & l'infante*, vous jugez que je vais faire fur l'infante la même affirmation que fur l'infant; & fi j'ajoute *vous aiment*, vous voyez que j'ai réuni deux propofitions en une, & que le paffage de l'une à l'autre, exprimé par la conjonction *&*, en eft plus rapide.

La conjonction *ni* donne lieu aux mêmes obfervations, avec cette différence, qu'au lieu de rappeller une affirmation, elle rappelle une négation : *ni l'infant, ni l'infante ne vous haïssent.*

Tout ce que je viens de dire, s'applique parfaitement à la conjonction *que*, dont nous ferons un grand usage. Pour le reconnoître, il suffit de mettre, à la place de cette conjonction, les mots dont elle tient lieu. *Je vous assure* QUE *les connoissances sont sur-tout nécessaires aux princes*, est pour *je vous assure* CETTE CHOSE QUI EST, *les connoissances sont sur-tout nécessaires aux princes*. *Cette chose qui est*, voilà les mots qui font passer de la premiere proposition *je vous assure*, à la seconde *les connoissances sont surtout nécessaires aux princes*. Or, si nous supposons, avec quelque fondement, qu'on a dit autrefois *que est* pour *qui est*; il en résultera que, pour avoir la conjonction *que*, il n'a fallu que prendre l'habitude d'omettre quelques mots. Je présume en effet que c'est ainsi que toutes les conjonctions ont été trouvées.

Nous avons, Monseigneur, achevé la premiere partie de notre ouvrage : nous allons dans la seconde observer les éléments du discours, & apprendre l'usage que nous en devons faire.

GRAMMAIRE.

SECONDE PARTIE.

DES

ÉLÉMENTS DU DISCOURS.

Principes qui ont été prouvés dans la premiere partie de cet ouvrage. Nous avons remarqué, Monseigneur, que la vue est confuse, lorsque nous voulons voir en même temps tous les objets qui nous frappent les yeux; & qu'elle devient distincte, lorsque nous regardons les objets les uns après les autres. Or, la vue de l'esprit est comme la vue du corps; & nous avons reconnu que nos pensées sont naturellement des tableaux confus, dont nous ne distinguons les parties, qu'autant que nous apprenons l'art de faire succéder, avec ordre les unes aux autres, les idées qui s'offroient à nous toutes ensemble.

Cet art a commencé avec les langues, &, comme elles, il s'est perfectionné lentement. C'est pourquoi nous les avons regardées comme autant de méthodes analytiques plus ou moins parfaites. Nous avons jugé, qu'absolument nécessaires pour nous rendre compte à nous mêmes de nos pensées, elles le sont encore pour nous conduire à des idées que nous n'aurions jamais eues sans leur secours ; qu'elles contribuent plus ou moins au développement de l'esprit, suivant qu'elles fournissent des moyens plus ou moins commodes pour l'analyse de la pensée ; & qu'on se tromperoit, si on ne leur croyoit d'autre avantage, que de nous mettre en état de nous communiquer nos idées les uns aux autres.

Il s'agissoit donc de découvrir les moyens que les langues emploient pour analyser la pensée : recherche qui nous a fait connoître les éléments du discours. Il nous reste à observer en particulier chacun de ces éléments. Il faut voir ce qu'ils sont chacun en eux mêmes, & quelles sont les regles aux quelles l'usage les assujettit.

Objet de la seconde partie.

CHAPITRE I.

Des noms substantifs.

Ce qu'on entend par le mot *substance*

Les qualités, que nous démêlons dans les objets, paroissent se réunir hors de nous sur chacun d'eux; & nous ne pouvons en appercevoir quelques unes, qu'aussitôt nous ne soyons portés à imaginer quelque chose qui est dessous, & qui leur sert de soutien. En conséquence, nous donnons à ce quelque chose le nom de *substance*, de *stare sub* être dessous.

Quand on a voulu pénétrer plus avant dans la nature de ce qu'on appelle substance, on n'a saisi que des fantômes. Nous nous bornerons à la signification du mot, persuadés que ceux qui ont nommé la substance, n'ont prétendu désigner qu'un soutien des qualités; soutien qu'ils auroient nommé autrement, s'ils avoient pu l'appercevoir en lui même, tel qu'il est. Les philosophes, qui sont venus ensuite, ont cru voir ce quelque chose que nous nous représentons, & ils n'ont rien vu.

De *substance* on a fait *substantif* pour désigner en général tout nom de substance. *Substantif vient de substance.*

Nous ne voyons que des individus. Si leurs qualités viennent à notre connoissance par les sens, nous nommons ces individus *substances corporelles* ou *corps*; & nous les nommons *substances spirituelles* ou *esprits*, si leurs qualités, de nature à ne pouvoir faire impression sur les organes, ne sont connues que par la réflexion. *Corps* & *esprits* sont donc des noms substantifs, parce qu'ils signifient des substances. *Il se dit proprement des noms de substance.*

Mais, comme les qualités qui modifient les individus corporels ou spirituels, sont elles mêmes susceptibles de différentes modifications, notre esprit, qui les saisit sous ce point de vue, les voit exister sous d'autres qualités qui les modifient; & aussitôt il met leurs noms dans la classe des substantifs, parce qu'il y a mis ceux des substances. C'est de la sorte que nous étendons la signification des mots. *Être dessous* est ici l'idée commune, sur laquelle nous fondons toute l'analogie; & *Il se dit par extension des noms de qualités.*

d'après cette idée, le mot *vertu*, par exemple, est regardé comme un nom substantif.

Deux sortes de substantifs. Voilà donc deux sortes de substantifs. Les uns sont des noms de substance, aux quels cette dénomination appartient proprement : tels sont *maison*, *arbre*, *cheval*. Les autres sont des noms de qualités, aux quels cette dénomination n'appartient que par extension : tels sont *sagesse*, *probité*, *courage*; ceux ci se nomment *abstraits*, parceque ces qualités existent dans notre esprit, comme séparées de tout objet.

Les substantifs, plus ou moins généraux, font différentes classes des objets. Si nous n'avions, pour substantifs, que des noms propres, il les faudroit multiplier sans fin : les mots, dont la multitude surchargeroit la mémoire, ne mettroient aucun ordre dans les objets de nos connoissances, ni, par conséquent, dans nos idées ; & tous nos discours feroient dans la plus grande confusion. On a donc classé les objets ; & les substantifs, qui étoient des noms propres, sont devenus des noms communs, lorsqu'on a remarqué des choses qui ressembloient à celles qu'on avoit déja nommées.

C'est ainsi, comme nous l'avons vu, qu'il s'établit entre les substantifs une subordination qui rend les uns plus généraux, c'est à dire, communs à un plus grand nombre d'individus, & les autres moins généraux, c'est à dire, communs à un plus petit nombre. Cette subordination est sensible dans *animal*, *quadrupede*, *chien*, *barbet*.

La même subordination s'établit nécessairement entre les choses nommées & il se forme des classes que nous nommons *genres*, si elles sont plus générales ; & *especes*, si elles le sont moins. *Animal* est un genre par rapport à *quadrupede*, *oiseau*, *poisson*; & *quadrupede*, *oiseau*, *poisson* sont des especes d'animaux.

Dans les exemples que je viens d'apporter, vous voyez, Monseigneur, que la distinction des classes a pour fondement, la différente conformation que nous remarquons dans les objets. Nous ne considérons alors que le physique des choses. Mais il y a encore des rapports, sous lesquels nous pouvons considérer les objets qui se ressemblent par la conformation. C'est d'après ces rapports que, dans les sociétés civiles, les hommes se distribuent par classes, suivant la naissance, l'emploi, les talents, le genre de vie ; & il se forme des nobles & des roturiers, des magistrats & des militaires, des artisans & des laboureurs, &c.

Fondement de la distinction des classes.

Nous sommes également fondés à distribuer par classes les qualités des objets ; & c'est pourquoi nous distinguons différentes especes de figures, de couleurs, de vertu, de courage, &c.

En multipliant trop les classes, on confondroit tout.

Vous comprenez, Monseigneur, que nous pourrions multiplier les classes sans fin. Car si nous observions bien les individus que nous avons compris dans une même espece, nous remarquerions entre eux des différences, d'après lesquelles nous serions fondés à créer de nouvelles classes. Mais il est évident que, si nous voulions toujours aller de subdivision en subdivision, nous viendrions enfin à distinguer autant de classes que d'individus. Il n'y auroit donc plus que des noms propres ; &, par conséquent, nous retomberions dans la confusion que nous avions voulu éviter, lorsque nous distinguions par classes les objets de la nature.

Regle à suivre pour éviter cet inconvénient.

Vous voyez donc qu'il y auroit également de la confusion, soit qu'on ne fît pas assez de classes, soit qu'on en fît trop. Pour tenir un juste milieu, il suffiroit de considérer que les classes n'ont été imaginées, qu'afin de mettre de l'ordre dans nos connoissances. Alors on verroit qu'il ne faut plus faire de subdivisions, lorsqu'on a assez subdivisé pour répandre la lumiere ; & au lieu de créer de nouvelles classes, on rejeteroit celles qui sont inutiles, & qui ne font que surcharger la mémoire. Mais, parce qu'on est prévenu que les classes sont dans la nature, où cependant il n'y a que des individus, on croit qu'à force de subdiviser, on en connoîtra mieux les choses, & on subdivise à l'infini. Voilà le défaut de la plupart des livres élémentaires, & la principale cause de l'obscurité qui regne dans les écrits des philosophes.

On voit un exemple sensible de cet abus dans les idées abstraites que nous désignons par des noms substantifs. C'est ici surtout que les langues sont défectueuses. Les hommes, trop peu éclairés lorsqu'ils ont tenté, pour la premiere fois, de classer leurs idées abstraites, ont si mal commencé qu'il ne leur a plus été possible de les distribuer dans l'ordre le plus simple ; & les philosophes ont fait de vains efforts pour dissiper les ténebres, parce qu'ils n'ont pas su remonter à la cause de cet abus. On doit leur savoir quelque gré, lorsqu'ils ne les ont pas augmentées.

Quoique vous n'en sachiez pas encore assez, Monseigneur, pour comprendre jusqu'où l'on peut porter l'abus des termes abstraits, j'en ai assez dit pour vous faire concevoir, qu'autant ils sont nécessaires, autant il faut craindre de les trop multiplier. Nous aurons, dans le cours de nos études, plus d'une occasion de remarquer combien on en abuse : il me suffit, pour le présent de vous avoir fait connoître que le propre des noms substantifs, est de classer les choses qui viennent à notre connoissance, & qu'ils ne sont utiles, qu'autant que nous savons fixer convenablement le nombre des classes.

CHAPITRE II.

Des adjectifs.

Homme, vertu sont deux substantifs dont les idées existent, dans notre esprit, chacune séparément. Celui là est le soutien d'un certain nombre de qualités, celui-ci est le soutien d'un autre nombre, & ils ne se modifient point.

<small>Quelle est la nature des noms adjectifs qui développent ou qui expliquent une idée.</small>

Mais si je dis *homme vertueux*, cette forme du discours fait aussitôt évanouir l'un des deux soutiens, & elle réunit, dans le substantif *homme*, toutes les qualités comprises dans le substantif *vertu*.

En comparant ces mots, *vertueux* & *vertu*, vous concevez donc, Monseigneur, en quoi ces adjectifs différent des substantifs. C'est que les substantifs expriment tout à la fois certaines qualités & le soutien sur lequel nous les réunissons: ces adjectifs, au contraire, n'expriment que certaines qualités, & nous avons besoin de les joindre à des substantifs, pour trouver le soutien que ces qualités doivent modifier.

Nous avons remarqué, dans la premiere partie de cette grammaire, que les adjectifs, modifient en général de deux manieres. Les uns développent l'idée que nous voulons exprimer par un substantif, & ils y ajoutent quelques accessoires, tel est *vertueux* dans *homme vertueux*. La notion, que nous venons de donner de l'adjectif, convient à tous les adjectifs de cette espece.

<small>Quelle est la nature des adjectifs qui déterminent une idée.</small>
Il y en a d'autres qui, laissant au substantif la signification qu'il a, n'y ajoutent aucun nouveau développement, &, par conséquent, aucun accessoire. Ils se bornent à faire connoître, si nous prenons la signification d'un substantif dans toute son étendue, ou si nous la restreignons. C'est pourquoi j'ai dit qu'ils modifient en déterminant.

Dans *l'homme*, l'adjectif *le* me fait considérer l'idée d'*homme* dans toute sa généralité, & comme étant commune à tous les individus. Dans *tout homme*, l'adjectif *tout* me fait confidérer les individus pris diftributivement ; & dans *tous les hommes*, les adjectifs *tous les* me font confidérer les individus pris collectivement. Ces adjectifs déterminent donc dans quelle étendue nous voulons qu'on prenne la fignification du fubftantif *homme*.

Les adjectifs *mon, ton, fon, notre, votre*, &c. déterminent également. Ils préfentent un rapport d'appartenance ; & en nous faifant confidérer, fous ce rapport, une idée générale, ils la reftreignent au point de la rendre individuelle. *Mon cheval.*

Chaque, plufieurs, un, deux, trois, premier, fecond, &c. offrent les individus fous d'autres rapports, & déterminent, par conféquent, la fignification des fubftantifs aux quels on les joint. D'après ces exemples qui vous font voir comment nous déterminons différemment la fignification des fubftantifs, il vous fera facile de reconnoître tous les adjectifs que nous employons à cet ufage.

A juger des adjectifs par les qualités que nous remarquons dans les objets, nous en pouvons diftinguer de deux fortes : des adjectifs abfolus & des adjectifs relatifs.

<small>Adjectifs abfolus & adjectifs relatifs.</small>

Quand nous difons qu'un homme eſt grand, l'idée de *grandeur* n'eſt que dans la comparaiſon que nous faiſons de cet homme avec les autres ; & le même homme que nous jugeons grand aujourd'hui, nous le jugerions petit, ſi les hommes avoient communément ſix à ſept pieds. Les qualités que nous obſervons dans les objets en conſéquence d'une comparaiſon, ſe nomment *relatives*. *Grand* & *petit* ſont donc des adjectifs relatifs.

Au contraire, ſi les qualités que nous remarquons dans les choſes, paroiſſent leur appartenir indépendamment de toute comparaiſon de notre part ; nous les nommons abſolues. Telles ſont, dans les corps, l'étendue, la ſolidité, la figure, la mobilité, la diviſibilité, &c. *étendu*, *ſolide*, *figuré*, *mobile*, *diviſible*, ſont donc des adjectifs abſolus.

Dans notre eſprit, toutes les qualités des choſes ſont relatives. Les qualités relatives ſont donc en plus grand nombre qu'on ne penſe. *Egal*, *inégal*, *meilleur*, *pire*, *bon*, *méchant*, *ſemblable*, *différent*, *brave*, *ſavant*, *ignorant*, *prudent*, *téméraire*, &c. Tous ces différents adjectifs expriment des qualités dont on ne juge que parce qu'on a fait des comparaiſons.

A la rigueur, on pourroit dire que dans notre

tre esprit, toutes les qualités des choses sont relatives. Comme nous n'acquérons des connoissances, qu'autant que nous comparons; il ne nous est pas possible de considérer des qualités comme absolues : nous les voyons toujours dans les rapports qu'elles ont avec des qualités contraires. Nous jugeons, par exemple, de la mobilité par comparaison avec une chose qui est en repos, de la solidité par comparaison avec une chose qui est fluide, &c.

Vous me demanderez peut-être, Monseigneur, comment se forment les substantifs & les adjectifs. C'est ce que l'usage vous a appris, vous en feriez vous-même au besoin. Cependant il n'y a point de regles générales pour la formation de ces mots; & on les reconnoît moins aux sons dont on les forme, qu'à la maniere dont ils sont employés. Par exemple, vous reconnoissez facilement des substantifs dans *la colere, la politique, un sacrilege*; puisque ces noms sont modifiés par les adjectifs *la* & *un*; & vous voyez qu'ils deviennent des adjectifs dans *un homme colere, une conduite politique, une main sacrilege*, puisqu'alors ils modifient des substantifs.

Il n'y a point de regle générale pour la formation des substantifs & des adjectifs.

D'ailleurs il faut vous faire remarquer qu'il y *Il y a des ad-*

146 GRAMMAIRE.

Jectifs qu'on emploie comme substantifs; & il y a des substantifs qu'on emploie adjectivement.

a beaucoup d'adjectifs qu'on emploie substantivement : *un savant, un érudit, le vrai, le faux*, &c. Il y a même des substantifs qu'on emploie adjectivement : par exemple dans *un philosophe roi*, roi qui étoit substantif devient adjectif, comme *philosophe* le devient dans *un roi philosophe*.

CHAPITRE III.

Des nombres.

Les noms généraux se disent d'une seule chose ou de plusieurs. Dans le premier cas ils sont au nombre singulier : dans le second ils sont au pluriel, & cette différence se remarque par la terminaison. Nombre singulier : nombre pluriel.

Je dis *les noms généraux* : car les noms propres emportent l'unité, & sont toujours du nombre singulier. C'est figurément qu'on dit *les Césars*, *les Turennes*, & alors on les généralise. Les noms propres n'ont point de nombre pluriel.

Dans la classe des noms propres, il faut mettre les noms des métaux ; *or*, *argent*, *fer*, signifient chacun une substance, qui, quoique composée de parties, est regardée comme une masse individuelle. On ne les emploie donc jamais au pluriel. Il est vrai qu'on dit *des fers*: mais ce mot se dit alors des fers d'un cheval, ou on l'emploie figurément pour *chaînes*. Ni les noms des métaux.

Autres noms qui n'ont pas les deux nombres.

Les noms des vertus habituelles, telle que la charité, la pudeur, le courage, n'ont point de pluriel; il en est de même de plusieurs idées que l'esprit est naturellement porté à regarder comme singulieres: *faim, soif, sommeil, sang.* Quelques mots n'ont point de singulier: *matines, nones, vêpres, ténebres, pleurs, gens,* &c. sur-tout cela il faut consulter l'usage.

Marque du nombre pluriel.

La marque du pluriel n'est pas toujours la même. La regle la plus générale est de terminer le noms par une *s* ou par une *x*. *Pere, mere, bonté, vertu,* &c. prennent une *s*, *peres, meres, bontés, vertus.*

Ceux qui, au singulier, finissent en *au, eau, feu,* prennent une *x*; écrivez donc *bateaux, feux.*

L'usage vous instruira, ou plutôt il vous a déja instruit des autres terminaisons que les noms prennent au pluriel, & il seroit inutile de vous arrêter sur ces détails. Je vous ferai seulement remarquer que les deux nombres sont semblables dans tous les noms qui finissent au singulier par une *s*, un *z*, ou un *x*, *nez, voix, fils.*

Il y a des langues qui

Toutes les langues ont plusieurs nombres. Le grec a même un duel; c'est-à-dire, une ter-

minaison particuliere pour les noms qui con- ont un duel.
viennent à deux choses. L'hébreu en a aussi un,
mais seulement pour les choses doubles, comme
les yeux, les mains.

Dès qu'on emploie un substantif au singu- L'adjectif se met au même nombre que le substantif.
lier ou au pluriel, suivant qu'on parle d'une
chose ou de plusieurs; il étoit naturel de mettre
l'adjectif au même nombre que le substantif,
afin de marquer plus sensiblement le rapport de
l'un à l'autre. On a donc dit *un homme prudent,
des généraux habiles*. Cette regle ne souffre
point d'exceptions.

CHAPITRE IV.

Des genres.

Étymologie du mot genre. GENRE vient de *generare*, qui signifie engendrer; & quand on a dit qu'une chose est d'un genre, on a voulu dire qu'elle a été engendrée dans une certaine classe. Il y a deux genres, le masculin & le féminin.

Fondement de la distinction des noms en deux genres. C'est la distinction des deux sexes qui a été le premier motif de la distinction des choses en deux genres; & pour marquer cette différence jusque dans les noms, on leur a donné des terminaisons différentes, suivant la différence des sexes, telle que *lion, lionne, chien, chienne*. En conséquence, on a dit: les noms, ainsi que les sexes, sont de deux genres.

Si, en parlant des animaux, la différence du masculin & du féminin a son fondement dans la différence des sexes ; on seroit souvent fondé à distinguer les noms des plantes en deux genres : car les naturalistes ont remarqué qu'il y a des plantes mâles & des plantes femelles. Mais l'usage est trop ignorant de ces choses, pour y avoir égard.

On a même souvent oublié tout-à-fait ce qui avoit donné lieu à la distinction des deux genres, & on a distribué des noms masculins & des noms féminins, sans faire aucune attention au sexe des animaux. Par-là un mot, d'un seul genre, a servi à distinguer tous les individus d'une espéce, tant mâles que femelles. Tels sont *perdrix, lievre, carpe, brochet*.

Comment on a souvent oublié ce qui a servi de fondement à la distinction des deux genres.

La raison de cet usage, c'est que les hommes n'observent qu'autant qu'ils ont besoin d'observer. N'ayant donc pas senti la nécessité de distinguer toujours les animaux par le sexe, ils n'ont pas imaginé d'avoir toujours deux noms différents, l'un pour les mâles, l'autre pour les femelles.

Cependant la distinction des genres étant une fois établie, on l'a étendue à tous les noms. Quelques-uns avoient été terminés différemment, suivant la différence des sexes. C'en fut

Comment les deux genres ont été distingués par la terminaison des

assez pour avoir dans certaines terminaisons, le masculin & le féminin dans d'autres.

Mais une regle, si peu fondée, ne pouvoit pas être constante. Aussi un mot a souvent été d'un genre, quand par la terminaison, il auroit dû être d'un autre ; quelques-uns ont été des deux. Enfin, il y a des langues qui ont un genre neutre pour les mots qu'on ne trouve ni masculins ni féminins, parce qu'ils ont une terminaison particuliere.

Terminaison masculine, terminaison féminine.

La terminaison masculine dans les noms, est celle qu'ils ont eue dans leur formation. Si nous voulons les rendre féminins, nous changeons cette terminaison, en y ajoutant un *e* muet ; & comme nous avons dit au masculin *un lion*, *un chat*, nous dirons au féminin *une lionne*, *une chatte*.

Les noms substantifs ne sont en général que d'un genre.

En général les noms substantifs ne sont que d'un genre ; & par conséquent, ils conservent toujours la même terminaison. *Homme*, *arbre*, *esprit* sont masculins : *plante*, *connoissance*, *vertu* sont féminins : on peut seulement ajouter à ces noms la marque du pluriel.

Quelques uns sont des deux.

Quoique cette regle soit générale, elle souffre quelques exceptions ; *amour* qui est masculin au singulier, est quelquefois féminin au pluriel; *de folles amours* : on dit au masculin *un comté, un duché*, & au féminin, *une comté pairie, une duché pairie* : on dit encore *de bonnes gens* & *des gens malheureux* : par où vous voyez que le substantif *gens* est féminin, lorsqu'il est précédé d'un adjectif, & qu'il est masculin, lorsqu'il en est suivi.

Si la plupart des substantifs sont toujours de l'un & de l'autre genre, les adjectifs au contraire peuvent toujours être des deux; & on leur donne l'un ou l'autre, suivant le genre des substantifs auxquels on les joints ; *un lion furieux, une lionne furieuse*. Par ce moyen on indique plus sensiblement le substantif que l'adjectif modifie.

Les adjectifs sont toujours des deux genres.

Les adjectifs, terminés au masculin par un *e* muet, ne changent point leur terminaison au féminin; *sage, aimable, honnête* sont des deux genres.

Marque du genre féminin dans les adjectifs.

Dans tout autre cas, ils prennent un *e* muet à leur terminaison : *charmant charmante, grand grande, poli polie* : cette regle est générale pour les adjectifs comme pour les substantifs.

Cependant la terminaison féminine offre quelquefois de plus grandes altérations. Par

Variations qu'on remar-

que dans la terminaison féminine.

exemple, les substantifs, *parleur, chanteur, demandeur, défendeur, acteur, protecteur, fils, roi* font, au féminin, *parleuse, chanteuse, demanderesse, défenderesse, actrice, protectrice, fille, reine.*

On remarque également de grandes variétés dans la terminaison féminine des adjectifs. Quelquefois on redouble la consonne finale, *bon bonne, cruel cruelle, gras grasse, gros grosse.* On dit, *fol folle, mol molle, vieil vieille, bel belle, nouvel nouvelle* : terminaison qui paroît encore plus altérée, lorsqu'on la compare au masculin, *fou, mou, vieux, beau, nouveau.* C'est ainsi qu'on prononce ces adjectifs, quand ils précédent un substantif qui commence par une consonne.

Dans les adjectifs terminés en *eux* ou en *oux*; on change l'*x* finale en *se* : *heureux heureuse, jaloux jalouse.* Quant aux plus grandes variations, comme l'usage doit vous les apprendre, je me bornerai à vous les faire remarquer dans quelques exemples : *blanc blanche, turc turque, bref breve, long longue, favori favorite, doux douce, faux fausse, benin benigne.*

Des avantages des genres.

Quoique les genres aient l'avantage de prévenir souvent les équivoques, il faut convenir, avec M. Duclos, qu'ils ont l'inconvénient de mettre trop d'uniformité dans la terminaison des adjectifs, d'augmenter le nombre de nos *e* muets, & de rendre notre langue difficile à apprendre. La langue angloise n'a point de genre pour les noms ; elle est en cela plus simple que la nôtre.

CHAPITRE V.

Observations sur la maniere dont on accorde, en genre & en nombre, les adjectifs avec les substantifs.

Nous venons de dire, Monseigneur, qu'un adjectif doit-être au même genre & au même nombre que le substantif qu'il modifie. Cette regle donne lieu à quelques observations.

Adjectif qu'on met au singulier, quoiqu'il se rapporte à deux substantifs. Quand deux substantifs ont une signification fort approchante, on emploie volontiers l'adjectif au singulier : *une force & une fermeté admirable, une politesse & une cordialité affectée.*

Adjectif qu'on met au pluriel, quoiqu'il paroisse devoir se rapporter à un substantif singulier. Il y a, au contraire, des occasions ou l'adjectif se met au pluriel, quoique le substantif, qu'il paroîtroit devoir modifier, soit au singulier. On dit, *la plupart des hommes sont ignorants*, & on parleroit mal, si on disoit, *la plupart des hommes est ignorante.*

La raison de cette façon de parler vient de ce que, *la plupart des hommes* étant la même chose que *les hommes pour la plupart*, nous rapportons l'adjectif *ignorants* au pluriel *hommes* dont nous sommes préoccupés, & nous oublions que le sujet de la proposition est un substantif singulier & féminin.

Lorsqu'un adjectif modifie des substantifs de différents genres, il ne change ordinairement sa terminaison que pour prendre le pluriel : *cet homme & cette femme sont prudents*. Si on dit *prudents* & non pas *prudentes*, ce n'est pas, comme le pense les grammairiens, parce que le masculin est plus noble. Mais puisqu'il y a plus de raison pour faire l'adjectif masculin que pour le faire féminin; il est naturel qu'on lui laisse sa premiere forme, qui se trouve celle qu'il a plu d'appeler *genre masculin*.

Les adjectifs n'ont point de genres, lorsqu'ils se rapportent à des substantifs de genre différent.

Une preuve que la noblesse du genre n'est point une raison, c'est que l'adjectif se met toujours au féminin, lorsque, de plusieurs substantifs, celui qui le précéde immédiatement, est de ce genre. On dit : *il a les pieds & la tête nue*, & non pas *nus* : *il parle avec un goût & une noblesse charmante*, & non pas *charmants*. L'adjectif dégénére-t-il ici de sa noblesse, en prenant le genre féminin ?

Je dis donc que pour l'habitude où nous

sommes d'accorder, en genre & en nombre, l'adjectif avec le substantif, nous serions choqués de lire *tête nus, noblesse charmants*. C'est pourquoi nous disons *nue* & *charmante* au singulier & au féminin, quoique ces adjectifs se rapportent à deux substantifs de genre différent. Si nous n'avions pas cette raison pour leur donner la terminaison féminine, nous les laisserions dans leur premiere forme. En effet on dit, *mes pieds & ma tête sont nus*, & non pas *nue* ; parce que, dans cette phrase, *tête* & *nus* étant séparés l'un de l'autre, on ne pense plus à leur genre, & on se borne à mettre l'adjectif au pluriel.

Ils n'ont point de genre, lorsqu'ils se rapportent à une idée qui n'a point de nom.

Souvent le substantif n'est point énoncé, comme vous le voyez dans cette phrase, *il est dangereux*, employé pour *il y a du danger* : car *dangereux* est un adjectif, & nous prouverons que *il* en est un autre.

Quand je dis donc *il est dangereux*, je sens qu'il y a quelque chose de sous-entendu : c'est une idée à laquelle je ne puis donner aucun nom, & qui cependant est modifiée par les adjectifs *il* & *dangereux*. Or, puisque nous nous sommes fait une habitude de ne donner des genres qu'aux noms, cette idée qui n'a point de nom, n'a donc point de genre, &, par conséquent, *il* & *dangereux* n'en ont pas davantage. J'établirai donc pour regle, que les adjectifs n'ont point de genre, lorsqu'ils se rapportent à une idée plutôt qu'à un nom. En effet, pourquoi juger qu'ils sont alors au masculin ? N'est-il pas plus exact de ne voir ici que leur premiere forme, qui n'étant par elle-même d'aucun genre, ne devient masculin que par opposition à une autre forme que nous pouvons leur faire prendre, & que nous nommons féminine ?

CHAPITRE VI.

Du verbe.

Étymologie du mot verbe. D'APRÈS l'étymologie, *verbe* est la même chose que *mot* ou *parole*; & il paroît que le verbe ne s'est approprié cette dénomination, que parce qu'on l'a regardé comme le mot par excellence. Il est en effet l'ame du discours, puisqu'il prononce tous nos jugements.

Les observations, que nous avons à faire sur les verbes sont communes au verbe substantif & aux verbes adjectifs. Le verbe *être* est proprement le seul, &, à la rigueur, nous n'aurions pas besoin d'en avoir d'autre. Mais nous avons vu qu'il s'est introduit dans les langues des mots qui sont tout à la fois verbes & adjectifs : adjectifs, parce qu'ils expriment un attribut ; & verbes, parce qu'ils expriment encore la coexistence d'un attribut avec un sujet. Ce sont, comme nous l'avons dit, des expressions abrégées, équivalentes à deux éléments du discours. Dans ce chapitre & les suivants, nous traiterons indistinctement des verbes

verbes adjectifs & du verbe substantif *être*, parce que les observations, que nous avons à faire, sont communes à toutes les especes de verbes.

On distingue dans les verbes la personne qui parle, *je suis, j'aime ;* la personne à qui l'on parle, *tu es, tu aimes ;* & la personne dont on parle, *il est, il aime :* voilà le singulier. Au pluriel, les personnes ont d'autres noms, & il se fait quelque changement dans la terminaison des verbes. *Nous sommes, vous êtes, ils sont, nous aimons, vous aimez, ils aiment.* {On distingue, dans les verbes, les personnes,}

On distingue encore les temps, suivant qu'ils sont présents, passés ou futurs : *je suis, je fus, je serai, j'aime, j'aimai, j'aimerai.* {les temps,}

Les verbes prennent donc différentes formes, suivant qu'on parle à la premiere, à la seconde, à la troisieme personne ; & suivant qu'on parle au présent, au passé, au futur. Or, dans toutes ces formes, on affirme la coexistance de l'attribut avec le sujet.

Mais si j'affirme cette coexistence, lorsque je dis, *vous êtes tranquille* ; je ne l'affirme plus, lorsque je dis, *sois tranquille, je voudrois que* {les modes,}

Tom. I.   L

vous fussiez tranquille. Les verbes prennent donc encore différentes formes, suivant la maniere dont nous envisageons cette coexistence. Ce sont ces formes qu'on appelle *modes*, mot synonyme de *maniere*.

Nous allons traiter séparément des personnes, des temps & des modes.

CHAPITRE VII.

Des noms des personnes considérés comme sujets d'une proposition.

La premiere personne n'a que deux noms ; un pour le singulier *je*, un autre pour le pluriel *nous*. La seconde en a deux au singulier, *tu*, *vous* ; & celui-ci, est le même pour les deux nombres.

<small>Noms de la premiere & de la seconde personne.</small>

Sans doute, Monseigneur, on a, dans les commencements, dit *tu* à tout le monde, quelque fût le rang de celui à qui l'on parloit. Dans la suite, nos peres barbares & serviles imaginerent de parler au pluriel à une seule personne, lorsqu'elle se faisoit respecter ou craindre ; & *vous*, devint le langage d'un esclave devant son maître. Il arriva de là, que *tu* ne put plus se dire qu'en parlant à ses esclaves, à ses valets, ou à un homme fort inférieur.

<small>Usage de *tu* & *vous*.</small>

La familiarité qu'on prenoit avec ses inférieurs, on crut souvent pouvoir la prendre avec ses égaux, & l'usage introduisit le *tu* d'égal à égal, sur-tout entre les amis. Cependant, parce qu'il est difficile de concilier la familiarité avec la politesse, deux personnes, qui se tutoyent dans le tête à tête, ne croiront pas, par égard pour le public, devoir se tutoyer devant le monde. Les Poëtes ont conservé le *tu*, & en vers cette licence a de la noblesse, parce qu'on paroît s'égaler à son supérieur.

<small>Les noms de la premiere & de la seconde personne sont de vrais substantifs.</small>

Vous remarquerez que les noms de la premiere & de la seconde personne expriment bien mieux les vues de l'esprit, que ne seroient les noms propres. Ils expliquent clairement, l'un la personne qui parle, l'autre la personne à qui on parle. Vous ne vous feriez plus entendre, si vous vous nommiez, au lieu de dire *je*; & si au lieu de dire *vous*, vous vouliez faire usage du nom de celui à qui vous adresseriez la parole. Ces noms ne sont donc pas employés à la place d'aucun autre, & ce sont des vrais substantifs.

<small>Les noms de la troisieme personne sont différents, suivant les genres.</small>

Les noms de la premiere & de la seconde personne sont toujours les mêmes, au masculin comme au féminin : ceux de la troisieme sont différents, suivant les genres. On dit *il* au masculin, au féminin *elle*, *ils* & *elles* au pluriel.

<small>Origine de *il*.</small>

Du latin *ille*, *illa*, nous avons fait *il*, *elle*,

le, *la*, comme les italiens ont fait *il*, *egli*, *lo*, *ella*. Or, en latin *ille* eſt proprement un adjectif exprimé ou ſouſentendu. Il en eſt de même d'*il* en françois & d'*egli* en italien. Quand, par exemple, après avoir parlé du pêcher, je dis, *il eſt en fleurs*, *il* eſt alors pour *il pêcher* : mais, à conſulter l'étymologie, *il* & *le* ſont la même choſe ; c'eſt-à-dire, un adjectif qui détermine l'étendue qu'on donne au ſubſtantif *pêcher*. Anciennement nos peres employoient *il* pour *le* ; & c'eſt encore ainſi que les italiens parlent aujourd'hui : ils diſent *il conte*, le comte.

elle. Ce ſont de vrais adjectifs.

Il eſt donc prouvé qu'*il*, que nous prenons pour le nom de la troiſieme perſonne, eſt un adjectif qui détermine un ſubſtantif ſous-entendu. Ainſi, quand nous diſons, *il parle*, *il chante*, nous ſuppléons le ſubſtantif qui a été nommé auparavant.

Mais, quoique nous ſoyons dans l'habitude de ne pas plus prononcer le ſubſtantif que l'adjectif *il* modifie, nous nous le rappellons cependant ; &, en conſéquence, cet adjectif paroît en prendre la place. Nous croyons, par exemple, que *il* eſt pour *le pêcher*; & nous ſommes d'autant plus portés à le croire, que l'uſage ne permet pas de dire *il pêcher*. Voilà pourquoi on a donné à cet adjectif le nom de pronom ; c'eſt-à-dire, de mot mis pour un autre. Nous

Pourquoi on les a pris pour des noms mis à la place d'un autre.

traiterons ailleurs des pronoms : il suffit pour le préfent d'avoir confidéré *il* & *elle*, comme noms de la troifieme perfonne.

On, ainfi que *l'on*, nom de la troifieme perfonne, eft un fubftantif.

On, ainfi que *l'on*, eft encore un nom de la troifieme perfonne. Ils viennent par corruption ; le premier d'*homme* ; le fecond de *l'homme*. Ce mot eft un vrai fubftantif : il n'eft mis à la place d'aucun nom : il ne fe rapporte même à aucun, & il ne laiffe rien à fuppléer. En effet, dans *on joue*, *on*, eft le nom d'une idée qui exifte dans l'efprit, comme celle de tout autre fubftantif : feulement cette idée eft vague, & fi on dit *on*, c'eft qu'on ne veut déterminer ni quelles font les perfonnes qui jouent, ni quel en eft le nombre.

Ufage qu'on doit faire d'*on* & de *l'on*.

eft préférable à *l'on*, toutes les fois qu'il n'occafionne pas une prononciation défagréable. Dites *& l'on, il faut que l'on commence*, plutôt que *& on, il faut qu'on commence*.

CHAPITRE VIII.

Des temps (*).

CHAQUE forme, qu'on fait prendre au verbe, ajoute quelque idée accessoire à l'idée principale dont il est le signe. Avoir de l'amitié ou de l'amour est, par exemple, l'idée principale que le verbe *aimer* signifie dans toutes ses variations, & chaque variation exprime ce sentiment avec différents accessoires. Le présent est l'idée accessoire de la forme *j'aime*; le passé l'est de la forme *j'aimai*, & le futur, de la forme *j'aimerai*.

<small>Chaque forme du verbe ajoute quelque accessoire à l'idée principale dont il est le signe.</small>

Le présent *j'aime* est simultané avec l'acte de la parole : le passé *j'aimai* est antérieur à cet

<small>Trois époques d'après les-</small>

(*) Le système de Mr. Beauzée sur les temps me parut, au premier coup d'œil, aussi solide qu'ingénieux. Cependant, après un mûr examen, je crus devoir l'abandonner. Mais les vues de ce grammairien m'ont donné des lumieres, & j'ai refait ce chapitre.

quelles on dé- acte; & le futur *j'aimerai* lui est postérieur. Le
termine le moment où nous parlons est donc comme un
présent, le point fixe, par rapport au quel nous divisons le
passé & le fu- temps en différentes parties, que je nommerai
tur. *époques*.

Or, on peut distinguer trois especes d'époques : l'époque actuelle qui est le moment où nous parlons, des époques qui ne sont plus, & qu'on nomme antérieures; & des époques qu'on nomme postérieures, parce qu'elles ne sont pas encore. Ainsi comme l'idée d'actualité constitue le présent; l'idée d'antériorité constitue le passé, & l'idée de postériorité constitue le futur.

Un verbe est donc au présent, lorsqu'il exprime un rapport de simultanéité avec l'époque actuelle : il est au passé, lorsqu'il exprime un rapport de simultanéité avec une époque antérieure; & il est au futur, lorsqu'il exprime un rapport de simultanéité avec une époque postérieure. En un mot, il est au passé, au présent, & au futur, suivant que l'époque, avec laquelle il exprime un rapport de simultanéité, est antérieure, actuelle ou postérieure.

Il est vrai que ce qui est simultané avec une époque, soit antérieure, soit postérieure, est présent par rapport à cette époque. Mais si, en conséquence, on vouloit regarder, comme des présents, *j'aimai* & *j'aimerai*, on confondroit tout : il n'y auroit plus ni passé ni futur, puisque tout ce qui arrive, est nécessairement simultané avec une époque quelconque.

L'époque peut être déterminée ou indéterminée. Quand je dis, *j'allois*, cette forme marque une époque qui est déterminée par la suite du discours ou par quelques circonstances. Par la suite du discours si je dis, *j'allois chez vous lorsqu'il m'est survenu une affaire*, & alors l'époque est antérieure, par une circonstance : si c'est au moment que je rencontre une personne que je lui dis, *j'allois chez vous*, & alors l'époque est actuelle.

<small>Les époques auxquelles se rapportent les formes du passé pourront être déterminées ou indéterminées</small>

Vous voyez donc, Monseigneur, que *j'allois* peut être un passé ou un présent : *j'ai été*, au contraire, est toujours un passé ; & lorsque je me sers de cette forme, je puis dire à mon choix, en déterminant une époque ; *j'ai été hier à Colorno* ; ou sans en terminer aucune, *j'ai été à Colorno*.

Ainsi, parce que l'action du verbe ne peut pas ne pas être simultanée à une époque quelconque, cette idée de simultanéité est une accessoire commun aux deux formes *j'allois* & *j'ai été* ; mais ces deux formes diffèrent en ce qu'avec *j'allois* l'époque est nécessairement déterminée, & elle est antérieure ou actuelle ; au lieu qu'avec *j'ai été* elle est déterminée ou ne l'est pas, à notre choix, & elle est toujours antérieure.

<small>Il en est de même des époques, aux quelles se rapportent les formes du futur.</small>

Les époques, aux quelles se rapportent les formes du futur sont également déterminées, ou indéterminées. Quand je dis, *j'acheverai cet ouvrage*, j'ai la liberté de déterminer une époque ou de n'en point déterminer. Mais si je disois, *j'aurai achevé*, il faudroit absolument déterminer une époque, en ajoutant; *dans peu de temps, demain, quand vous reviendrez*.

Ces deux futurs ont donc l'un & l'autre un rapport de simultanéité à une époque postérieure. Mais avec *j'acheverai* cette époque peut-être déterminée ou ne l'être pas ; & avec *j'aurai achevé*, il faut nécessairement qu'elle le soit.

<small>Il n'y a qu'un présent dans les verbes.</small>

L'époque actuelle ne sauroit être plus ou moins présente : car ou elle est simultanée avec le moment où je parle, ou elle ne l'est pas. Si elle l'est, elle est présente : si elle ne l'est pas, elle est antérieure ou postérieure ; &, par conséquent, passée ou future. Il n'y a donc qu'un maniere d'envisager le présent, &

il n'y a aussi qu'un seul présent dans chaque verbe, *j'aime*.

Il n'en est pas de même du passé & du futur. Nous pouvons les considérer l'un & l'autre sous différents points de vue. Aussi avons-nous des passés plus ou moins passés, & des futurs plus ou moins futurs, suivant que les époques sont elles-mêmes plus ou moins antérieures, plus ou moins postérieures. Il y a dans les verbes des passés plus ou moins passés, & des futurs plus ou moins futurs.

Je viens de faire, je faisois, je fis, j'ai fait, j'avois fait, j'eus fait, j'ai eu fait sont autant de passés différents. Ce sont des passés, parce qu'ils ont un rapport de simultanéité avec une époque antérieure; & ils sont différents parce que l'époque n'est pas la même pour tous. Différentes especes de passés.

Je viens de faire est un passé prochain : il signifie *il n'y a qu'un moment que j'ai fait*.

Je faisois n'est ni prochain ni éloigné : mais il devient l'un & l'autre par la suite du discours. *Il n'y a qu'un moment qu'il faisoit beau, il faisoit chaud l'été dernier*. Cette forme peut même devenir l'expression du présent : nous avons donné pour exemple, *j'allois chez vous*, lorsqu'on parle à une personne qu'on rencontre.

L'époque, avec laquelle *je faisois* a un rapport de simultanéité, peut-être considérée comme une période où l'on est encore, ou comme une période où l'on n'est plus. Si on dit, *je travaillois aujourd'hui à cet ouvrage*, l'action du verbe se rapporte à une période où l'on est encore ; & elle se rapporte à une période où l'on n'est plus, si on dit, *je travaillois hier*.

Or, *je fis* & *j'ai fait*, qui diffèrent de *je faisois* en ce qu'ils supposent tous deux une antériorité plus ou moins éloignée, diffèrent l'un de l'autre en ce que le premier se dit d'une période où l'on n'est plus, *je fis hier*; & que le second se dit d'une période où l'on est encore, *j'ai fait aujourd'hui*. Il est vrai qu'on peut dire *j'ai fait hier* : mais on parleroit mal, si on disoit, *je fis aujourd'hui*.

Je fis hier est antérieur à la période actuelle, qui est le jour où nous sommes : *j'ai fait aujourd'hui* est antérieur à l'époque actuelle qui est l'acte de la parole. *J'avois fait, lorsqu'il arriva* est antérieur à une époque qui est elle-même antérieure. Car *j'avois fait* est antérieur à *arriva*, & *arriva* l'est à l'époque actuelle. Voilà ce qui distingue *j'avois fait* des passés précédents, *je fis*, *j'ai fait*.

À cette question *soupâtes vous hier de bonne heure ?* on répondra *je soupai* ou *j'eus soupé à dix heures*. À celle-ci, *avez-vous soupé aujourd'hui de bonne heure ?* on répondra *j'ai soupé*, ou *j'ai eu soupé à dix heures*.

Vous voyez, Monseigneur, par ces exemples, que *j'ai soupé*, comme *je soupai*, se rapporte à une période qui est finie; & que *j'ai eu soupé*, comme *j'ai soupé*, se rapporte à une période qui dure encore. On dit, *j'eus soupé hier*; & on ne dira pas, *j'eus soupé aujourd'hui*.

Nous avons remarqué que le passé *j'ai fait* se dit également d'une période dans laquelle on n'est plus, & d'une période dans laquelle on est encore : il n'en est pas de même du passé *j'ai eu fait*. On parleroit mal, si on disoit *j'ai eu fait hier*, il faut dire *j'eus fait*. Le passé *j'ai eu fait* ne s'emploie donc qu'en parlant d'une période qui n'est pas finie, *aujourd'hui dès que j'ai eu soupé, je suis sorti*; *hier dès que j'eus soupé, je sortis*.

Quand on dit *je fis* ou *j'ai fait*, on indique l'époque où la chose se faisoit : quand, au contraire, on dit *j'eus fait* ou *j'ai eu fait*, on indique l'époque où la chose étoit faite, on distingue donc ces deux passés par les époques différentes auxquelles on les rapporte

174   GRAMMAIRE.

Formes de passés que quelques grammairiens proposent, & que l'usage n'autorise pas.

Voilà, je pense, tous les passés que l'usage autorise. Quelques grammairiens, néanmoins, en ont encore imaginé deux autres. Comme on dit *j'ai eu fait*, ils disent, par analogie, *j'eus eu fait* & *j'avois eu fait*. Mais je ne sais si on trouveroit des exemples de ces passés ailleurs que dans leurs grammaires.

On a été fondé à distinguer *j'ai fait* de *j'ai eu fait*, puisque ces deux passés se rapportent à des époques différentes : l'un se dit du temps où l'on agissoit, & l'autre du temps où l'on a fini d'agir.

Si on disoit, *aussi-tôt que j'eus eu soupé, je sortis*, ou *j'avois eu soupé, quand il arriva*, le sens seroit exactement le même que si on avoit dit, *aussi-tôt que j'eus soupé, je sortis, j'avois soupé, quand il arriva*. Or, dès que ces deux passés, *j'eus eu fait* & *j'avois eu fait*, n'expriment que ce qu'on auroit pu dire avec les passés *j'eus fait* & *j'aurois fait*, ils sont au moins tout à fait inutiles & on doit les rejeter.

Différentes especes de futur.

Comme nous avons plusieurs passés, nous avons aussi plusieurs futurs.

Je ferai a un rapport de simultanéité avec une époque postérieure. C'est donc un futur. Il a cela de particulier, que l'époque peut, à notre choix, être déterminée ou ne l'être pas : je puis dire, *je ferai*, fans ajouter quand ; & je puis dire, *je ferai demain*.

J'aurai fait, au contraire, eft un futur dont il faut que l'époque foit déterminée. On dira, par exemple, *j'aurai fait, quand vous arriverez*. Or, *quand vous arriverez* détermine l'époque. Vous voyez encore que *j'aurai fait* différe de *je ferai*, en ce qu'il renferme deux rapports, un rapport de poftériorité à l'époque actuelle, & un rapport d'antériorité à une époque qui n'eft pas encore. En effet, *j'aurai fait* eft poftérieur à l'acte de la parole, antérieur à *quand vous arriverez*.

Enfin *je vais faire*, qui fignifie *je ferai dans un moment*, eft un futur prochain.

Il y a des grammairiens qui mettent, parmi les futurs, les expreffions fuivantes: *je dois faire, j'ai à faire*. Pour juger fi c'eft avec fondement, commençons par les analyfer.

Formes de futurs que quelques grammairiens propofent, & qu'on ne peut pas admettre.

Si *je dois faire* fignifioit *il eft de mon devoir, je fuis dans l'obligation*, il eft évident que ce feroit un préfent.

Si, au contraire, je voulois dire qu'il eft

arrêté que je ferai, ou que je ferai parce que je l'ai arrêté ; il me paroîtroit plus naturel de regarder cette expression comme l'équivalent de deux phrases, dont l'une est futur, & l'autre un présent ou un passé.

Il est vrai que *je dois faire* paroît quelquefois l'expression du futur. Par exemple, si je dis, *je crains le jugement que vous devez porter de mon ouvrage; devez porter* est pour *porterez*. Mais observons les accessoires qui distinguent ces deux tours.

Si je ne doute pas que vous ne portiez un jugement, je préférerai de dire, *je crains le jugement que vous porterez de mon ouvrage;* & je dirai au contraire, *je crains le jugement que vous devez porter*, si je présume que votre jugement ne me sera pas favorable. *Porterez* a donc pour accessoire la persuasion où je suis que vous jugerez mon ouvrage ; & l'accessoire de *devez porter*, est la présomption où je suis, que vous n'en jugerez pas favorablement. Or, seroit-on fondé, d'après ces accessoires, à regarder ces expressions comme deux futurs différents ? En effet, qu'est-ce qui constitue le futur ? C'est un rapport de simultanéité avec une époque postérieure. On n'en peut donc admettre de plusieurs espèces, qu'autant que les époques, avec lesquelles ils
ont

ont un rapport de simultanéité, ne sont pas les mêmes. On les multiplieroit à l'infini, si on les distinguoit d'après tous les accessoires, qui les peuvent accompagner.

J'ai à faire, signifie, *je ferai, parce qu'il faut, parce qu'il convient que je fasse, parce que je me suis proposé de faire.* Le rapport de simultanéité est donc le même avec cette expression qu'avec *je ferai*, & l'époque est la même encore. *J'ai à faire*, quoiqu'il soit accompagné d'accessoires qui lui sont particuliers, n'est donc pas un futur différent de *je ferai*. Il se pourroit même que cette expression ne fut pas un futur ; & c'est ce qui arrive toutes les fois qu'elle signifie, *il me convient de faire, je me suis proposé de faire.*

CHAPITRE IX.

Des modes.

Mode indicatif. Tous les temps, Monseigneur, que nous avons expliqués, affirme la coexistence de l'attribut avec le sujet. Or, c'est de ces temps que les grammairiens ont fait le mode qu'ils nomment *indicatif*. Rassemblons les.

Présent. . . . *Je fais.*

Passé, qui paroît quelquefois se confondre avec le présent, & qui se rapporte à une époque déterminée par la suite du discours, ou par quelque circonstance, . *je fesois.*

Passés qui se rapportent à une période où l'on n'est plus, il y en a deux : l'un marque plus particulierement le temps où la chose se faisoit, . . . *je fis.*

L'autre marque le temps où la chose étoit faite, . . j'eus fait.

Passés qui se rapportent à une période où l'on est encore. Il y en a également deux ; & la différence entre-eux est la même qu'entre les passés précédents. L'un indique donc le temps où la chose se faisoit, . . . j'ai fait.

Et l'autre celui où la chose étoit faite, . . . j'ai eu fait.

Passé antérieur à une époque qui est elle-même antérieure à l'époque actuelle, . . j'avois fait.

Futur dont l'époque peut être ou n'être pas déterminée, . . je ferai.

Futur dont l'époque doit être déterminée, . . . j'aurai fait.

En observant ces temps, vous voyez, Monseigneur, que l'affirmation se retrouve dans tous. L'affirmation est donc l'accessoire qui caractérise le mode indicatif.

M 2

Impératif.

Mais si au-lieu de dire *tu fais, vous faites*, je dis *fais, faites*, l'affirmation disparoît, & la coexistence de l'attribut avec le sujet n'est plus énoncée que comme pouvant ou devant être une suite de mon commandement. Cet accessoire, substitué au premier, a fait donner à cette forme le nom de *mode impératif*.

Fais, faites, paroissent au présent, parce que celui qui commande, semble vouloir que la chose se fasse à l'instant même. Cependant ce sont de vrais futurs, puisqu'on ne peut obéir que postérieurement au commandement. Aussi commandons-nous avec les futurs de l'indicatif, *tu feras, vous ferez*.

Ayez fait, autre forme de l'impératif, est également un futur : *ayez fait, quand j'arriverai*, est pour le fond la même chose que, *vous aurez fait, quand j'arriverai*. Voilà tous les temps de ce mode : il n'a point de passé, & on voit qu'il n'en peut pas avoir.

Le futur de l'impératif n'est qu'un simple commandement ; celui de l'indicatif, quand il est employé dans le même sens, est un commandement plus positif, une volonté plus absolue dont on ne permet pas d'appeller. Si après avoir dit, *faites*, ou *ayez fait*, on ne paroissoit pas disposé à m'obéir ; j'insisterois en disant, *vous ferez, vous aurez fait*, & par-là je déclarerois que je ne veux ni excuse ni retardement.

Je fais affirme, *fais* commande, *je ferois* affirme aussi ; mais l'affirmation n'est pas positive, comme dans l'indicatif, elle est conditionnelle : *je ferois, si j'en avois le temps*. Cette condition est l'accessoire d'un mode que je nomme *conditionnel*. — Mode conditionnel.

La forme *je ferois* est un présent ou un futur, suivant les circonstances du discours ; & on peut l'employer, sans déterminer aucune époque. *Je ferois actuellement votre affaire, si vous m'en aviez parlé plutôt*, est un présent : *je ferois votre affaire avant qu'il fût peu, si elle dépendoit uniquement de moi*, est un futur : enfin *je ferois le voyage de Rome, si j'étois plus jeune*, est un futur dont l'époque peut à notre choix, être ou n'être pas déterminée : en général cette forme exprime presque toujours un futur : *je l'attends, il m'a promis qu'il viendroit bientôt*. *Viendroit* est pour *viendra*, & l'usage le préfère, parce que l'exécution de ce qu'on promet, dépend toujours de quelques conditions exprimées ou supposées.

Au passé, on dit, *j'aurois fait votre affaire, si vous m'en aviez parlé, ou j'eusse fait votre affaire, si vous m'en eussiez parlé.* Il me paroît que la différence entre ces deux temps consiste en ce que *j'aurois fait*, marque plus particulierement le temps où l'affaire auroit été entreprise, & que *j'eusse fait*, marque plus particulierement le temps où elle eut été finie. *J'aurois fait*, signifie, *je me serois occupé à faire*, & *j'eusse fait*, signifie, *elle seroit faite.*

On dit encore *j'aurois eu fait*, & c'est un passé antérieur à un autre passé. *Si vous m'aviez écrit, j'aurois eu fait votre affaire, avant que vous fussiez arrivé :* dans cet exemple, *j'aurois eu fait*, est antérieur à *avant que vous fussiez arrivé*, qui l'est lui-même à l'époque actuelle. Je ne sais si on peut dire *j'eusse eu fait.* Je ne vois pas en quoi il différeroit de *j'aurois eu fait.*

Subjonctif. Nous avons distingué des propositions principales & des propositions subordonnées. Or, une proposition principale renferme toujours une affirmation positive ou conditionnelle, avec un rapport déterminé au présent, au passé ou au futur. Le verbe de ces propositions doit donc prendre ses formes dans le mode indicatif, *je fais, j'ai fait*, ou dans le mode conditionnel, *je ferois, j'aurois fait*.

Il arrive souvent qu'on trouve aussi, dans les propositions subordonnées, la même affirmation positive ou conditionnelle, avec un rapport déterminé au présent, au passé ou au futur ; & alors il faut que le verbe de cette proposition, comme celui de la principale, emprunte également ses formes du mode indicatif ou du mode conditionnel : on dit *je crois que vous FAITES, que vous avez FAIT, je croyois que VOUS FERIEZ que VOUS AURIEZ FAIT*.

Mais il y a des propositions subordonnées, dont le verbe, n'ayant pas un rapport déterminé à un temps plutôt qu'à un autre, est, suivant les circonstances du discours, présent, par exemple, ou futur, quoi qu'on lui conserve toujours la même forme. Si on me dit de quelqu'un, *il part*, je puis répondre, *je ne crois pas qu'il parte*; & si on me dit, *il partira*, je puis également répondre, *je ne crois pas qu'il PARTE*. Par où vous voyez que *parte*, indéterminé par lui-même à être présent ou futur, devient tour-à-tour l'un & l'autre par les circonstances du discours.

De même soit qu'on dise *il est parti*, ou *il partira*, je puis répondre, *je ne croyois pas qu'il partît*. *Qu'il partît* est donc tour-à-tour passé ou futur.

Que j'aie fait, autre forme qu'on emploie dans les propositions subordonnées, est également indéterminée, & peut se rapporter, suivant les circonstances, à des époques différentes. Vous voyez un passé dans *il a fallu* QUE J'AIE CONSULTÉ, & un futur dans *je n'entreprendrai rien* QUE JE N'AIE CONSULTÉ. . . .

Il en est de même de la forme suivante, *que j'eusse fait*. Tantôt elle exprime un passé ; *je ne croyois pas que vous eussiez fait sitôt :* tantôt elle exprime un futur, *je voudrois que vous eussiez fait avant mon retour.*

Toutes ces nouvelles formes, qu'on fait prendre au verbe dans les propositions subordonnées, expriment donc avec un rapport indéterminé au temps. Or, cette indétermination est l'accessoire qui constitue le mode qu'on nomme *subjonctif*. Il paroît que, dans ce mode, le verbe, étant subordonné aux circonstances du discours, tient plus d'elles que de sa forme, les rapports d'antériorité, d'actualité ou de postériorité qu'il exprime ; & que les différentes formes du subjonctif sont moins destinées à distinguer les temps, qu'à marquer la subordination du verbe de la proposition subordonnée au verbe de la proposition principale.

Nous avons analysé quatre modes, l'indicatif, l'impératif, le conditionnel & le subjonctif. Il nous reste à observer l'infinitif.

L'infinitif est un nom substantif.

Après avoir supposé que le mot *être* avoit signifié successivement *voir*, *entendre*, *toucher*, nous avons vu comment, étant devenu un terme général & abstrait, il n'a plus signifié aucune de ces choses en particulier. Alors il a été le signe d'une idée générale, commune à *voir*, à *entendre*, à *toucher*, & qui n'est proprement ni *voir*, ni *entendre*, ni *toucher*.

Ce verbe ainsi généralisé pouvoit être joint à des adjectifs, & nous aurions pu dire *être faisant*, *être dormant*. Mais au lieu d'employer ces éléments du discours, nous avons imaginé des expressions plus abrégées, qui leur sont équivalentes, & nous avons fait les verbes *faire*, *dormir*.

Or, *être*, *faire*, *dormir*, qu'on pourroit

peut être regarder comme la premiere forme des verbes, font ce qu'on appelle des *infinitifs*.

On peut ici obferver deux chofes. La premiere, c'eft que l'infinitif, quoique fubordonné à une propofition, n'en fauroit former une. Dans *je veux que vous faffiez*, *que vous dormiez*, les formes du fubjonctif, *vous faffiez*, *vous dormiez*, font deux propofitions : au contraire fi je dis, *je veux faire*, *je veux dormir*, vous n'appercevez point de propofitions dans *faire* ni dans *dormir*, vous n'y voyez qu'une action ou un état.

Une autre chofe à obferver, c'eft que, dans l'infinitif, l'indétermination eft encore plus fenfible que dans le fubjonctif. Car ce mode qui, par lui-même, ne fe rapporte à aucune époque, femble pouvoir fe rapporter à toutes. *Faire*, par exemple, paroît préfent dans *je puis faire*, paffé dans *j'ai pu faire*, futur dans *je pourrai faire*. Mais, à mieux juger des chofes, c'eft *je puis* qui eft préfent, *j'ai pu* qui eft paffé, *je pourrai* qui eft futur, & *faire* n'eft pas plus préfent, paffé & futur dans ces phrafes, que le feroit dans celle-ci le fubftantif *maifon*, *j'ai une maifon*, *j'ai eu une maifon*, *j'aurai une maifon*. En effet, Monfeigneur, fi vous confidérez que, lorfque le verbe est à l'infinitif, nous faisons abstraction de tous les accessoires qu'il a pris dans les autres modes, vous en conclurez que nous faisons abstraction des rapports d'actualité, d'antériorité & de postériorité, & que, par conséquent, il ne peut plus exprimer aucun de ces rapports.

Qu'est-ce donc que le verbe à l'infinitif ? vous voyez que, puisqu'il est dépouillé de tous les accessoires qu'il avoit dans les autres modes, il ne peut plus être qu'un nom substantif, qui exprime une action ou un état. Il y a même bien des occasions où l'on ne peut pas s'y méprendre : nous disons, par exemple, *mentir est un crime* pour *le mensonge est un crime*.

Puisqu'on multiplie les verbes, en composant une idée totale de l'idée du verbe substantif & de celle de quelque adjectif, il faut qu'en décomposant cette idée, on retrouve un adjectif dans les verbes d'action & dans les verbes d'état. Or, cet adjectif est ce qu'on nomme *participe*, & il y en a deux : l'un est le participe du présent, ainsi nommé d'après ce qu'il paroît être, *faisant* ; l'autre est le participe du passé, qui concourt aux formes composées des temps passés, *fait*. Ces noms participent de l'adjectif & du verbe ; de

Les participes sont des adjectifs.

l'adjectif en ce qu'ils modifient un substantif, du verbe en ce qu'ils le modifient avec un rapport de simultanéité à une époque quelconque. Je dis *à une époque quelconque*, parce qu'ainsi que l'infinitif *faire*, ils ne sont ni passés, ni présents, ni futurs. Quand nous traiterons particulierement de ces noms, nous verrons que ce sont souvent encore de vrais substantifs.

L'infinitif avoir, joint à un participe, est un nom substantif.

Comme on a dit à l'indicatif, *j'ai fait*, *j'avois fait*, on a dit à l'infinitif, *avoir fait*, & cette forme a paru exprimer un passé ou un futur : un passé antérieur à un autre passé, *après avoir fait, il partit* ; un futur antérieur à un autre futur, *il faudra avoir fait, quand j'arriverai* : mais si le verbe, à l'infinitif, ne conserve aucun des accessoires qu'il avoit dans les autres modes, comment *avoir fait* pourroit-il être un passé ou un futur ? Je vois un passé dans *il partit*, & un futur dans *il faudra* : je ne vois qu'un nom dans *avoir fait*, & à ce nom j'en pourrois substituer un autre, *la chose faite*, par exemple : *après la chose faite il partit, la chose faite faudra, quand j'arriverai*.

Outre les participes dont la forme est simple, *faisant* & *fait* il y en a un autre dont la forme est composée, *ayant fait*.

Vous voyez que ce participe est encore un adjectif.

Nous avons observé & expliqué toutes les variations du verbe dans ses différents temps & dans ses différents modes. C'est de là que se forment les conjugaisons dont nous allons traiter.

CHAPITRE X.

Des conjugaisons.

<small>Comment on a distingué quatre conjugaisons.</small> Nous venons de voir que lorsque nous considérons les infinitifs *faire*, *aimer*, nous faisons abstraction de tous les accessoires que le verbe exprime dans ses temps & dans ses modes. Donc si nous regardons cette forme comme la premiere que les verbes ont eue, nous verrons que, suivant les variations dont elle sera susceptible, elle ajoutera différents accessoires à la signification des verbes.

Or, on a remarqué que les infinitifs ont des terminaisons différentes. Ils se terminent en *er* comme *aimer*, en *ir* comme *finir*, en *oir* comme *recevoir*, en *re* comme *rendre*, *faire*. Toutes les terminaisons des infinitifs peuvent se rapporter à ces quatre.

Alors, ayant observé tous les verbes dont l'infinitif se termine en *er*, on vit que, dans leurs temps & dans leurs modes, ils prennent en général les mêmes formes qu'*aimer*. On regarde donc les variations de ce verbe, comme le modele des variations de tous ceux qui se terminent de la même maniere, & on en fit une classe, sous le nom de premiere conjugaison. On imagina de même trois autres conjugaisons, parce qu'on fit de pareilles observations sur les verbes en *ir*, en *oir* & en *re*.

Alors conjuguer un verbe fut lui faire prendre successivement, sur le modele d'un verbe qui servoit de regle, toutes les formes que nous avons analysées ; c'est-à-dire, les formes de l'indicatif, de l'impératif, du mode conditionnel, du subjonctif & de l'infinitif.

Dès que chaque conjugaison eut un modele, on fut fondé de regarder comme singuliers, tous les verbes, qui ayant à l'infinitif la même terminaison que celui qui servoit de regle, se conjuguoient exactement de la même maniere. *Calmer* par exemple, fut régulier, parce que, dans tous ses temps & dans tous ses modes, il se conjugue comme *aimer*.

En considérant les verbes par rapport aux conjugaisons, on en distingue de trois especes.

En conséquence, on mit, parmi les verbes irréguliers, ceux dont les variations n'étoient pas conformes à celles du verbe qui devoit servir de modele : & on nomma *défectueux*, ceux qui manquoient de quelque temps ou de quelque mode. *Aller*, par exemple, fut un verbe irrégulier, parce qu'il se conjugue différemment d'*aimer* : *faillir* fut un verbe défectueux, parce qu'il n'est en usage qu'à l'infinitif *faillir* & aux passés, *je faillis*, *j'ai falli*, *j'avois failli* : *querir* est plus défectueux encore : il ne se dit qu'à l'infinitif.

En considérant les verbes par rapport aux conjugaisons, il y en a donc de trois especes : réguliers, irréguliers & défectueux.

<small>Verbes auxiliaires.</small> Nous remarquons dans les conjugaisons des formes simples *je fais*, *je fis*, *je sors*, *je sortis*; & des formes composées, *j'ai fait*, *j'avois fait*, *je suis sorti*, *j'étois sorti*.

Les verbes *avoir* & *être*, qui entrent dans les formes composées, & qui se joignent au participe du passé, se nomment *verbes auxiliaires*, parce qu'ils concourent à la formation des temps. Nous en traiterons dans le chapitre suivant.

Aller est aussi un verbe auxiliaire dans la formation du futur prochain, *je vais faire*; & *venir*

nir en est un autre dans la formation du passé prochain, *je viens de faire*. L'usage qu'on fait de ces deux verbes, ne souffre aucune difficulté. Nous verrons qu'il n'en est pas de même des auxiliaires *avoir* & *être*.

Il faut remarquer, Monseigneur, qu'un verbe, lorsqu'il devient auxiliaire, ne conserve pas exactement sa premiere signification; par exemple, dans *avoir fait* & *avoir des vertus*, l'idée qu'offre le verbe *avoir*, n'est pas certainement la même. Vous voyez par là pourquoi *devoir* ne peut pas être mis parmi les auxiliaires : c'est que lorsqu'on dit *je dois faire*, *je dois* conserve exactement sa premiere signification. Il signifie toujours, *il est arrêté*, ou *il faut*.

Le verbe substantif peut être employé avec le participe du présent, *Pierre est aimant*, & avec le participe du passé, *Pierre est aimé* : il est, dans ces deux phrases, le même verbe, dont le propre est d'exprimer la coexistence de l'attribut avec le sujet. La distinction des verbes actifs, passifs & neutres ne doit pas être admise dans notre langue.

Or, quand on dit, *Pierre est aimant*, Pierre est le sujet de l'action, comme il l'est de la proposition; c'est lui qui agit; au contraire, il n'est plus le sujet de l'action, quand on dit;

Pierre est aimé. Il en est l'objet : il n'agit donc plus, & c'est ce qu'on appelle *être passif.*

Etre aimant renferme deux éléments, auxquels nous pouvons substituer *aimer* ; verbe adjectif, que nous avons nommé *verbe d'action*, & que les Grammairiens nomment *verbe actif.*

Etre aimé renferme également deux éléments, auxquels les latins substituoient *amari*, verbe qu'ils nommoient *passif*, parce que dans les modes de ce verbe, le sujet est l'objet de l'action.

Notre langue ne peut rien substituer à de pareils éléments. Elle n'a donc point de verbe passif. En effet, c'est avec les participes du passé, joints aux différentes formes du verbe *être*, que nous traduisons les verbes passifs des latins.

Comme on a nommé *verbes actifs*, ceux dont l'action se termine à un objet différent du sujet de la proposition ; & *verbes passifs*, ceux dont le sujet de la proposition est l'objet même de l'action ; les verbes actifs & les verbes passifs ont emporté l'idée d'un objet sur lequel une action se termine. En conséquence, les Grammairiens ont appellé *verbes neutres* ; c'est-à-dire, qui ne font ni actifs ni paſſifs, tous ceux où ils ne voyoient point d'action, *repoſer*, *dormir*, & tous ceux où ils voyoient une action qui ne ſe terminoit pas ſur un objet, *marcher*, *rire*. Comme nous n'avons point de verbes paſſifs, il me paroît inutile d'admettre des verbes neutres. Il nous ſuffit, par conſéquent, de diſtinguer les verbes en deux claſſes, en verbes d'action & en verbes d'état.

Les Grammairiens diſtinguent encore trois eſpeces de verbes, dont je ne vois pas l'utilité : des verbes *réfléchis*, dont l'action réfléchit en quelque ſorte ſur le ſujet, *je me connois*, *je me trompe* ; des verbes *réciproques* dont l'action réfléchit alternativement d'un ſujet ſur un autre, *Pierre & Paul ſe battent* ; enfin des verbes qu'ils appellent improprement *imperſonnels*, parce qu'ils ne s'emploient ni avec la premiere, ni avec la ſeconde perſonne, *il faut*, *il pleut*. Si on s'obſtinoit à diſtinguer les verbes par des acceſſoires auſſi étrangers à leur uſage, on en trouveroit de bien des eſpeces, ſouvent même dans un ſeul verbe. *Aime*, par exemple, ſeroit actif, réfléchi, réciproque, neutre, & tout ce qu'on voudroit. Il eſt néceſſaire d'analyſer ; mais il y a un terme où il faut s'arrêter. Les analyſes inutiles n'éclairent pas, & elles embarraſſent.

Ni celle des verbes réfléchis, réciproques & imperſonnels.

Si vous remarquez, Monseigneur, que je n'ai pas donné des noms à tous les temps des verbes, je vous répondrai que je ne crois pas devoir adopter ceux qui sont en usage parmi les Grammairiens.

Fausses dénominations qu'on a données aux temps des verbes.

On appelle *je ferois*, *prétérit imparfait* ; *je fis* & *j'ai*, *prétérit parfait* ; & *j'avois fait*, *plusque parfait*. On dit encore que *je fis* est un *prétérit défini*, & *j'ai fait*, un *prétérit indéfini*. Enfin, on donne à *je fis*, le nom de *prétérit simple*, & à *j'ai fait* & *j'avois fait*, celui de *prétérit composé*.

Voilà les noms généralement usités. Il y a des grammaires où on en trouve encore d'autres que je ne rapporterai pas. Vous pouvez juger, à cette multitude de noms, de l'embarras où ont été les Grammairiens. En effet, plus ils ont fait d'efforts, moins ils ont réussi, & nous ne savons plus comment nommer les temps.

Pour moi, j'avoue que je n'ai jamais pu comprendre ce qu'ils entendent par *imparfait*, *parfait*, *plusque parfait*, *défini*, *indéfini* : je comprends mieux ce qu'ils veulent dire par *simple* & *composé*. Ces noms marquent au moins les formes que le verbe prend au passé : mais ils n'expriment aucun des accessoires que ces formes réveillent ; & c'est néanmoins d'après ces accessoires, qu'il auroit fallu nommer les temps.

En effet les noms seroient bien choisis, s'ils étoient comme le résultat des analyses de chaque temps. C'est ainsi qu'on a fait ceux de *passé prochain* & de *futur prochain*. Mais de pareils noms seroient difficiles à imaginer, & quand on les proposeroit, le public ne les adopteroit pas. Ce seroient des dénominations métaphysiques, dont les idées échapperoient souvent aux métaphysiciens mêmes; & cependant la grammaire doit être à la portée de tout homme capable de réflexion. On pourroit employer un moyen plus simple.

Le verbe *faire* varie dans tous ses temps & dans tous ses modes. Or, pourquoi les variations dont on auroit fait l'analyse, ne serviroient-elles pas de dénominations aux variations des autres verbes ? Pourquoi ne diroit-on pas le passé *je fis* du verbe *aimer* & *j'aimai*; le futur *je ferai* & *j'aimerai*, &c. de pareilles dénominations ne seroient point métaphysiques ; elles n'exigeroient de la part de l'esprit aucune contention, & elles rappelleroient d'une manière précise, à celui qui auroit bien analysé, les accessoires, comme les formes, de chaque temps.

Moyen d'y suppléer.

Il ne me resteroit plus, Monseigneur, qu'à terminer ici, d'après ce plan, les différentes conjugaisons des verbes. Mais pourquoi vous donner la peine d'apprendre de moi ce que vous apprendrez de l'usage sans effort. Je crois donc devoir me borner à mettre les conjugaisons à la fin de cette grammaire, afin que vous puissiez les consulter au besoin.

CHAPITRE XI.

Des formes composées avec les auxiliaires, ÊTRE ou AVOIR.

On dit *je suis aimé, j'étois aimé, je fus aimé, j'ai été aimé,* &c. Ainsi pour traduire le verbe passif *amari,* être aimé, il suffit de connoître d'un côté le participe *aimé*; & de l'autre, la conjugaison du verbe *être.* Alors, pour exprimer une même idée, nous employons, comme nous l'avons remarqué, les éléments auxquels en latin on substituoit une expression plus abrégée. <small>Le verbe *être* entre dans les formes composées qui expriment l'état du sujet, & le verbe *avoir* entre dans les formes composées qui expriment l'action.</small>

Or, *je suis aimé* exprime l'état du sujet, & *j'ai aimé* en exprime l'action. Nous pouvons donc poser, pour regle générale, que le verbe *être* entre dans les formes composées qui expriment l'état, & que le verbe *avoir* entre dans les formes composées qui expriment l'action.

Cette regle souffre une exception; car, <small>Exception à</small>

cette regle. quoiqu'on dise, *j'ai aimé cette personne*, on ne dira pas *je* M'AI *aimé*; il faut dire, *je* ME SUIS *aimé*.

Il y a donc ici une distinction à faire : où l'action a, pour objet, le sujet même qui agit, & alors il faut dire avec le verbe, *être, il s'est vu, il s'est tué, il s'est reconnu* : où, l'objet est différent du sujet qui agit, & alors il faut dire avec le verbe *avoir, il l'a vu, il l'a tué, il l'a reconnu*; c'est ainsi qu'on doit toujours parler. On se sert encore du verbe *être*, toutes les fois que le terme du verbe est le sujet de la proposition. Ainsi, quoiqu'on dise J'AI *fait des difficultés à cet écrivain*, on dit *je-me* SUIS *fait des difficultés*.

Confirmation de cette regle. A ces exceptions près, qui sont elles-mêmes une regle sans exception, la regle que nous avons d'abord établie, doit-être observée dans tous les cas : c'est-à-dire, que le participe doit se construire avec le verbe *avoir*, toutes les fois qu'il exprime une action ; & avec le verbe *être*, toutes les fois qu'il exprime un état.

On dit, *il* A *monté ce cheval, il* A *descendu les degrés*, parce que *monté* & *descendu* expriment une action, & on ne peut s'y tromper, puisque cette action a un objet, *ce cheval, les degrés*. Mais on dit, *il* EST *monté, il* EST *descendu*, parce qu'alors on considere moins l'action de monter, que l'état où l'on est après avoir monté.

Je dirai, *la procession a passé sous mes fenêtres*, parce que je songe à l'action de la procession qui passoit. Mais que quelqu'un me demande s'il vient à temps pour la voir, je répondrai, *elle est passée*. C'est que je ne pense plus qu'à l'état.

En un mot, on ne peut pas choisir indifféremment entre les deux auxiliaires, quoique les participes puissent se construire également avec l'un & avec l'autre. Il faut toujours considérer, si on veut exprimer un état, ou si on veut exprimer une action ; & c'est d'après cette regle qu'on doit choisir entre *il est accouru, il a accouru, il est disparu, il a disparu, il est apparu, il a apparu, sa fievre est cessée, sa fievre a cessé, il nous est échappé, il nous a échappé*, &c.

Tous les exemples confirment cette regle. On dit, *il* EST *sorti*, en parlant de quelqu'un qui n'est pas chez lui ; & *il* A *sorti*, en parlant de quelqu'un qui est rentré. De même on dit, *il* EST *demeuré à Paris*, de quelqu'un qui y est encore ; & *il* A *demeuré à Paris*, de quelqu'un qui y a été & qui n'y est plus.

Formes composées, où l'on n'emploie jamais que le verbe avoir.

Tout ce que nous venons de dire est vrai des participes qui expriment également un état & une action, & nous n'avons parlé que de ceux-là. Mais quand le participe est de nature à n'exprimer qu'un état, il se construit toujours avec le verbe avoir : on dit, *il a langui, il a dormi, il a vieilli.* Cette derniere regle, Monseigneur, me paroît sans exception : si elle en a, l'usage vous en instruira.

CHAPITRE XII.

Observations sur les temps.

Le présent n'est à la rigueur que le moment où l'on parle. Mais si nous voulions le borner à cet instant, il nous échapperoit à mesure que nous parlons. Nous sommes donc forcés à l'étendre dans le passé & dans l'avenir; & à regarder, comme parties du présent, des moments qui ne sont pas encore. *Extension que nous donnons au temps présent.*

Or, dès qu'une fois nous lui donnons de l'extension, nous pouvons lui en donner toujours davantage, & nous n'avons plus de raison pour nous arrêter. Ce jour sera donc un temps présent, ce mois, cette année, ce siecle, toute période quelle qu'en soit la durée, enfin l'éternité même.

Il ne faut donc pas s'étonner, si la forme du présent a été choisie pour exprimer les vérités nécessaires. C'est que ce présent, *Dieu est juste,* *Pourquoi la forme du présent a été choi-*

a une extension indéterminée, qui fait, de tous les siecles, une seule période; & cette période, qui est l'éternité, est en quelque sorte présente comme l'instant où je parle.

se pour exprimer les vérités nécessaires.

Comment on emploie les formes des temps les unes pour les autres.

Vous avez pu remarquer, Monseigneur, qu'on emploie souvent les formes des temps les unes pour les autres. Racine a dit :

J'ai vu votre malheureux fils traîné par les chevaux que sa main a nourris.

Il *veut* les rappeller, & sa voix les *effraie*.

Ils *courent*. Tout son corps n'*est* bientôt qu'une plaie.

Racine substitue, dans ces vers, la forme du présent à celle du passé. S'il eût dit, *il a voulu les rappeller, & sa voix les a effrayés*, la pensée eût été la même quant au fond : mais ce n'eût été qu'un récit, au lieu que la forme du présent, fait un tableau qu'elle met sous les yeux.

En substituant les unes aux autres les formes des temps, on change donc les accessoires d'une pensée. Lorsque je dis, *je partirai demain*, je ne fais qu'indiquer le jour de mon départ; & je fais voir que je suis bien décidé à partir, si je dis, *je pars demain* : cette forme, *je pars*, semble rapprocher *demain* du moment présent, & ce rapprochement fait juger combien je suis déterminé à partir, parce qu'il me présente déja comme partant.

Finissez-vous bientôt? finirez-vous bientôt? Le premier de ces tours est l'expression d'une personne qui est impatiente de voir finir. Le second peut n'être qu'une question.

Au lieu de répondre à *finissez-vous bientôt? je finirai dans le moment*, on répondra, *j'ai fini dans le moment*; parce qu'en substituant la forme du passé à celle du futur, on représente comme déja fait ce qui va l'être; & que, par-conséquent, on marque mieux la promptitude avec laquelle on promet de finir. En voilà assez, Monseigneur, pour vous faire comprendre comment on emploie la forme d'un temps pour celle d'un autre. Je dis *la forme*; car il ne seroit pas étonnant de dire, avec les Grammairiens, qu'on emploie le présent pour le passé, & le passé pour le futur.

CHAPITRE XIII.

Des prépositions.

On pourroit distinguer deux sortes de prépositions.

QUAND on dit *Pierre ressemble à son frere*, le verbe *ressemble* exprime le rapport qui est entre Pierre & son frere; & la préposition *à* se borne à indiquer *son frere*, comme second terme de ce rapport.

Mais il y a des prépositions qui, en indiquant le second terme d'un rapport, expriment encore le rapport même; & qui, par conséquent, modifient le premier terme : par exemple, dans *le livre de Pierre*, la préposition *de*, qui indique le second terme, explique encore le rapport d'appartenance du livre à Pierre. Elle modifie donc le premier terme, *le livre*, auquel elle ajoute la qualité d'appartenir.

Nous serions, par conséquent, fondés à distinguer deux expeces de prépositions : mais, comme j'aurai peu besoin de cette distinction, il suffira de l'avoir remarquée.

GRAMMAIRE. 107

Selon les Grammairiens, il y a des prépositions simples, *dans*, *pour*, & des prépositions composées, *à l'égard de*, *à la réserve de*. Mais pourquoi appeller prépositions des substantifs qui sont précédés d'une préposition & suivie d'une autre. Vous sentez, Monseigneur, que, si on ne veut pas tout confondre, il faut toujours rappeller les expressions aux premiers éléments du discours. Cette distinction est donc tout-à-fait inutile.

On ne doit pas distinguer les prépositions en simples & composées.

On a remarqué que les mêmes prépositions sont employées dans des cas différents, & cela est vrai, lorsque les prépositions se bornent à indiquer le second terme d'un rapport. En effet, il y a bien de la différence entre *aller à Paris*, & *être à Paris* ; & cependant nous employons, dans l'un & l'autre cas, la même préposition *à*. C'est que cette préposition indique seulement le second terme *Paris*, & que le rapport est exprimé par les verbes *aller* & *être*.

Comment les mêmes prépositions sont employées dans des cas différents.

Mais parce qu'on a cru voir, dans *être dans le royaume*, *être en Italie*, *être à Rome*, plus de ressemblance qu'il n'y en a, on a dit que des prépositions différentes sont employées dans des cas semblables. C'est une erreur. Nous verrons bientôt que, dans ces trois phrases, les rapports, exprimés par les prépositions mêmes, sont dif-

Différentes prépositions ne sont jamais employées dans des cas absolument semblables.

férents ; & que, par conséquent, les cas ne sont pas semblables.

Prépositions qui s'emploient avec ellipse.

On a encore imaginé des prépositions qui ne le sont pas toujours, & on donne, pour exemple, *dedans, dehors, dessus, dessous.* Ce sont des prépositions, dit-on, lorsqu'on met ensemble les deux opposées : *la peste est dedans & dehors la ville* ; *il y a des animaux dessus & dessous la terre.* Ce n'en sont pas, lorsqu'on n'emploie que l'un des deux : car on ne dit pas *dessus la terre, dedans la ville*; il faut dire, *sur la terre, dans la ville.*

Lorsqu'on raisonne ainsi, on ne paroît s'occuper que du matériel du discours, ce qui arrive quelquefois aux Grammairiens. En effet, quand on répond à *est il sur la table? il est dessus* ; voilà *dessus* sans son opposé, & cependant il est préposition, puisqu'il indique le second terme du rapport, *la table.* Il est vrai qu'on ne prononce pas ces mots *la table* : mais ils sont sousentendus, & la raison veut qu'on les supplée. Il falloit donc se borner à remarquer que les prépositions, *dedans, dehors, dessus, dessous,* s'emploient d'ordinaire avec ellipse ; c'est-à-dire, sans prononcer le second terme qu'elles indiquent.

Après avoir servi pour ex-

Le premier emploi des prépositions a été de remarquer des rapports entre les objets sensibles.

bles. Mais parce que les idées abstraites, exprimées par des noms substantifs, prennent, dans notre imagination, presque autant de réalité que les choses en ont au-dehors; elles peuvent être considérées comme ayant entre elles des rapports à-peu-près semblables à ceux qui sont entre les objets sensibles. C'est pourquoi on dit, *de la vertu au vice,* comme *de la ville à la campagne.*

<small>primer des rapports entre les objets sensibles, les prépositions ont été employées pour exprimer des rapports entre les idées abstraites.</small>

On n'est pas dans la jeunesse, comme on est dans la maison : mais l'analogie, qui est entre ces deux noms, comme substantifs, a fait employer la même préposition devant l'un & l'autre.

Par là, une même préposition est usitée dans des cas différents; & quelquefois les dernieres acceptions ressemblent si peu aux premieres, que si on ne saisit pas le fil de l'analogie, il ne sera pas possible de rendre raison de l'usage. Je me bornerai à vous en donner quelques exemples : car vous jugez bien, Monseigneur, que je ne me propose pas d'analyser les acceptions de toutes les prépositions.

<small>Quelquefois les dernieres acceptions d'une préposition ressemblent fort peu aux premieres.</small>

De la préposition à.

On dit, *je suis à Paris, je vais à Paris*; & cette préposition, dans l'une & l'autre phrase,

<small>Premier usage de la préposition</small>

Tom. I.   O

tion d. se borne à indiquer un lieu comme terme d'un rapport.

Par quelle analogie elle a passé à un second. Il y a beaucoup d'analogie entre la maniere d'être dans un lieu & celle d'être dans le temps : on dira donc, *à une heure*, *à midi*, *à l'avenir*.

A un troisieme. Il y en a encore entre les lieux & les circonstances où l'on se trouve, & l'on dira, *à ce sujet*, *à cette occasion*.

A un quatrieme. Ce que nous appellons *substance*, ne se montre à nous que par les manieres d'être qui paroissent l'envelopper : c'est une chose qui existe comme au milieu d'elles. Il y a donc de l'analogie entre être dans un lieu, & exister ou agir d'une certaine maniere, *être à pied*, *à cheval*, *prier Dieu à mains jointes*, *recevoir à bras ouverts*.

A un cinquieme. Dès lors on dira, par analogie à ces derniers tours, *peindre à l'huile*, *travailler à l'aiguille* ; parce que ce sont-là des manieres de peindre & de travailler.

A un sixieme. Tout terme, auquel une chose rend, est analogue au lieu où l'on va. *Donner à son ami*, *ôter à son ami*, *parler à son ami*. Son ami est le terme des actions de donner, d'ôter & de parler. Cette analogie est encore plus sensible dans *en venir à des injures, à des reproches.*

Table à manger, maison à vendre, action à raconter, homme à nasardes; parce que la fin, ainsi que l'usage qu'on fait d'une chose, est comme le terme auquel elle tend.

<small>A un septième.</small>

Par la même raison on emploiera cette préposition, lorsqu'on parlera des dispositions d'une personne : *homme à réussir, à ne pas pardonner.* Ces exemples suffisent pour vous faire comprendre que les usages de cette préposition sont tous analogues, quoiqu'ils paroissent d'abord avoir peu de rapport les uns aux autres.

<small>A un huitième.</small>

De la préposition de.

Cette préposition marque le lieu d'où l'on vient, & par analogie, tout terme d'où une chose commence : *du matin au soir, d'un bout à l'autre, du commencement à la fin, de Corneille à Racine.*

<small>Quelles sont les premieres acceptions de la préposition *de*, & par quelle analogie elle passe à d'autres.</small>

On dit : *près, loin de Paris* ; parce que *Paris* est un terme sur lequel l'esprit se porte, pour revenir delà à la chose dont on parle, & en marquer la situation.

Comment elle exprime les rapports d'appartenance.

Il y a quelque analogie entre le rapport de situation & le rapport d'appartenance; car on est comme différemment situé, suivant les choses auxquelles on appartient: *le palais du roi, les mouvements du corps, les facultés de l'ame.*

Ceux de dépendance.

Les rapports de dépendance sont analogues aux rapports d'appartenance, & il y en a de plusieurs espèces; de l'effet à la cause, *les tableaux de Raphaël*; au moyen, *saluer de la main*; à la manière, *parler d'un ton bas*; à la matière, *réale d'or*.

Nous dépendons des qualités dont nous sommes doués: *homme d'esprit, de sens, de cœur.*

Des principes qui nous changent ou qui nous affectent: *accablé de douleur, comblé de bonheur, mort de chagrin.*

Le genre dépend de l'espece qui le détermine: *faculté de la vue, de l'ouie, de l'odorat*: Car la signification du mot *facultés* est déterminée par les mots *vue, ouie, odorat,* &, par conséquent, elle en dépend.

Les parties appartiennent à leur tout: *moitié de, quart de.* C'est pourquoi on emploie cette préposition, lorsqu'on ne veut parler que d'une partie; & qu'on la retranche, lorsqu'on parle du tout. *Perdre l'esprit,* c'est perdre tout ce qu'on en a; *avoir de l'esprit*, c'est avoir une partie de ce qu'on nomme *esprit* ; & il y a ellipse, car le premier terme du rapport est sousentendu. On dit également : *j'ai de la raison*, pour *j'ai une partie de la raison* ; & *j'ai raison*, pour *j'ai toute la raison qu'on peut avoir dans le cas dont il s'agit.*

Une chose peut être regardée comme appartenant à la collection d'où elle est tirée. D'ailleurs il y a beaucoup d'analogie entre être tiré de & venir de. On doit donc dire : *c'est un des hommes des plus savants.* : car le sens est *cet homme est tiré d'entre les plus savants.* Au contraire, on dira : *c'est l'opinion des hommes les plus savants*; parce qu'alors *hommes* n'est pas pris comme une partie des plus savants, mais comme tous les plus savants ensemble.

En quoi diffèrent des hommes des plus savants & des hommes les plus savants.

Il faut remarquer qu'il y a ellipse, toutes les fois que les prépositions *à* & *de* se construisent ensemble. Puisqu'elles indiquent des termes différents, elles ne peuvent se réunir, que parce qu'on sousentend les mots qui devroient les séparer. *Il s'est occupé à des ouvrages utiles*, signifie donc *à quelques-uns des ouvrages.*

Il y a ellipse lorsque à & de se construisent ensemble.

Dans les exemples que j'ai rapportés, l'analogie marque suffisamment les différentes ac-

Ces deux prépositions par

missent quelquefois pouvoir s'employer l'une pour l'autre.

ceptions de ces prépositions; mais, dans d'autres, le fil en devient si délié, qu'il échappe tout-à-fait. C'est pourquoi il semble qu'on puisse alors les employer indifféremment l'une pour l'autre. Je ne crois pas cependant qu'il leur arrive jamais d'être tout-à-fait synonymes, & je pense qu'il y a quelque différence entre *continuer de parler* & *continuer à parler.* Il en est de même des tours où nous paroissons pouvoir, à notre choix, employer ou retrancher la préposition. Tel est, *il espere de réussir, il espere réussir.*

L'ellipse peut empêcher d'appercevoir l'espece de rapport qu'exprime la préposition de.

Nous employons souvent la préposition *de* avec ellipse, d'où il arrive que nous appercevons moins facilement l'espece du rapport qu'elle exprime. Par exemple, on ne verra pas que, dans *marcher de jour, de nuit, de* marque le rapport de la partie au tout, si on ne sait pas que cette expression revient à celle-ci: *marcher en temps de jour, en temps de nuit.*

Au reste, Monseigneur, il peut se faire que je ne découvre pas l'analogie que l'usage a suivie: mais il suffit que j'en saisisse une, pour vous faire connoître comment les mêmes prépositions ont pu servir à exprimer des rapports qui, au premier coup d'œil, ne paroissent pas se ressembler.

Des prépositions dans & en.

On dit : *dans une maison, dans ce temps, dans cette année*; & par analogie : *dans le désordre, dans le plaisir, dans la prospérité.* Acceptions de la préposition *dans*.

A, désigne seulement le lieu, où est une chose : *dans* le désigne avec un rapport du contenu au contenant. *Je partirai dans le mois d'avril* signifie avant la fin, ou dans le courant du mois. Au contraire, je ferois entendre que je partirai dès le commencement, si je disois : *je partirai au mois d'avril*; ou en supprimant la préposition, *je partirai le mois d'avril.* En quoi elle diffère de la préposition *à*.

En, diffère de *dans*, parce que le terme qu'il indique se prend toujours d'une maniere indéterminée. *J'étois en ville* signifie *je n'étois pas chez moi*; & je n'ajoute pas au mot *ville* l'adjectif *la*, parce qu'en pareil cas il n'est pas nécessaire de le déterminer : il me suffit de faire entendre que j'étois quelque part dans la ville. Si, au contraire, je veux dire que je n'étois pas sorti hors des portes, je détermine ce mot, & je dis : *j'étois dans la ville.* En quoi en diffère de *dans*.

Dans, s'emploie donc avec un substantif, précédé de l'adjectif *le* ou *la*; & on supprime cet adjectif, toutes les fois qu'on fait usage de la préposition *en*. On dit *en été*, *dans l'été*, *en temps de guerre*, *dans le temps de la guerre*; *être en santé*, *en doute*, *dans la santé dont il jouit*, *dans le doute où il est*; *en charge*, *dans la charge qu'il remplit*; *en posture de suppliant*, *dans la posture d'un suppliant*. Ces exemples vous font voir sensiblement comment le substantif, toujours indéterminé avec la préposition *en*, est toujours déterminé avec la préposition *dans*.

En, exprime des accessoires tout différens de ceux des prépositions *à* & *dans*.

Il y a des occasions où la préposition *en* renferme des accessoires qu'*à* & *dans* n'expriment pas. *Il est en prison* se dit d'un prisonnier : *il est à la prison* se dit de quelqu'un qui y est allé, comme on va toute autre part : & *il est dans la prison* se dit de quelqu'un qui y a été mis, ou qui y est allé, & qui n'en est pas encore sorti.

De la préposition par.

Premieres acceptions de la préposition *par*.

Comme préposition de lieu, *par* indique l'endroit par où une chose passe. *aller par les rues*, *par monts & par vaux*, *passer par la ville*: & par analogie, *passer par l'étamine*, *par de rudes épreuves*, *par le plaisir*, *par les peines*.

Autres acceptions.

Un effet peut être en quelque sorte considéré comme passant par la cause qui le produit : *ca-*

bleau fait par Rubens, tragédie faite par Racine.

Mais, dès que *par* indique le rapport de l'effet à la cause, il indiquera encore les rapports qui sont à-peu-près dans la même analogie : celui de l'effet au moyen : *élevé par ses intrigues, connoître par la raison* ; au motif, *se refuser tout par avarice, agir par intérêt, par ressentiment* ; à la maniere, *parler par énigmes, se conduire par coutume, rire par intervalles.*

En voilà assez, Monseigneur, pour vous faire connoître comment l'analogie a étendu chaque préposition à des usages différents. Vous pouvez vous amuser à chercher vous-même d'autres exemples. Souvenez-vous seulement de commencer toujours par observer comment les prépositions ont d'abord été employées avec des idées sensibles ; vous chercherez ensuite par quelle analogie on en a fait usage avec des idées abstraites.

CHAPITRE XIV.

De l'article.

Écrivains qui ont les premiers connu la nature de l'article.

L'ARTICLE, Monseigneur, a fort embarrassé les Grammairiens, & c'est la chose qu'ils ont traitée le plus obscurément. M. du Marsais a commencé le premier à débrouiller ce chaos, & M. Duclos y a répandu un nouveau jour. Je n'entreprendrai pas de réfuter ce que les autres Grammairiens ont dit à ce sujet, parce que de pareilles critiques vous seroient tout-à-fait inutiles. Je me borne à expliquer la nature de l'article, soit d'après les vues des deux écrivains que je viens de nommer, soit d'après quelques réflexions qui me sont particulieres.

On nomme article l'adjectif *le*, *la*.

Je ne reconnois d'autre article que l'adjectif *le*, *la*, *les*; & d'abord vous voyez que l'article est susceptible de genre & de nombre.

Changements qui arrivent à

L'*e* & l'*a* se suppriment, lorsque l'article est joint à un mot qui commence par une voyelle,

ou par une *h* non aspirée : au-lieu de dire : *le* — l'article.
homme, *la espérance*, on dit *l'homme*, *l'espé-*
rance.

L'article se déguise encore davantage, lorsqu'étant au masculin & au singulier, il est précédé de la préposition *de*, & suivi d'un nom qui commence par une consonne ou par une *h* aspirée. Alors *de le* se change en *du* : *du mérite*, *du héros*. Mais il ne s'altere jamais, soit au masculin, soit au féminin, lorsque le nom commence par une voyelle ou par une *h* non aspirée : *de l'homme*, *de la fatigue*. Quant à *de les*, il se transforme toujours en *des*, *à le*, en *au*, *à les*, en *aux* : *des vertus*, *au mérite*, *aux honneurs*.

Pour saisir la nature de l'article, il faut vous souvenir, Monseigneur, qu'un nom peut être pris déterminément ou indéterminément.

— L'article est un adjectif qui détermine un nom, soit

Il est déterminé, lorsqu'il est employé pour désigner un genre, une espece, ou un individu. Dans *les hommes*, le nom est genre, parce qu'il se prend dans toute son étendue. Dans *les hommes savants*, le nom est espece, parce qu'il est restreint à une certaine classe, ou à un certain nombre d'individus. Dans *l'homme dont je vous parle*, le nom est pris individuellement, & cette expression est l'équivalent d'un nom propre.

parce qu'il le fait prendre dans toute son étendue, soit parce qu'il concourt à le restreindre.

Un nom est pris indéterminément, lorsque ne voulant ni le faire considérer comme genre, ni le restreindre à une espece ou à un individu, on ne détermine rien sur l'étendue de sa signification. C'est ce qu'on voit dans cet exemple, *il est moins qu'homme.* Car alors je ne veux parler ni de tous les hommes en général, ni de telle classe, ni de tel homme en particulier. Je veux seulement réveiller l'idée indéterminée, dont ce mot est le signe, lorsqu'il n'est modifié par aucun adjectif.

Or, vous vous rappellez, Monseigneur, que les adjectifs modifient de deux manieres. ils modifient en expliquant quelqu'une des qualités d'un objet ; ou ils modifient en déterminant une chose, c'est-à-dire, en indiquant les vues de l'esprit qui la considere dans toute son étendue, ou qui la renferme dans de certaines bornes.

L'article est donc un adjectif. En effet, dans *l'homme est mortel*, il détermine le mot *homme* à être pris dans toute sa généralité ; & dans *l'homme vertueux*, il concourt avec *vertueux* à le restreindre à une certaine classe.

On dira donc avec l'article, *le courage de Turenne, l'érudition de Freret, la sagesse de Socrate* ; parce qu'on veut restreindre ces mots courage, érudition, sagesse. Mais on dira sans article, *homme de courage, se conduire avec sagesse, rempli d'érudition*; parce qu'alors il n'est pas nécessaire de distinguer différentes espèces de courage, de sagesse, d'érudition : on ne veut que modifier les mots *homme, se conduire, rempli*.

On dit *un courage surprenant, une sagesse singuliere, une érudition vaste*; & pour lors l'adjectif *un* fait l'office de l'article. Il en est de même de *tout, chaque, nul, aucun, quelque; ce, cet, mon, votre, notre*, &c. L'article se supprime donc toutes les fois que les noms sont précédés par d'autres adjectifs qui les déterminent. Ainsi vous direz sans article, *il y a d'anciens philosophes, il y a de grands hommes*. Il est vrai cependant qu'on dit avec l'article *des sages-femmes, des petits-pâtés* : mais, en pareil cas, les mots *sages* & *petits* sont plutôt regardés comme faisant partie du nom que comme adjectifs.

L'article se supprime, lorsque les noms sont déterminés par d'autres adjectifs qui les précédent.

Quelquefois le substantif ne fait, avec l'adjectif qui le précéde, qu'une seule idée qui a besoin d'être déterminée, & vous concevez qu'alors on ne doit pas supprimer l'article. Vous direz donc *les ouvrages des anciens philosophes, les actions des grands hommes*. Car, vous voulez parler de tous les anciens philo-

Il ne se supprime pas, lorsque le substantif ne fait qu'une seule idée avec l'adjectif qui le précéde.

fophes, de tous les grands hommes ; & l'article eſt néceſſaire pour déterminer ces idées à être priſes dans toute leur généralité.

Proverbe où il eſt ſupprimé. Il ſeroit à ſouhaiter qu'on ſupprimât l'article, toutes les fois que les noms ſont ſuffiſamment déterminés par la nature de la choſe, ou par les circonſtances : le diſcours en ſeroit plus vif. Mais la grande habitude, que nous nous en ſommes faite, ne le permet pas ; & ce n'eſt que dans des proverbes, plus anciens que cette habitude, que nous nous faiſons une loi de le ſupprimer. On dit, *pauvreté n'eſt pas vice*, au lieu de *la pauvreté n'eſt pas un vice*.

Quand l'article ſe met devant les noms propres, il faut de deux choſes l'une, ou qu'ils ſoient employés comme noms généraux, ou qu'il y ait ellipſe. Tout nom propre eſt déterminé par lui-même. L'article lui eſt donc inutile, & on dira *Céſar*, *Alexandre*. Mais ſi, après avoir généraliſé ces noms, on veut les reſtreindre ; on dira, *l'Alexandre de le Brun*. En pareil cas, *Alexandre* eſt d'abord conſidéré comme un nom commun, & il eſt enſuite reſtreint à un ſeul individu. C'eſt par cette raiſon qu'on dit, ſans article, *Dieu eſt tout-puiſſant*, & avec l'article, *le Dieu de paix*, *le Dieu de miſéricorde*.

Le Taſſe, *le Dante*, *l'Arioſte* ne ſont pas des exceptions à la regle que je viens d'établir. Car il eſt du génie de notre langue de regarder *le* plutôt comme partie du nom, que comme article. Il eſt vrai néanmoins que nous paroiſſons quelquefois employer l'article avec des noms propres, & ſur-tout avec des noms de femmes; mais alors il y a ellipſe. Ce n'eſt pas à ces noms que nous joignons l'article, c'eſt à un ſubſtantif que nous ne voulons pas prononcer, parce que notre deſſein eſt de mettre la perſonne dont nous parlons, dans une claſſe ſur laquelle nous jetons quelque mépris. Ce tour que nous employons rarement, parce qu'il n'eſt pas honnête, eſt plus ordinaire dans la langue italienne, où il indique le titre de la perſonne dont on parle. Car, lorſque les Italiens diſent *la Malaſpina*, *il Taſſo*, ils veulent dire *la conteſſa Malaſpina*, *il ſignor* ou *il poëta Taſſo*.

Il y a des termes, qui, ſans être géné- | L'article avec raux, ont cependant une ſignification fort | les noms des étendue, parce qu'ils repréſentent une collec- | métaux. tion de choſes de même eſpece. Tels ſont les noms des métaux. On peut donc déterminer ces noms à être pris dans toute l'étendue de leur ſignification, & alors on dit, avec l'article *l'or*, *l'argent*, c'eſt-à-dire, tout ce qui eſt or, tout ce qui eſt argent. Mais ſi on n'emploie ces mots, que pour réveiller indéterminément l'idée du metal, on omet l'article, *une tabatiere d'or*. L'analogie eſt ici la même que dans les exemples que nous avons donnés.

On dit, *je vous payerai avec de l'or*, & non pas, *avec d'or*; parce que le mot *or*, employé par opposition à argent, est un nom qui veut être déterminé. On ne s'arrête plus à l'idée du métal: on se représente l'idée générale de monnoie, dont l'or & l'argent sont deux especes, & veulent, par conséquent, l'article: si on dit, *je vous payerai en or*, c'est que la préposition emporte toujours avec elle une idée indéterminée, qu'elle communique au nom qu'elle précéde.

Usage de l'article devant les noms de ville, de royaume, de province.
Ce que nous venons de dire sur l'article employé ou supprimé, est une suite des principes que nous avons établis. Mais pourquoi le donne-t-on quelquefois aux noms de province & de royaume? Ou pourquoi ne le leur donne-t-on pas toujours? L'usage est bizarre, répondent les grammairiens. Peut-être seroit-il plus vrai de dire que nous ne savons pas toujours saisir l'analogie qui le regle.

Les hommes jugent toujours par comparaison, & en conséquence ils ont regardé une ville comme un point par rapport à un royaume. Les noms de ville sont donc suffisamment déterminés par eux-mêmes, & on les a
mis

mis parmi les noms propres qui ne prennent jamais l'article : *Paris*, *Parme*. *Le Catelet* & d'autres ne sont pas une exception : car, *le Catelet*, c'est par corruption *le petit château*.

Mais les noms de provinces & de royaumes ont, comme ceux des métaux, une signification plus ou moins étendue. Ils peuvent donc être pris déterminément, ou indéterminément ; &, par conséquent, on dira, avec l'article, *la Provence*, *la France*, & sans article, *il vient de Provence, de France*.

Dans ces occasions, il faut considérer si le discours fait porter l'attention sur l'étendue d'un pays, ou seulement sur le pays, abstraction faite de toute étendue. On dit *je viens d'Espagne*, parce qu'alors il suffit de considérer l'Espagne comme un terme d'où l'on part ; & on dit *l'Espagne est fort dépeuplée*, parce qu'alors l'esprit embrasse ce royaume avec toutes ses provinces. Une preuve de ce que j'avance, c'est que nous disons *les limites de la France*, *les bornes de l'Espagne*, avec l'article ; & sans article, *la noblesse de France*, *les rois d'Espagne*. Car, pourquoi cette différence, si ce n'est parce que les mots de *limites* & de *bornes* obligent de penser à l'étendue de ces royaumes, ce que ne font pas ceux de *noblesse* & *de rois*.

Il faut cependant remarquer que *la noblesse de la France* est un tour très françois : mais il ne signifie pas la même chose que *la noblesse de France*. Par celui ci, on entend la collection des gentilshommes françois, & pour les distinguer de ceux des autres royaumes, il suffit de déterminer le substantif *noblesse* en ajoutant *de France*. Mais par *la noblesse de la France*, on entend les prérogatives, les avantages, l'illustration dont elle jouit. Or, ces choses s'étendent sur toute la France, & obligent d'en déterminer le nom à toute l'étendue dont il est susceptible.

L'usage, remarque l'abbé Regnier Desmarais, permet qu'on dise, presque egalement bien : *les peuples de l'Asie, les villes de l'Asie,* & *les peuples d'Asie, les villes d'Asie, les villes de France, les peuples de France*, & *les villes de la France, les peuples de la France*. La différence de ces tours vient de ce que, dans ces occasions, l'esprit peut presqu'à son gré donner ou ne pas donner son attention à l'étendue des pays. En pareil cas, on use du droit de choisir. Il me paroît cependant que les tours avec l'article sont les plus usités. On

dit, par exemple, toujours *les nations de l'A-
sie*, & jamais *les nations d'Asie*.

Il me semble que quand on parle des quatre principales parties de la terre, on a quelque peine à faire abstraction de leur grandeur. C'est pourquoi nous disons, avec l'article, *il vient de l'Amérique, de l'Asie, de l'Europe, de l'Afrique*. Je ne crois pas même que l'usage permette de parler autrement. Usage de l'article avec les noms des quatre parties de la terre.

Cela n'est pas particulier à ces noms : car, ceux de quelques royaumes veulent l'article, & on doit toujours dire, *les rois de la Chine, du Pérou, du Japon*. peut être en usons nous ainsi à l'exemple de nos voisins qui, ayant commercé dans ces pays avant nous, en ont donné les premieres relations, & nous ont engagés à en parler avec l'article, parce que c'est ainsi qu'ils en parlent. Peut être aussi que le vulgaire, qui fait l'usage, rempli des vastes idées qu'on lui a données de ces royaumes, leur attache une idée de grandeur, dont il ne sait plus faire abstraction. Avec les noms de quelques royaumes.

La terre, le soleil, la lune, l'univers prennent l'article, & cela est fondé sur l'analogie. Mais on ne le donne point à *mars, mercure, venus, jupiter, saturne*; parce que, Avec les noms des astres.

dans l'origine ce sont là des noms propres d'hommes.

Avec les noms de riviere & de mer.

Suivant les vues que nous avons, en parlant des rivieres, des fleuves & des mers, nous employons ou nous supprimons l'article.

Je dirai, *je bois de l'eau de Seine*, parce que pour faire connoître l'eau que je bois, il n'est pas nécessaire que je prenne le mot *Seine* d'une maniere déterminée. Mais je dirai, *l'eau de la Seine est bourbeuse*, parce qu'alors j'ai besoin de déterminer ce mot à toute l'étendue de sa signification.

On dit, *le poisson de mer*, lorsqu'on ne veut que distinguer ce poisson de celui de riviere. Mais on dit *le poisson de la mer des Indes*, & l'article est nécessaire pour contribuer à déterminer ce nom à une certaine partie de la mer.

Selon l'abbé Regnier, il faut toujours dire *l'eau de la mer*. Cependant l'analogie autorise à dire *l'eau de riviere est douce & l'eau de mer est salée*; & je ne sais si l'usage est pour la décision de ce grammairien.

Dès que l'article est un adjectif, il ne peut être employé, qu'autant qu'on énonce, ou qu'on sousentend le substantif qu'il modifie ; & toutes les fois qu'il n'est suivi que d'un adjectif, *le grand*, *le noble*, *le sublime*, il faut qu'il y ait ellipse, ou que l'adjectif soit pris substantivement.

L'article modifie toujours un substantif.

Lorsqu'un nom est précédé de plusieurs adjectifs, tantot on met l'article devant chaque adjectif, *les bons & les mauvais citoyens*; tantot on ne le met que devant le premier, *les sages & zélés citoyens*. La raison de cette différence, c'est que, dans le premier exemple, le substantif est distingué en plusieurs classes, *les bons & les mauvais*, & en pareil cas il faut toujours répéter l'article ; dans l'autre, les adjectifs énoncent des qualités qui appartiennent ou peuvent appartenir à une même classe, & c'est alors que l'article ne doit pas être répété.

Dans quel cas on répéte l'article devant plusieurs adjectifs.

Je crois, Monseigneur, n'avoir oublié aucune des difficultés qu'on peut faire sur l'article ; quels que soient les exemples, on verra toujours la même analogie donner la loi. Il suffit de se souvenir que l'article est un adjectif qui détermine un nom à être pris dans toute son étendue, ou qui concourt à le restreindre.

Regle générale pour l'usage de l'article.

P 3

L'article n'est pas absolument nécessaire.

La nature de l'article étant connue, on voit quelle en est l'utilité. Mais il ne faut pas s'imaginer que le latin perde beaucoup à n'en pas avoir. Ce que l'article fait, les circonstances où l'on parle, peuvent souvent le faire. La langue latine s'en repose sur elles, & n'aime pas à dire ce qu'elles disent suffisamment. Vous vous en convaincrez un jour.

CHAPITRE XV.

Des pronoms.

Nous avons vu qu'*il*, *elle*, *le*, *la* font dans le vrai des adjectifs employés avec ellipse; en effet, qu'après avoir parlé d'Alexandre, j'ajoute *il a vaincu Darius*, *il*, sera pour *il Alexandre*, où l'on voit que ce mot est un adjectif. De même, si ayant parlé de la campagne, je dis, *je l'aime*; c'est *je la campagne aime*, & on reconnoît encore un adjectif, aussi-tôt qu'on a rempli l'ellipse.

Comment les adjectifs il, elle, le, la *sont devenus des pronoms.*

Nous avons mis, parmi les noms de la troisieme personne, les adjectifs *il*, *ils*, *elle*, *elles*, & nous venons de considérer comme articles les adjectifs *le*, *la*, *les*.

Or, parce que ces noms de la troisieme personne & ces articles sont employés sans être suivis des substantifs qu'ils modifient, il est arrivé qu'ils ont paru prendre la place des noms qu'on supprime, & ils sont devenus des pronoms, c'est-à-dire, des noms employés pour des noms qui ont été énoncés auparavant, & dont on veut éviter la répétition.

Quelle est l'expression des pronoms.

Telle est l'expression des pronoms ; c'est qu'ils rappellent un nom avec toutes les modifications qui lui ont été données. *Avez-vous vu la belle maison de campagne qui vient d'être vendue ? Je l'ai vue. La*, c'est-à-dire, *la belle maison de campagne qui vient d'être vendue.* C'est que cette phrase, qui est déterminée par l'article *la*, n'est qu'une seule idée, comme elle n'en seroit qu'une, si elle étoit exprimée par un seul mot.

Souvent les pronoms rappellent plutôt les idées qu'on a dans l'esprit, que les mots qu'on a prononcés. *Voulez-vous que j'aille vous voir ? je le veux. Le*, c'est-à-dire, *que vous veniez me voir.*

Y & en doivent être mis parmi les pronoms.

Il y a des mots qui n'ont jamais été ni articles, ni noms de la troisieme personne, & que l'on doit néanmoins mettre parmi les pronoms. Ce sont *y & en. Allez-vous à Paris ? j'y vais.* C'est *à Paris. Avez-vous de l'argent ? J'en ai. En*, c'est *de l'argent. Y & en*, sont donc employés à la place d'un nom précédé d'une préposition ; & ce sont des pronoms, à plus juste titre, que les articles & les noms de la troisieme personne, puisqu'ils n'ont jamais pu avoir d'autre emploi. On ne balancera pas à les regarder comme tels, si on juge des mots par les idées dont ils sont les signes, plutôt que par le matériel.

Le substantif *on* ou *l'on*, que nous avons vu être un nom de la troisieme personne, n'est pas un pronom, puisqu'il n'est jamais employé à la place d'aucun nom.

On ou l'on n'est pas un pronom.

Les termes figurés se substituent à d'autres mots : mais c'est moins pour en prendre la place, que pour réveiller le même fond d'idées avec des accessoires différents. Tel est *voile*, employé pour *vaisseau*. Les termes figurés ne sont donc pas des pronoms.

Les termes figurés ne sont pas des pronoms.

En traitant des verbes, nous avons considéré, comme sujets d'une proposition, les noms des personnes. Il nous reste à observer les autres rapports que ces noms ont avec le verbe, les différentes formes qu'ils prennent, & les loix que suit l'usage. Nous acheverons, à cette occasion d'expliquer tout ce qui concerne les pronoms.

CHAPITRE XVI.

De l'emploi des noms des personnes.

Comment on emploie les noms de la premiere personne.

Au singulier, les noms de la premiere personne sont *je, me, moi*, & au pluriel, *nous*.

Je est toujours le sujet de la proposition: *je crois, je suis*.

Me est l'objet ou le terme de l'action exprimée par le verbe. Il est l'objet dans cette phrase, *il m'aime*; il est le terme dans cet autre, *il me parle*.

Me se construit toujours avant le verbe: *moi*, doit toujours en être précédé, soit lorsqu'il en est l'objet, *aimez moi*, soit lorsqu'il en est le terme, *donnez-moi, donnez à moi, donnez à moi-même*. Il n'y a pas d'autre maniere de l'employer à l'impératif.

Donnez moi sans préposition, & *donnez à*

moi avec la prépofition *à*, ne s'emploient pas indifféremment l'un pour l'autre. On dit, *donnez moi*, lorfqu'on fe borne à demander une chofe ; & on dit, *donnez à moi*, lorfqu'on la demande à quelqu'un qui, paroiffant ne favoir à qui la donner, eft au moment de la donner à un autre. Quant *à même* qu'on joint fouvent à *moi*, il fixe l'attention fur ce fubftantif, & il paroît le montrer. C'eft un adjectif.

A tout autre mode que l'impératif, *moi* ne peut pas s'employer feul. Il fe conftruit avec *je*, lorfqu'il eft le fujet de la propofition : *moi, moi-même, je prétends*. Lorfqu'il eft l'objet ou le terme du verbe, il fe conftruit avec *me* : *il me préfére moi*, ou *moi-même* : *il me foutient à moi, à moi-même*. Vous concevez que lorfqu'on joint à propos ces deux noms de la premiere perfonne, la phrafe peut en avoir plus d'énergie.

Nous peut être fujet, objet ou terme. Sujet : *nous*, ou *nous-mêmes nous penfons*. Objet : *aimez nous*, ou *aimez nous nous-mêmes*. Terme : *donnez nous, donnez à nous, à nous mêmes*.

Tel eft l'ufage pour les noms de la premiere perfonne. Il eft le même pour ceux de

Comment on emploie les

noms de la seconde personne. la seconde. Il ne faut que substituer, dans les exemples, *tu* à *je*, *te* à *me*, *toi* à *moi*, & *vous* à *nous*. Au singulier *vous* est le seul nom qu'on peut employer, quand on ne tutoye pas.

Emploi des noms de la troisieme personne, il, le, la & elle, lorsque celui-ci est sujet d'une proposition. Les noms de la troisieme personne, *il*, *ils*, *elle*, *elles*, *lui*, *eux*, *le*, *la*, *les*, *leur*, *se*, *soi*, *en*, *y*, *on*, *l'on*, souffrent de plus grandes difficultés. Les uns ne se disent que des personnes, les autres ne se disent que des choses : enfin il y en a qui se disent également des choses & des personnes.

Du nombre de ces derniers sont *il* & *ils*. Mais le pronom féminin, *elle* ou *elles*, ne se dit également des personnes & des choses, que lorsqu'il est le sujet d'une proposition. Quant à *le*, *la*, *les*, qui sont toujours l'objet du verbe, ils sont dans le même cas qu'*il*; & voici comment ils se construisent. *Je le lis*, *je les lirai*, *lisez-la*, *ne la lisez pas*, *lisez-le & le renvoyez*, ou encore *renvoyez-le*. Ces exemples vous serviront de regle.

Ces pronoms doivent réveiller la même idée que les noms dont ils prennent la place. Racine a dit :

Nulle paix pour l'impie, il la cherche, elle fuit.

Et ce vers a été critiqué avec raison : car les pronoms *la* & *elle*, qui par la construction paroissent employés pour *nulle paix*, sont déterminés par le sens à ne rappeller que l'idée du substantif *la paix*, c'est-à-dire, une idée toute contraire. C'est ce qu'il faut éviter. La regle est donc que le pronom doit réveiller la même idée que le nom dont il prend la place. Cependant, Monseigneur, il faut convenir qu'il y a, dans le tour de Racine, une vivacité & une précision qui doit d'autant plus faire pardonner cette licence au poëte, que l'esprit a suppléé ce qui manque à l'expression, avant d'appercevoir la faute.

Il, quoique pronom, paroît quelquefois ne prendre la place d'aucun nom. C'est lorsqu'on l'employe avec les verbes qui n'ont ni premiere, ni seconde personne, tel qu'*il faut*, *il importe*, *il tonne*, *il pleut*. Ce mot néanmoins continue, dans tous les cas, d'avoir la même acception ; & c'est celle de l'adjectif *le* que nous avons nommé article. Ainsi, quand on dit, *il faut parler*, *il importe de faire*, les verbes à l'infinitif sont les noms que l'adjectif *il* modifie, & le sens est, *il parler faut*, *il faire importe*. Il est vrai que dans *il tonne*, *il pleut*, on ne voit pas d'abord le nom qui peut être modifié : il y en a un cependant. Ce sera, par exemple, *ciel*, *il ciel tonne*, *il ciel pleut*.

Il a toujours la même acception, même avec les verbes qui n'ont ni premiere ni seconde personne.

Emploi de lui, d'eux & d'elle, lorsque celui-ci est précédé d'une préposition.

Lui, leur & eux ne se rapportent d'ordinaire qu'aux personnes ; & il en est de même du pronom *elle* ou *elles*, lorsqu'étant le terme d'un rapport, il est précédé d'une préposition. Voici, Monseigneur, ce que les grammairiens observent à ce sujet.

Quoiqu'un homme dise fort bien d'un autre, *qu'il se repose sur lui, qu'il s'appuie sur lui* ; on ne dira pas pour cela d'un lit ou d'un bâton, *reposez vous sur lui ; appuyez vous sur lui* : mais on se servira de la préposition elliptique *dessus*, *reposez vous, appuyez vous dessus*.

En parlant des choses, on emploie le pronom *en* au lieu de *de lui*, & le pronom *y* au lieu d'*à lui*. On ne dit pas d'un mur *n'approchez pas de lui*, on dit, *n'en approchez pas* ; ni d'une science où d'une profession, *il s'est adonné à elle*, il faut dire, *il s'y est adonné*.

Une femme dit d'un chien qu'elle aime : *il fait tout mon amusement, je n'aime que lui, je suis attachée à lui, je ne vais pas sans lui*. Cependant on ne dira pas d'un cheval, *qu'on n'a jamais monté sur lui*, mais *qu'on ne l'a jamais monté* ; ni *qu'on ne s'est pas encore servi de lui*, mais *qu'on ne s'en est pas encore servi.*

Il semble donc qu'avec les prépositions *de* & *à*, les pronoms *lui*, *eux*, *elle* ne se disent pas indifféremment des choses & des personnes. Cependant, lorsqu'ils sont précédés des prépositions *avec* ou *après*, ils peuvent se dire des choses même inanimées. *Ce torrent entraîne avec lui tout ce qu'il rencontre. Il ne laisse après lui que du sable & des cailloux.*

Il y a des phrases fort en usage en parlant des personnes, dont on ne se sert pas en parlant d'une multitude. Quoiqu'on dise d'une femme, *je m'approchai d'elle*, il faut dire d'une armée, *je m'en approchai.*

La regle, que donnent les grammairiens, est que, lorsque ces pronoms sont précédés d'une préposition, ils ne se disent des choses, que dans le cas où elles ont été personnifiées. Mais cette regle n'est pas exacte, puisque nous venons de voir que les prépositions *avec* & *après* n'empêchent pas qu'on ne les dise des choses. D'ailleurs quoi de plus personnifié qu'une armée qu'on fait mouvoir, agir & combattre ? & pourquoi ne diroit-on pas : *Nous allames, nous marchames à elle ?* Pourroit-on même parler autrement ? Voilà donc le pronom *elle*, précédé d'une préposition qui se dit d'une armée. Je crois qu'on peut dire encore : *J'aime la vérité, au point que je sacrifierois tout pour elle*; & il importe peu que la vérité soit personnifiée, ou ne le soit pas. Mais nous traiterons plus particuliérement cette question dans le chapitre suivant, à l'occasion des adjectifs possessifs *son*, *sa*.

Quelle est dans le discours la place du pronom eux.

Eux se met toujours après le verbe. Tantôt il est précédé d'une préposition : *il dépend d'eux*, *je vais à eux*; alors il est le terme d'un rapport. S'il n'en est pas précédé, il est le sujet d'une préposition, & en pareil cas, il est ordinairement accompagné de l'adjectif *même* : *ils prétendent eux-mêmes*.

Quelle est la place de lui.

Lui peut également être le sujet de la préposition : *il l'a dit lui-même*; & ce tour est encore usité avec le pronom *elle*, *elle l'assure elle-même*.

Lui se construit de différentes manieres. Avec le verbe *parler*, on dira : *voulez-vous parler à lui* ou *lui parler*. Pour plus d'énergie, on le répétera en ajoutant *même* : *Je lui ai représenté à lui-même*. Enfin il peut être l'objet du verbe : *Je le verrai lui-même*.

A

A l'impératif, sans négation, on dit ordinairement : *Donnez-lui*, quelquefois aussi *donnez à lui* ; & au même mode, avec négation, *ne lui donnez pas* ou *ne donnez pas à lui*.

A tout autre mode *lui* doit précéder le verbe, toutes les fois qu'il est le terme d'un rapport qui pourroit être exprimé par la préposition *à* : *Je lui ai lu mon ouvrage*. Au contraire, il doit suivre le verbe, s'il est le terme d'un rapport exprimé par la préposition *de* : *nous dépendons de lui*.

Leur veut toujours le précéder : *Je leur ai offert*. Si on vouloit, pour plus d'énergie, mettre un pronom après le verbe, *eux* est le seul dont on pourroit se servir : *Je leur ai offert à eux-mêmes*. Quelle est la place de *leur*.

Lorsque le sujet de la proposition est l'objet du verbe ou le terme d'un rapport, on se sert de *se*, de *soi*, ou de *lui*, pour marquer cet objet ou ce terme : *il s'aime*, *se* est l'objet d'*aimer*. *Chacun est pour soi*, *soi* est le terme d'un rapport marqué par la préposition *pour*. *Il se donne des louanges*, *se* est le terme d'un rapport qui seroit exprimé par la préposition *à*. Emploi de *se* & de *soi*.

Tom. I.   Q

Se ne se met jamais qu'avant le verbe; & *soi* se met toujours après : *s'occuper de soi.*

Lui & elle employés pour se & soi. Ils servent aux deux genres & aux deux nombres. Cependant les pluriels *eux-mêmes* & *elles-mêmes* doivent être préférés à *soi-même.* Ainsi quoiqu'on dise fort bien : *ce raisonnement est bon en soi;* on dira : *ces raisonnements sont solides en eux-mêmes.*

En général, *lui-même* se construit avec tous les noms qui portent une idée déterminée, & *soi-même* avec ceux qui n'offrent qu'une idée indéterminée : *on se tourmente soi-même, on fait soi-même sa félicité, chacun est soi-même son juge, la confiance en soi seul est dangereuse.* On diroit au contraire : *le sage fait lui-même sa félicité, il est lui-même son juge, il ne met pas sa confiance en lui seul.*

Se se dit également des personnes & des choses, & *soi* ne se dit que des personnes, ou du moins y a-t-il peu d'exceptions à faire. Quoiqu'on ne puisse pas blâmer, *ces choses sont de soi indifférentes,* il me semble qu'il seroit encore mieux de dire, *sont d'elles-mêmes.*

Emploi du pronom y. *Y* s'emploie dans des phrases, d'où nous avons vu que l'usage rejette le pronom *lui.*

Ainsi il faut dire d'une maison, *vous y avez ajouté un pavillon.* Il se dit néanmoins quelquefois des personnes. *Avez-vous pensé à moi ? Je n'y ai pas pensé. Y*, c'est-à-dire, *à faire ce que je vous ai promis.*

En équivaut toujours à un nom précédé de la préposition *de* : & , selon ce qui précéde , à plusieurs noms, ou même à des phrases entieres. *J'en ai reçu* sera *de l'argent, des livres, un exemplaire d'un ouvrage qui fait beaucoup de bruit.*

Du pronom *en.*

On & *l'on* sont les noms d'une troisieme personne considérée vaguement. *On chante, on rit.* Ils sont toujours le sujet d'une proposition; nous avons vu qu'ils viennent, par corruption, du mot *homme.*

D'*on* & *l'on.*

Nous finirons ce chapitre par une difficulté sur l'usage des pronoms *le, la, les.* Une femme à qui on demande *êtes-vous malade ?* ou *êtes-vous la malade ?* répond à la premiere question, *je le suis*, & *je la suis*, à la seconde. Plusieurs répondroient : *nous le sommes* à *êtes-vous malades ?* & *nous les sommes* à *êtes-vous les malades.* Voilà certainement l'usage; il s'agit d'en rendre raison.

Quand une femme doit dire , *je le suis* ou *je la suis.*

Je remarque d'abord que, dans les phrases

où le pronom ne doit être qu'au singulier masculin, le nom auquel on le rapporte, est toujours un adjectif, *malade* ou *malades*. Au contraire, dans celles où il peut être au féminin ou au pluriel, il tient toujours la place d'un substantif sur lequel l'attention se porte, *la malade* ou *les malades*.

Je remarque en second lieu, que, lorsque ce pronom se rapporte à un substantif, il est dans l'analogie de la langue qu'il en suive le genre & le nombre. On dira donc *je la suis* ; *la*, c'est-à-dire, *la malade*.

Mais les adjectifs, quoiqu'ils prennent souvent différentes formes suivant le nombre & le genre des noms qu'ils modifient, ne sont pas eux-mêmes ni du masculin ni du féminin, ni du singulier ni du pluriel. Il n'y a donc pas de fondement pour changer la terminaison du pronom qui en prend la place; & on lui laisse sa forme primitive, qui se trouve celle qu'on a choisie pour marquer le masculin & le singulier. *Je suis. Le quoi ? malade*. Or, *malade* est une idée qui par elle-même n'a point de genre.

Autre question sur le pronom le.

Voici un exemple que l'abbé Girard dit avoir été proposé à l'académie, & sur lequel les avis furent partagés. *Si le public a eu quel-*

que indulgence pour moi, je le dois à votre protection. C'est ainsi qu'il faut dire, comme le décide l'abbé Girard, & non pas, *je la dois*. Car, le pronom ne se rapporte pas à *indulgence*, mais à cette phrase, *le public a eu quelque indulgence pour moi*: Or, cette phrase n'a point de genre. Il faudroit dire au contraire: *l'indulgence que le public a eue pour moi; je la dois;* parce qu'alors il est évident que le pronom se rapporte à *indulgence*.

CHAPITRE XVII.

Des adjectifs possessifs

Ce qu'on entend par adjectifs possessifs.
J'APPELLE *adjectifs possessifs* ceux qui déterminent un nom avec un rapport de propriété. dans *mon chapeau*, *mon* est adjectif, puisqu'il détermine *chapeau* ; & il est possessif, puisqu'il marque un rapport de propriété du chapeau à moi.

Ces adjectifs expriment un rapport de propriété à la premiere personne, *mon*, *le mien*, *notre*, *le nôtre* ; à la seconde, *ton*, *le tien*, *votre*, *le vôtre* ; à la troisieme, *son*, *le sien*, *leur*, *le leur*.

Les uns s'emploient sans article, les autres avec l'article.
Mon, *ton*, *son*, leur féminin & leur pluriel s'emploient toujours avec des substantifs, & ne peuvent jamais être précédés de l'article.

Avec *mien*, *tien*, *sien*, leur féminin & leur pluriel, il faut au contraire faire toujours usage de l'article, & sousentendre un substantif. *Voilà votre plume, donnez moi la mienne* : *la mienne* signifie *la plume mienne*, c'est une ellipse. L'article s'emploie en pareil cas, non pour déterminer *mienne*, mais pour concourir avec cet adjectif à déterminer le mot *plume* qui est sousentendu.

Enfin *notre, votre, leur*, se mettent avec le substantif sans article, ou avec l'article sans substantif. Un coup d'œil sur la table suivante suffira, Monseigneur, pour vous faire remarquer l'usage qu'on fait de tous ces adjectifs.

RAPPORTS DE PROPRIÉTÉS.

		SANS ELLIPSE.	AVEC ELLIPSE.
A la premiere personne.	Sing. Plur.	Mon. Mes.	Le mien. Les miens.
A plusieurs de la premiere.	Sing. Plur.	Notre. Nos.	Le nôtre. Les nôtres.
A la seconde.	Sing. Plur.	Ton. Votre. Tes. Vos	Le tien. Le vôtre. Les tiens. Les vôtres
A plusieurs de la seconde.	Sing. Plur.	Votre. Vos	Le vôtre. Les vôtres.
A la troisieme.	Sing. Plur.	Son. Ses.	Le sien. Les siens
A plusieurs de la troisieme.	Sing. Plur.	Leur. Leurs.	Le Leur. Les Leurs.

Mon, ton, son, s'emploient quelquefois avec les noms féminins.

Mon, ton, son ont cela de particulier, qu'ils s'emploient non-seulement avec les noms masculins, mais encore avec les féminins, qui commencent par une voyelle ou par une *h* non aspirée : *mon ame, ton amitié*, & non pas, *ma ame, ta amitié*.

Quand on supprime ces adjectifs.

C'est une regle générale que nous supprimons ces adjectifs, toutes les fois que les circonstances y suppléent suffisamment. On dit, *j'ai mal à la tête, ce cheval a pris le mors aux dents*; & non pas; *j'ai mal à MA tête, ce cheval a pris SON mors à SES dents*.

Les adjectifs possessifs de la troisieme personne ne s'emploient pas indifféremment pour les personnes & pour les choses.

Il n'y a aucune difficulté sur l'usage des adjectifs de la premiere & de la seconde personne. Il n'en est pas de même de ceux de la troisieme. En parlant d'un homme ou d'une femme, on dira, *sa tête est belle*, & on ne dira pas *la tête EN est belle*, quoique *sa* & *en* ayent ici la même signification. S'il s'agissoit d'une statue, il faudroit dire au contraire, *la tête EN est belle*, & non pas, *SA tête est belle*.

La regle générale que vous pouvez vous faire, c'est d'employer les adjectifs *son, sa*, lorsque vous parlez des personnes, ou des choses que vous personnifiez, c'est-à-dire, auxquelles vous attribuez des vices & une volonté. Hors ces cas, l'usage varie beaucoup, & les grammairiens ont bien de la peine à se faire des regles.

On ne dira pas, en parlant d'une riviere, SON *lit est profond*, mais LE *lit* EN *est profond*; on dit cependant, *elle est sortie de* SON *lit.*

On ne dira pas d'un parlement, d'une armée, d'une maison: SES *magistrats sont intégres*, SES *soldats sont bien disciplinés*, SA *situation est agréable.* Il faut dire : LES *magistrats* EN *sont intégres*, LES *soldats* EN *sont bien disciplinés*, LA *situation* EN *est agréable.* Cependant vous direz *le parlement est mécontent d'une partie de* SES *magistrats, l'armée a perdu beaucoup de* SES *soldats, cette maison est mal située, il faudroit pouvoir la tirer de* SA *place :* vous ne pourriez pas même parler autrement.

D'après ces exemples, il est aisé de se faire une regle : la voici. Quand il s'agit des choses qui ne sont pas personnifiées, on doit se servir du pronom *en*, toutes les fois qu'on en peut faire usage; & on ne doit employer l'adjectif possessif, que lorsqu'il est impossible de se servir de ce pronom. Vous direz donc : *l'église a* SES *priviléges, le parlement a* SES droits, la république a conservé SES conquêtes; si la ville a SES agrémens, la campagne a LES SIENS. Il n'est pas possible de substituer ici le pronom *en*, aux adjectifs possessifs; & par conséquent, on ne doit pas se faire un scrupule de les employer. Mais si on peut se servir de ce pronom, on dira en parlant de la ville, LES *agrémens* EN *sont préférables à ceux de la campagne*; d'une république, LES *citoyens* EN *sont vertueux*; d'un parlement, LES *magistrats* EN *sont intégres*; de l'église, LES *privileges* EN *sont grands*.

Vous pouvez, Monseigneur, faire l'application de cette regle aux exemples que j'ai apportés plus haut, & à beaucoup d'autres. Vous parlerez donc également bien, soit que vous disiez d'un tableau, *il a* SES *beautés*; *ou* LES *beautés en sont supérieures*; & d'une maison, *elle a* SES *commodités, ou* LES *commodités* EN *sont grandes*. Quoique les adjectifs possessifs paroissent plus particulierement destinés à marquer le rapport de propriété aux personnes, il est naturel de s'en servir pour marquer ce même rapport aux choses, quand on n'a pas d'autres moyens. On dira donc, de l'esprit, SES *avantages*; de l'amour, SES *mouvements*; d'un triangle, SES *côtés*; d'un quarré, SA *diagonale*: ceci résout la question que nous avons agitée au sujet des pronoms, *lui*, *eux*, &c. c'est-à-dire, qu'on doit se servir de ces pronoms, toutes les fois qu'on n'y peut suppléer par aucun autre tour.

Je remarquerai par occasion, que *ce tableau a* SES *beautés* & *ce tableau a* DES *beautés* ne signifient pas exactement la même chose. On dira, *ce tableau a* SES *beautés*, lorsqu'on parle à quelqu'un qui y trouve des défauts, dont on est obligé de convenir malgré soi ; & ce tour exprime un consentement tacite aux critiques qui ont été faites. On dira au contraire *ce tableau a* DES *beautés*, lorsqu'on y trouve des défauts qu'on ne relève pas, qu'on veut même passer sous silence, & qu'on seroit fâché de voir échapper aux autres.

En quoi diffère *ce tableau a* SES *beautés* de *ce tableau a* DES *beautés*.

On demande s'il faut dire, *tous les juges ont opiné chacun selon* SES *lumieres*, ou *tous les juges ont opiné chacun selon* LEURS *lumieres*.

Difficulté sur les adjectifs *ses* & *leurs*.

Pour résoudre cette question, il faut connoître la différente signification des adjectifs *ses* & *leurs*. Or, le premier signifie que la chose appartient distributivement aux uns & aux autres ; & le second, qu'elle leur appartient à tous collectivement.

De cette explication, il s'enfuit que vous devez dire : *tous les juges ont opiné chacun selon SES lumieres.* Car, ce que vous dites de tous collectivement, c'eſt qu'ils ont opiné ; & ce que vous dites diſtributivement, c'eſt que chacun a opiné ſelon ſes lumieres. Il y a ellipſe, & le ſens eſt : *tous les juges ont opiné, & chacun a opiné ſelon ſes lumieres.*

Vous direz au contraire : *tous les juges ont donné chacun leur avis ſuivant LEURS lumieres.*

Pour ſentir la différence de ces deux tours, il faut remarquer que, dans ces mots *les juges ont opiné*, le ſens collectif eſt fini, & qu'il ne l'eſt pas dans ceux ci, *les juges ont donné*. Or, dès que *chacun* ne vient qu'après un ſens collectif fini, c'eſt à ce mot que tout ce qui ſuit doit ſe rapporter, & on doit dire diſtributivement ; *les juges ont opiné chacun ſelon ſes lumieres.* Mais ſi *chacun* vient avant que le ſens collectif ſoit fini, ce qui ſuit ne peut plus ſe dire diſtributivement. Vous direz donc : *les juges ont donné chacun LEUR avis ſuivant LEURS lumieres* car, le ſens collectif ne finit qu'après *avis* que *chacun* précéde.

Par la même raiſon vous direz : *il leur a dit à chacun LEUR fait*, & non pas, *SON fait.*

Vous direz cependant, *il a dit à chacun son fait*, parce que n'y ayant point de nom auquel l'adjectif possessif puisse se rapporter collectivement, *chacun* détermine le sens distributif.

Voilà, Monseigneur, les regles générales. Il suffit de vous les avoir fait remarquer. L'usage achevera de vous instruire.

CHAPITRE XVIII.

Des adjectifs démonstratifs.

Ce qu'on entend par *adjectif démonstratif.* Les adjectifs démonstratifs sont ceux qui montrent, pour ainsi dire, l'objet qu'ils déterminent. *Ce livre, cet homme, ces abus.*

De ce nombre sont *ci* & *la*. Parmi ces adjectifs on doit mettre *ci* & *là*, dont l'un détermine lequel des deux objets est le plus près ; & l'autre, lequel est le plus loin. Ils sont les mêmes pour tous les genres & pour tous les nombres, & ils se placent après les noms. *Cet homme-ci* signifie le plus près, *cet homme-là* signifie le plus loin.

Ci ne s'emploie qu'à la suite d'un nom : *là* s'emploie seul, & alors c'est une expression elliptique. *Il est là*, suppléez *dans ce lieu* : *il vient de là*, suppléez *de ce lieu*.

Ci & là ajoutés à ce. On a ajouté *ci* & *là* à *ce*, & on a fait *ceci, cela*, qui sont encore deux expressions elliptiques, où l'esprit sousentend une idée vague, un nom tel qu'*objet*, *être* ou tout autre.

L'ellipse a lieu encore, lorsque nous joignons *ce* au verbe *est*. *J'aime Moliere, c'est le meilleur comique*, c'est-à-dire, *ce Moliere est le meilleur comique*. *C'est une chose merveilleuse que de l'entendre*. Ici il n'y a point d'ellipse : car *de l'entendre* est le nom que modifie l'adjectif *ce* ; & le sens *ce de l'entendre est une chose merveilleuse*. Mais il y a ellipse dans la phrase suivante : *prenez garde à ce que vous dites*. Car l'esprit ajoute à *ce* l'idée de discours ou de propos, & ce tour est équivalent à celui-ci : *prenez garde aux propos que vous tenez*.

Ce avec le verbe *être*.

Cet adjectif, joint au verbe *être*, a un avantage du côté de l'expression. *Ce fut Sylla qui montra le premier que la république pouvoit perdre sa liberté*, indique, d'une maniere plus sensible, Sylla comme le premier auteur de la tyrannie, que si on disoit, *Sylla fut le premier*....En effet *ce fut* fixe l'attention sur Sylla & le montre au doigt, pour ainsi dire : au lieu qu'en disant *Sylla fut*, on ne fait que le nommer.

On dit indifféremment *c'est eux, ce sont eux, c'est elles, ce sont elles*. Mais avec les noms de la premiere perſonne & de la ſeconde, on ne peut employer que le ſingulier, *c'eſt vous, c'eſt nous, c'eſt moi.*

Dans ces phraſes le ſujet du verbe eſt une idée vague, que montre l'adjectif *ce*, & que la ſuite du diſcours détermine. Si l'eſprit ſe porte ſur cette idée, nous diſons au ſingulier, *c'eſt eux, c'eſt nous* : & nous diſons au pluriel, *ce ſont eux*, ſi l'eſprit ſe porte ſur le nom qui ſuit le verbe.

L'uſage a donc ici le choix des tours, & il peut à ſon gré rejeter quelquefois l'un des deux. C'eſt ce qu'il fait, lorſque le nom eſt à la premiere ou à la ſeconde perſonne : car il ne permet jamais de dire *ce ſont nous, ce ſont vous*. Il uſe encore du même droit, lorſqu'on parle au paſſé, & il ne veut pas qu'on diſe : *ce fut les Phéniciens qui inventerent l'art d'écrire.* Cependant le ſingulier ne ſeroit pas une faute, ſi on parloit au préſent : *c'eſt les Phéniciens qui ont inventé l'art d'écrire.* Je conviens néanmoins que *ce ſont* pourroit être mieux, parce que l'attention ſe porte plus particulierement ſur le nom qui eſt au pluriel.

Celui, celle. Il y a des adjectifs démonſtratifs qui n'indiquent qu'une choſe ou qu'une perſonne en général.

général. C'est pourquoi on ne les joint jamais à aucun nom : ce sont *celui*, *celle*. On dit *celui qui*, *celle qui* ; & l'esprit supplée toujours l'idée sousentendue, *homme*, *chose* ou quelque autre.

A ces adjectifs on a ajouté *ci* & *la*, & on a fait *celui-ci*, *celui-la* ; le premier indique ce qui est près, ou ce dont on a parlé en dernier lieu ; & le second, ce qui est loin, ou ce qu'on a nommé en premier lieu.

Celui-ci, celui-la.

Celui est formé de *ce* & de *lui* : *celle* de *ce* & d'*elle*. On disoit même autrefois *cil* de *ce* & d'*il*, & nous disons aujourd'hui *ceux* de *ce* & d'*eux*. Vous voyez que l'adjectif *ce* a été joint aux noms des troisiemes personnes, & qu'il est pour tous les genres & pour tous les nombres.

Tom. I. R

CHAPITRE XIX.

Des adjectifs conjonctifs.

Quelle eſt la nature des adjectifs, conjonctifs, *qui*, *lequel* &c.

LE propre des mots, *qui*, *que*, *dont*, *lequel*, *laquelle*, quoique tous les grammairiens les mettent dans la claſſe des pronoms, n'eſt certainement pas de pouvoir être ſubſtitué à aucun ſubſtantif. Voyons quelle en eſt la nature.

Nous avons dit, Monſeigneur, qu'un ſubſtantif peut être modifié par une propoſition incidente. *Les vers de l'écrivain que vous aimez, dont vous recherchez les ouvrages, & auquel vous donnez la préférence.* Voilà trois propoſitions incidentes. Il s'agit de ſavoir quelle eſt l'énérgie des mots *que*, *dont*, *auquel*.

Obſervons d'abord *lequel* & *du quel*, & diſons : *l'écrivain lequel vous aimez & duquel...*

Je fais bien que l'usage préfère *l'écrivain que...* *& dont.....* Mais toutes ces expressions ont le même sens, & je serai en droit d'appliquer à *qui*, *que*, *dont*, ce que j'aurai démontré de *lequel* & *duquel*.

Or, quand je dis *l'écrivain*, j'offre une idée dans toute sa généralité ; & si j'ajoute *lequel*, ce mot restreint mon idée. J'annonce que je vais parler d'un individu, & je fais pressentir que je vais le désigner par quelques modifications particulières.

Ces modifications sont exprimées dans la proposition incidente, & cette proposition est annoncée par le mot *lequel*, qui la lie au substantif. Ce mot commence donc à déterminer celui d'écrivain, &, par conséquent, il doit être mis dans la classe des adjectifs.

Mais, comme nous l'avons remarqué, tout adjectif est censé accompagné de son substantif ; & lorsque celui-ci n'est pas exprimé, il est sousentendu. *l'écrivain lequel vous aimez & auquel vous donnez la préférence*, est donc pour *l'écrivain lequel écrivain vous aimez & auquel écrivain*.....il n'est pas étonnant qu'on fasse usage de l'ellipse en pareil cas, puisque l'idée qu'on néglige d'énoncer, se supplée d'elle-même.

Or, *qui*, *que*, *dont* sont synonymes de *lequel* & *du quel*. Ce sont donc aussi des adjectifs; & toutes les propositions où nous les employons, sont des tours elliptiques. Ce ne seroit pas faire une difficulté que de dire que l'usage ne permet pas de leur ajouter le mot sousentendu : l'idée s'en présente au moins, & c'est assez. L'*écrivain qui* est donc pour l'*écrivain qui écrivain*. Ainsi, bien loin que ces mots *qui*, *que*, *dont*, *lequel*, tiennent la place d'un nom, ils le sousentendent au contraire toujours après eux. Je les appelle *adjectifs conjonctifs* : *adjectifs*, parce qu'ils commencent à déterminer le nom *conjonctif*, parce qu'ils le lient à la proposition incidente qui acheve de le modifier.

Souvent les adjectifs conjonctifs déterminent des noms qui n'ont point été exprimés.

Il faut remarquer que le nom que les adjectifs déterminent, n'est pas toujours exprimé; mais il le supplée. *Qui vous a dit cela ?* c'est *quel est l'homme, qui homme*. *Qui ne sait pas garder un secret, ne mérite pas d'avoir des amis :* C'est *l'homme qui homme ne sait* . . . . Quelquefois aussi le conjonctif n'est précédé que d'un autre adjectif vague : *celui qui* ; & alors il faut suppléer le substantif pour l'un & pour l'autre adjectif, *celui homme qui homme*.

GRAMMAIRE. 161

Qui & *lequel* ne se rapportent d'ordinaire qu'à un substantif qui le précéde : mais nous avons d'autres adjectifs conjonctifs qui ne se rapportent jamais qu'à des noms sousentendus : ce sont *quoi* & *où*. Quand on dit, *à quoi vous occupez vous ? quoi* est entierement l'équivalent de *lequel* ou *laquelle*. C'est un adjectif qui est le même pour les deux genres ; & il faut suppléer *chose* ou tout autre nom. *Quelle est la chose, à quoi chose* pour *à laquelle chose, vous vous occupez ?*

<small>Des adjectifs *quoi* & *où*.</small>

Quand on dit : *où allez vous ? d'où venez vous ?* le sens est, *quel est le lieu au quel lieu vous allez ! quel est le lieu du quel lieu vous venez ?* Ces exemples vous font voir que l'adjectif *où* est équivalent à un conjonctif suivi de son substantif, & à une proposition qui le pourroit précéder, mais qu'on supprime. Il est vrai, Monseigneur, que les grammairiens seront étonnés de voir *quoi* & *où* dans la classe des adjectifs. Mais remarquez que je rappelle ces expressions aux éléments du discours, & que c'est le seul moyen d'en déterminer la nature.

Lequel & *laquelle* sont formés des articles *le la*, & des adjectifs, *quel* & *quelle*, qui ne sont pas conjonctifs, & qui s'emploient souvent avec ellipse. *Quel est-il ? quelle est-elle ?* se di-

<small>Des adjectifs *quel* & *quelle*.</small>

R 3

ront ; par exemple, pour *cet homme quel homme est-il ! cette femme quelle femme est-elle ?* nous difons auffi ? *qui est-elle ?* ces adjectifs ne fouffrent point de difficultés. Il n'en eſt pas de même des adjectifs conjonctifs. Nous allons obſerver dans le chapitre fuivant, comment on les emploie.

CHAPITRE XX.

De l'emploi des adjectifs conjonctifs.

On ne dit point, *l'homme est animal qui raisonne, vous avez été reçu avec politesse qui*.... il faut dire, *l'homme est* UN *animal qui raisonne, vous avez été reçu avec* UNE *politesse* ou *avec la politesse qui*... En examinant ces exemples, nous trouverons la regle qu'on doit suivre.

Les adjectifs conjonctifs ne peuvent se rapporter qu'à des noms pris déterminément.

Les mots *animal* & *politesse* sont indéterminément dans *l'homme est animal* & dans *vous avez été reçu avec politesse*. Au contraire, ils sont déterminés & restreints, lorsqu'on dit *un animal*, *une* ou *la politesse*... La regle est donc qu'un adjectif conjonctif, ne doit se rapporter qu'à un nom, pris dans un sens déterminé.

Un nom est sensiblement déterminé toutes les fois qu'il est précédé de l'article ou des adjectifs *un*, *tout*, *quelque* & autres semblables. Mais il peut l'être encore, quoiqu'il ne soit précédé d'aucun de ces adjectifs ; & on y sera trompé, si on ne saisit pas le sens de la phrase. Tous les tours suivants, par exemple, sont très corrects. *Il n'a point de livre qu'il n'ait lu, est il ville dans le royaume qui soit plus obéissante ? il n'y a homme qui sache, il se conduit en pere qui* ... *Livre*, *ville*, *homme*, *pere* sont évidemment déterminés : car le sens est ; *il n'a pas un livre qu'il* ... *est-il dans le royaume une ville qui* ... *il n'y a pas un homme qui* ... *il se conduit comme un pere qui* ... on dira de même, *il est accablé de maux, de dettes qui* ... parce qu'on sousentend *certains*, *plusieurs* ou *quelque chose* d'équivalent : *il est accablé de certains maux, de plusieurs dettes* ; on dira encore : *une sorte de fruit qui ne mûrit point dans nos climats* ; parce que *sorte* restreint le mot *fruit* : enfin on dira, *il n'y a point d'injustice qu'il ne commette* ; parce que le sens est, *il n'y a pas une sorte d'injustice*.

<small>Tous les conjonctifs se disent ils indifféremment des personnes & des choses ?</small> Une observation que nous avons déja faite sur d'autres noms, a encore lieu ici : c'est que, parmi les adjectifs conjonctifs, les uns ne se disent que des personnes, & les autres se disent des personnes & des choses. Il s'agit d'observer ce que l'usage prescrit à ce sujet.

Il faut d'abord distinguer si l'adjectif conjonctif est le sujet de la proposition incidente, l'objet du verbe ou le terme d'un rapport. Il est le sujet dans *la science qui plaît le plus*, l'objet dans *la science que j'aime*, & le terme d'un rapport, toutes les fois qu'il peut être précédé d'une préposition.

<small>Distinction à faire à ce sujet</small>

Lorsque le conjonctif est le sujet de la proposition incidente, *qui* doit-être préféré à *lequel* & *laquelle*, soit qu'on parle des choses, soit qu'on parle des personnes. *Les écrivains qui savent penser, savent écrire : les talents qui font le philosophe, & ceux qui font l'homme sociable ne sont pas toujours les mêmes : la philosophie qui cabale, qui déclame & qui crie, est un fanatisme qui veut paroître ce qu'il n'est pas.* Il ne seroit pas permis de substituer ici *lequel* ou *laquelle*. Cependant ces adjectifs, susceptibles de genre & de nombre, sont très propres à prévenir des équivoques ; & il y a des écrivains qui les emploient souvent dans ce dessein : mais il faut, autant qu'il est possible, préférer tout autre moyen.

<small>Quel conjonctif on doit préférer pour exprimer le sujet de la proposition incidente ;</small>

Lorsque le conjonctif est l'objet du verbe, c'est encore une regle générale de préférer *que* à *lequel* & *laquelle*. *Les arts que vous étudiez : les ennemis qu'il a vaincus :*

<small>Pour exprimer l'objet du verbe ;</small>

la grammaire que je fais. Jamais *les arts lesquels*, &c.

Pour exprimer le terme d'un rapport qui seroit indiqué par la préposition de

Lorsque le conjonctif est le terme d'un rapport qu'on pourroit exprimer par la préposition *de*, *dont* s'emploie en parlant des choses comme en parlant des personnes: il est même préférable à tous les autres. *César dont la valeur: les biens dont vous jouissez: la maladie dont vous êtes menacé.*

Si on vouloit faire usage des autres conjonctifs, il faudroit distinguer s'ils se rapportent à une chose ou à une même personne. Dans le premier cas, le plus sûr seroit d'employer *du quel* ou *de laquelle*, & jamais *de qui*. *Un arbre du quel le fruit: Une chose de laquelle.* Sur quoi il faut remarquer que, *dont* seroit préférable.

Si le conjonctif se rapporte à des personnes, vous préférerez *de qui* à *du quel* & *de laquelle*: *César de qui la valeur.*

Mais il y a une exception à faire sur ces deux dernieres regles. Pour cela j'observe que *de qui* peut être le terme auquel se rapporte le substantif de la proposition incidente, ou le terme auquel se rapporte le verbe.

Dans *César de qui la valeur*, *de qui* est le terme auquel se rapporte le substantif *la valeur*, & il le détermine, comme *de César* le détermineroit. Mais dans *l'homme de qui vous m'avez parlé*, *de qui* est le terme auquel on rapporte le verbe.

Or, toutes les fois que le conjonctif est le terme auquel on rapporte le verbe, on peut se servir de *de qui* ou de *dont*, qui est encore mieux.

Mais s'il est le terme auquel se rapporte le substantif de la proposition incidente, il faut distinguer ; ou il est suivi de ce substantif, ou il en est précédé.

S'il en est suivi, *dont* pourra se dire des personnes & des choses, & *de qui* ne se dira que des personnes. *La Seine dont le lit*, & non pas *de qui*. *Le prince dont* ou *de qui la protection*.

S'il en est précédé, il faudra toujours préférer *du quel* ou *de laquelle*. *La Seine dans le lit de laquelle* : *le prince à la protection duquel* : *de qui* ne seroit pas si bien, même en parlant des personnes.

Avec la préposition *à* on emploie les con-

Quel conjonc.

tif on doit employer avec la préposition à. jonctifs *lequel* & *laquelle*, en parlant des choses : *la fortune à laquelle je ne m'attendois pas.* En parlant des personnes, on a le choix entre *qui* & *lequel* : *les amis à qui* ou *auxquels je me suis confié.*

Emploi du conjonctif quoi avec les prépositions à ou de. *A quoi* ne se dit que des choses absolument inanimées, & encore peut-on toujours substituer *au quel* ou *à laquelle* : *c'est une objection à quoi* ou *à laquelle on ne peut satisfaire.* On ne dira pas, *c'est un cheval à quoi je me suis fié*, mais *auquel*. *A quoi* & *de quoi*, ne s'emploient proprement que lorsqu'on les rapporte à des choses plutôt qu'à des noms : *c'est de quoi je me plains : c'est à quoi je ne m'attendois pas.*

Que employé pour à qui & pour dont. Il y a des occasions ou *que* se met pour *à qui*; *c'est avec vous que je parle* : & d'autres où il s'emploie pour *dont*, *c'est de lui que je parle*; on ne doit pas même s'exprimer autrement.

Où & d'où ne se disent que des choses. *Où* & *d'où* ne se disent jamais que des choses : *voilà le point où je m'arrête ; voilà le principe d'où je conclus.*

Emploi des conjonctifs Avec toute autre préposition qu'*à* & *de*, le conjonctif *lequel* & *laquelle*, peut se dire des personnes & des choses : mais *qui* ne s'emploie qu'en parlant des personnes. *Les revenus sur lesquels vous comptez ; les accidents contre lesquels vous êtes en garde : l'homme chez qui* ou *chez lequel vous êtes allé : la personne avec qui* ou *avec laquelle vous m'avez compromis.*

<small>avec toute aucune préposition qu'à & de.</small>

S'il s'agit des choses inanimées, on employera *quoi* ou *lequel : le principe sur quoi* ou *sur lequel je me fonde : la chose en quoi* ou *dans laquelle il a manqué.*

La grammaire, Monseigneur, seroit bien longue & bien difficile, s'il falloit retenir toutes les regles que je vous donne dans ce chapitre & dans d'autres. Mais mon dessein n'est pas de vous arrêter long-temps sur ces choses : je ne veux vous les faire observer qu'une fois, cela suffira pour vous préparer à étudier l'usage. Finissons ce chapitre par un question qui souffre quelques difficultés.

<small>Il n'est pas nécessaire de s'arrêter long-temps sur les regles de grammaire.</small>

Pourquoi dit-on ; *votre ami est un des hommes qui* manquerent *périr dans la sédition* ; quoiqu'on dise, *votre ami est un des hommes qui* DOIT *le moins compter sur moi ?* pourquoi le pluriel *qui manquerent*, dans l'une de ces phrases, & pourquoi, dans l'autre, le singulier *qui doit.*

<small>Question.</small>

C'est que les vues de l'esprit ne sont pas les mêmes. On se sert de la premiere phrase quand on veut mettre *votre ami* parmi ceux qui manquerent périr ; & on se sert au contraire de la seconde, quand on veut le mettre à part, & le sens est, *votre ami est un homme, qui doit, le moins de tous les hommes, compter sur moi.*

CHAPITRE XXI.

Des participes du présent.

Je vous ai déja rappellé plusieurs fois, Monseigneur, que les verbes adjectifs sont des expressions abrégées, équivalentes à deux éléments du discours, à un nom adjectif & au verbe être. *Aimer* est équivalent d'*être aimant*; *lire*, d'*être lisant*; *faire*, d'*être faisant*. Ces adjectifs sont les participes du présent dont nous avons à traiter.

Les participes du présent ne sont susceptibles ni de genre ni de nombre.

Ces participes, faciles à reconnoître, se terminent tous de la même maniere, & leur terminaison ne souffre jamais aucune variation. D'ailleurs ils n'ont ni genre ni nombre, ou, si vous voulez, ils sont tout à la fois du masculin & du féminin, du singulier & du pluriel. Car, sans aucun égard pour le genre & pour le nombre des noms qu'ils modifient, on les prononce & on les écrit toujours de la même maniere : *les hommes préférant, les femmes préfé-*

rant, *un homme préférant.* C'est en cela qu'on les distingue des autres adjectifs que nous terminons en *ant*, & qui sont susceptibles de genre & de nombre. Quand on dit, *une vue riante, des personnes obligeantes*; *riante & obligeantes* rentrent dans la classe des autres adjectifs, & ce ne sont pas des participes.

Comment d'adjectifs, les participes du présent deviennent substantifs.

Vous remarquerez, Monseigneur, que les participes du présent sont souvent précédés de la préposition *en. Je l'ai vu en passant, en riant on peut dire la vérité.*

Or, vous savez qu'une préposition indique le second terme d'un rapport, & vous concevez qu'il ne peut y avoir de rapport qu'entre deux choses qui existent, ou qui, étant considérées comme existantes, sont distinguées par des noms substantifs. La préposition *en*, vous fait donc appercevoir deux substantifs dans les participes *passant* & *riant.*

Il n'est pas étonnant que ces noms, qui sont originairement des adjectifs, deviennent des substantifs, puisqu'ils participent du verbe qui, à l'infinitif, est un vrai substantif, & que d'ailleurs nous avons remarqué que les adjectifs se prennent souvent substantivement. Faisons actuellement l'analyse de ces participes, lorsqu'on les emploie comme substantifs, &
lorsqu'on

lorsqu'on les emploie comme adjectifs. La chose ne sera pas difficile.

En riant, on peut dire la vérité, signifie, *lorsqu'on rit ou quoiqu'on rie, on peut dire la vérité. En riant* est donc l'équivalent d'une proposition subordonnée, & il exprime une action qui peut n'être pas un accessoire de la proposition principale, & qui n'en est un que par occasion.

<small>Analyse de ces participes, employés soit comme substantifs, soit comme adjectifs.</small>

Les courtisans, préférant leur avantage particulier au bien général, ne donnent que des conseils intéressés. Les courtisans préférant est ici la même chose que *les courtisans qui préfèrent. Préférant* est donc l'équivalent d'une proposition incidente, il exprime une habitude qui paroît devoir être toujours un accessoire du substantif qui est modifié. La pensée est la même que si on disoit : *c'est le caractere des courtisans de préférer leur avantage particulier au bien général, & c'est pourquoi ils ne donnent que des conseils intéressés.*

Vous voyez, par l'analyse de ces exemples, en quoi l'acception de ces participes, employés comme substantifs diffère de l'acception de ces mêmes participes employés comme adjectifs.

Quelquefois on supprime la préposition *en*;

<small>Équivoque à</small>

laquelle ils donnent lieu, & qu'il faut éviter.

& alors on ne sait plus si le participe doit être pris substantivement, ou adjectivement. *Les hommes jugeant sur l'apparence, sont sujets à se tromper.*

Si dans cette phrase, *jugeant* est adjectif, il signifient *les hommes qui jugent*, & il les représente comme s'étant fait une habitude de juger sur l'apparence.

Si au contraire ce participe est un substantif, il signifie *les hommes lorsqu'ils jugent*, & alors il ne représente pas les jugements qu'ils font sur l'apparence, comme une habitude, mais seulement comme une circonstance qui peut quelquefois les jeter dans l'erreur. C'est à un écrivain à savoir laquelle de ces deux choses il veut dire, & à la dire clairement.

L'équivoque peut être plus grande encore : *je l'ai rencontré allant à la campagne.* On ne sait si la préposition doit être suppléée devant le participe *allant*, ou si elle ne doit pas l'être, &, par conséquent, on ne voit pas, si c'est celui qui a rencontré ou celui qui a été rencontré, qui alloit à la campagne.

Dans le cas où la préposition devroit être suppléée, *allant* seroit un substantif, & le sens seroit, *je l'ai rencontré en allant*; c'est-à-dire, *lorsque j'allois à la campagne.* Dans le cas où la préposition ne devroit pas être suppléée, *allant* seroit un adjectif, & le sens seroit, *je l'ai rencontré qui alloit à la campagne.* Ces sortes de phrases sont incorrectes, & il les faut éviter. (a)

(*) Quelques grammairiens voient un gérondif dans cette expression *en riant, en passant.* Il seroit plus exact de dire que nous n'avons point de gérondif. Si une langue n'avoit, pour tout verbe, que le verbe être, la grammaire en seroit fort simple. Mais combien ne la compliqueroit-on pas, si on vouloit trouver, dans cette langue, des verbes substantifs, adjectifs, actifs, passifs, neutres, déponents, réfléchis, réciproques, impersonnels, des participes, des gérondifs, des supins, &c. C'est ainsi que nous avons compliqué notre grammaire, parce que nous l'avons voulu faire d'après les grammaires latines. Nous ne la simplifierons, qu'autant que nous rappellerons les expressions aux élémens du discours.

CHAPITRE XXII.

Des participes du passé.

Les participes du passé sont adjectifs, ou substantifs, suivant la maniere dont on les emploie. On dit : *j'ai habillé mes troupes, mes troupes que j'ai habillées, mes troupes sont habillées* : voilà constamment l'usage. Or, vous voyez, Monseigneur, pourquoi dans la derniere phrase, le participe se met au féminin & au pluriel, c'est qu'*habillées* est un adjectif qui modifie un substantif féminin & pluriel.

Mais si, dans la seconde phrase, ce participe modifie également le substantif *troupes*, il y devra prendre encore la terminaison qu'il a prise dans la troisieme, & il faudra dire, *mes troupes que j'ai habillées* : or, il le modifie. En effet, quel est l'objet du verbe *avoir*, lorsque je dis, *mes troupes que j'ai*, ou ce qui est la même chose, *mes troupes, lesquelles troupes j'ai* ? il est évident que c'est *mes troupes*. Si j'ajoute donc *habillées*, ce participe ne peut exprimer qu'une des modifications du substantif *troupes* ; il est donc encore adjectif.

Mais que sera-t-il dans la phrase où il ne prend ni le féminin, ni le pluriel, *j'ai habillé mes troupes* ? Mr. du Marsais a le premier remarqué qu'en pareil cas, le participe est toujours un substantif. Il en est donc du participe du passé, comme du participe du présent : il est substantif ou adjectif, suivant la maniere dont on l'emploie.

Le verbe *avoir*, dit le grammairien que je viens de nommer, signifie proprement *posseder*, *j'ai une terre*. On l'a ensuite étendu à d'autres usages, & on a dit, *j'ai faim, j'ai soif*. Car quoiqu'on n'eût pas faim comme on a une terre, & que, dans l'un comme dans l'autre cas, *avoir* ne signifie pas absolument la même chose que *posseder*, il y a cependant quelque analogie entre *j'ai une terre* & *j'ai faim*. Or, nous avons vû que d'analogie en analogie, un mot finit souvent par être pris dans une acception qui a à peine quelque rapport à la premiere. C'est ce qui est arrivé au verbe *avoir* : il a passé par une suite d'acceptions, dont les deux extrêmes sont, *j'ai une terre*, *j'ai habillé* ; & ces deux extrêmes different en ce que l'un a pour accessoire, un rapport au présent, & que l'accessoire de l'autre est un rapport au passé. Dans *j'ai une terre*, l'objet du verbe *avoir* est *une terre*: *habillé* est donc également l'objet du verbe *avoir* dans *j'ai habillé*. Or, un verbe ne peut avoir pour objet qu'une chose qui existe, ou que nous considérons comme existante; c'est-à-dire, qu'il ne peut avoir pour objet qu'une chose que nous désignons par un nom substantif. *Habillé* est donc, ainsi qu'*une terre*, un substantif.

<small>Quelle est la nature des participes substantifs.</small>

Ces sortes de substantifs participent du verbe; ils ont un objet, quand le verbe en a un : *mes troupes*, par exemple, est l'objet d'*habillé*, dans *j'ai habillé mes troupes*. Ils n'ont point d'objet, quand le verbe n'en a pas. Ainsi, dans *j'ai parlé*, *parlé* est un substantif qui n'a point d'objet.

Comme nous avons distingué des verbes d'action & des verbes d'état, on pourroit distinguer deux espéces de participes substantifs : les uns sont des substantifs qui expriment une action, *habillé*, *parlé*; les autres sont des substantifs qui expriment un état, *dormi*, *langui*.

Tous ces substantifs différent des autres, en ce qu'ils ne sont ni masculins, ni féminins, ni singuliers, ni pluriels : leur terminaison ne varie donc jamais; &, par conséquent, les participes adjectifs sont seuls susceptibles de genre & de nombre.

Dès que les participes substantifs sont invariables dans leur terminaison, vous concevez, Monseigneur, qu'il ne peut y avoir aucune difficulté sur la maniere de les employer. Passons donc aux participes adjectifs.

Les participes adjectifs peuvent se construire avec le verbe *être* ou avec le verbe *avoir*.

Comment on employe les participes adjectifs, lorsqu'ils se construisent avec le verbe être.

Dans le premier cas, ou le verbe *être* conserve la signification qui lui est propre, ou il ne la conserve pas. S'il la conserve, le participe doit toujours s'accorder avec le sujet de la proposition : *il est aimé, elle est aimée, ils sont aimés.*

S'il ne la conserve pas, il sera employé à la place du verbe *avoir* ; & on dira *il s'est tué*, pour *il a tué soi*, & *il s'est crevé les yeux*, pour *il a crevé les yeux à soi*. Alors il y a encore une distinction à faire.

Ou l'action, exprimée par le participe a pour objet le sujet même de la chose, & vous direz, *il s'est tué, elle s'est tuée, ils se sont tués.* Car, en pareil cas, le participe est un adjectif qui doit prendre le genre & le nombre du nom qu'il modifie.

Ou l'action a pour objet un nom différent du

S 4

sujet de la proposition; & vous direz, *il s'est crevé les yeux, elle s'est crevé les yeux, ils se sont crevé les yeux.* C'est qu'ici le participe *crevé* est un substantif. Dans cette phrase, *il s'est crevé*, *se* n'est pas l'objet comme dans *il s'est tué*: il est le terme du rapport, & on dit *se* pour *à soi*.

La regle que l'usage suit dans toutes ces phrases où le verbe *être* est employé à la place du verbe *avoir*, est donc de regarder comme adjectif tout participe qui a pour objet le sujet même de la proposition; & de regarder comme substantif tout participe qui a un autre nom pour objet. Dans le premier cas, le participe est susceptible de genre & de nombre; dans le second il ne l'est pas. Cette regle est constante & ne souffre point d'exception.

Vous pourrez, Monseigneur, facilement connoître si le participe est substantif ou s'il est adjectif. Il est substantif toutes les fois qu'il est suivi de son objet; *j'ai reçu les lettres*: il est adjectif toutes les fois qu'il en est précédé; *les lettres que j'ai reçues*.

Vous direz donc *de deux filles qu'elle avoit, elle en a fait une religieuse,* & non pas *faite*. Car *une* est l'objet du participe *fait*, & il ne vient qu'après. Le sens est *elle a fait une d'elles religieuse*.

Par la même raison, vous direz, en faisant du participe un substantif, *les académies se sont fait des objections*; & en faisant de ce même participe un adjectif; vous direz, *j'ignore les objections que les accadémies se sont faites*.

On a demandé s'il faut dire *la justice que vous ont rendu* ou *rendue vos Juges*. Pendant long-temps tous les grammairiens se sont déclarés pour *rendu*, parce que, disoient-ils, ce participe est suivi du sujet de la proposition. Comme cette raison est sans fondement; je crois, avec Mr. Duclos, qu'il faut dire *rendue*.

Mais la grande question est de savoir si le participe est variable dans sa terminaison, lorsqu'il est suivi d'un verbe ou d'un adjectif; par exemple, faut-il dire *elle s'est LAISSÉE mourir* ou *elle s'est LAISSÉ mourir*, ou *elle s'est RENDUE catholique* ou *elle s'est RENDU catholique*. Cette question en renferme deux : il faut d'abord observer le participe, lorsqu'il est suivi d'un verbe : nous l'observerons ensuite, lorsqu'il est suivi d'un adjectif.

Comment s'emploient les participes adjectifs, lorsqu'ils sont suivis d'un verbe ou d'un adjectif.

On dit; *elle s'est FAIT peindre*, & non pas *elle s'est FAITE peindre*; parce que ce n'est pas

Premierement, lors-

le participe *fait* qui est exprimé par ces deux mots *fait peindre*.

De même quoiqu'on dise, *une maison que j'ai* FAITE, parce que l'adjectif conjonctif *que* est l'objet du participe *faite*; on doit dire *une maison que j'ai* FAIT *faire*; parce qu'alors le conjonctif au lieu d'être l'objet du participe, devient l'objet de *fait faire*.

Vous direz encore ; *imitez les vertus que vous avez* ENTENDU *louer*, & vous ne direz pas *entendues*; parce que le conjonctif n'est l'objet ni d'*entendu*, ni de *louer* pris séparément : il l'est de ces deux mots réunis, ou d'une seule idée qu'on exprime avec deux mots, comme on pourroit l'exprimer en un seul.

Enfin vous direz, *terminez les affaires que vous avez* PRÉVU *que vous auriez*, & non pas *prévues* ; parce que le conjonctif est l'objet d'une seule idée exprimée par ces mots *prévu que vous auriez*.

D'après ces exemples, nous pouvons établir pour regle, que le participe est invariable dans sa terminaison, toutes les fois que nous le joignons à une verbe, pour exprimer, avec deux mots, une seule idée, comme nous l'exprimons avec un seul. Il ne s'agit donc plus, pour juger si le participe, suivi d'un verbe, doit être ou n'être pas susceptible de genre & de nombre, qu'à considérer comme deux idées séparées, celle du verbe & celle du participe, ou si au contraire nous sommes portés à les regarder comme une seule idée.

On doit dire, *elle a pris un remede qui l'a* FAIT *mourir*, parce que le pronom *la* est l'objet d'une seule idée, *fait mourir*. Mais, dira-t-on, *elle a pris un remede qui l'a* LAISSÉE *mourir* ou *qui l'a* LAISSÉ *mourir* ? M. Duclos veut qu'on dise *laissée*. Il considere donc séparément l'idée de *laissée* & celle de *mourir*; &, parce que *mourir* ne peut pas avoir un objet, il pense que le pronom *la* est celui du participe *laissée*. De même il veut qu'on dise; *elle s'est présentée à la porte, je l'ai* LAISSÉE *passer*; quoiqu'on doive dire, *je l'ai* FAIT *passer*. Pour rendre la chose plus sensible, il traduit ces phrases, *je l'ai laissée passer, je l'ai laissée mourir*; par celle-ci, *j'ai laissé elle passer, j'ai laissé elle mourir* : mais que veut dire, *j'ai laissé elle* ? il me semble que nous sommes portés à regarder *laisser mourir* ou *laisser passer*, comme une seule idée, & que nous sommes choqués de la voir partagée en deux par un pronom placé entre le participe & le verbe.

Autre exemple de Mr. Duclos : *avez-vous en-*

tendu chanter la nouvelle actrice ? je l'ai ENTEN-
DUE chanter : c'eſt-à-dire, j'ai entendu elle chanter : avez-vous entendu chanter la nouvelle ariette ?
je l'ai ENTENDU chanter : c'eſt-à-dire, j'ai entendu chanter l'ariette.

Quand il s'agit de l'ariette, Mr. Duclos
conſidere donc *entendu chanter* comme une
ſeule idée ; parce que, en effet, l'ariette ne
peut être l'objet que de l'idée exprimée par
ces deux mots réunis, *entendu chanter*.

Or, je conviens qu'à la rigueur, la nouvelle
actrice pourroit être l'objet d'*entendu* : mais il
ne s'agit pas ſeulement de l'avoir entendue, il
s'agit de l'avoir entendu chanter ; & il me
ſemble qu'on ne peut pas conſidérer, comme
deux idées ſéparées, celle du participe & celle
du verbe : il faudroit donc dire *je l'ai entendu
chanter*, même en parlant de l'actrice.

En ſecond lieu, lorſ-qu'ils ſont ſuivis d'un adjectif. Conſidérons actuellement le participe, lorſqu'il eſt ſuivi d'un adjectif ; il faut dire, com-
me l'aſſure Mr. Duclos, *elle s'eſt RENDUE la
maîtreſſe, elle s'eſt rendue catholique* ?

Pour réſoudre cette queſtion, je conſidère
encore ſi nous ſommes portés à ſéparer ces
idées ou à les réunir dans une ſeule. Or, il me
ſemble qu'on dira beaucoup mieux, *le com-*

merce a rendu riche cette ville, que *le commerce a rendu cette ville riche.* Ainsi, quoique nous employons deux mots, nous ne paroissons voir qu'une seule idée, comme si nous disions *a enrichi.* L'idée seroit elle donc une, lorsque nous nous servons d'une périphrase, comme lorsque nous la rendons en un seul mot ? mais cette conclusion seroit peut-être trop précipitée : car l'oreille est quelquefois la regle de nos constructions, autant au moins que notre maniere de concevoir. En effet, on dira plutôt, *le commerce a rendu cette ville opulente,* que *le commerce a rendu opulente cette ville; j'ai rendu cette personne maîtresse de mon sort,* que *j'ai rendu maîtresse de mon sort cette personne; un docteur a rendu ce protestant catholique,* qu'*un docteur a rendu catholique ce protestant.* Il me semble donc que nous soyons portés, à séparer l'idée du participe de celle de l'adjectif; &, par conséquent, on peut dire avec Mr. Duclos, *elle s'est rendue catholique, elle s'est rendue maîtresse.* Cependant, il seroit bien plus simple que les participes, suivis d'un adjectif, fussent assujettis à la même regle, que les participes suivis d'un verbe.

Au reste, si nous séparons plus volontiers l'idée du participe de celle d'un adjectif que de celle d'un verbe ; c'est qu'un adjectif présente une idée qui, étant plus déterminée, se distingue davantage de tout autre. Celle d'un verbe à l'infinitif, étant au contraire indéterminée, eſt, par cette raiſon, plus propre à ſe confondre avec celle du participe.

Je n'oſerois, Monſeigneur, vous répondre de l'exactitude des regles que je viens de propoſer ſur les participes du paſſé. En fait de langage, quand l'uſage ne fait pas lui-même la regle, il eſt bien à craindre qu'il n'y ait de l'arbitraire dans les déciſions des grammairiens.

CHAPITRE XXIII.

Des conjonctions.

Nous avons vu que les conjonctions sont moins des éléments du discours que des expressions abrégées, auxquelles on pourroit suppléer par des expressions plus composées.
Différentes especes de conjonctions.

Deux propositions ne se lient que par les rapports qu'elles ont l'une à l'autre. Or, le propre des conjonctions est de prononcer ces rapports.

Une proposition se lie-t-elle à une précédente, comme conséquence ? nous avons les conjonctions *donc*, *ainsi* ; comme preuve ? *car* ; comme opposée ? *mais*, *cependant*, *pourtant* ; affirment-elles ensemble ? nous avons la conjonction *&* ; nient-elles ensemble ? *ni* ? affirment-elles séparément, ensorte que des deux une seule puisse être vraie ? *ou*. Mais, Monseigneur, il est inutile de faire l'énumération de toutes les con-

―jonctions. Il le feroit encore plus de charger votre mémoire des noms qu'on leur a donnés: car les grammairiens en ont distingué jusqu'à quinze espèces. Bornons-nous à observer la conjonction *que*, la seule qui puisse souffrir quelques difficultés!

De la conjonction que.
Nous avons vu, dans la premiere partie de cette grammaire, quelle est la nature de cette conjonction, & comment elle a été trouvée: il nous reste à voir comment on l'emploie.

Nous l'employons quelquefois dans des tours elliptiques où la proposition principale est supprimée. Nous disons, par exemple, *que je meure*; c'est-à-dire, *plût à Dieu que je meure*: *qu'il se soit oublié jusqu'à ce point là!* c'est-à-dire, *je suis étonné qu'il se soit oublié jusqu'à ce point là!* Quelquefois nous laissons à suppléer la conjonction même *qui m'aime me suive*; c'est-à-dire, *je veux que celui qui m'aime me suive*.

Avec cette conjonction, le verbe de la proposition subordonnée se met, tantôt à l'indicatif, *je sais qu'il* EST *surpris*; tantôt au subjonctif, *je doute qu'il* SOIT *surpris*: or, ce n'est pas la conjonction *que*, c'est le verbe de la proposition principale qui détermine

termine le mode du verbe de la proposition subordonnée.

Si le verbe de la proposition principale affirme positivement & avec certitude, celui de la proposition subordonnée doit aussi affirmer positivement & avec certitude; & nous disons, à l'indicatif, *je sais qu'il* EST *surpris*, parce que le propre de ce mode est l'affirmation. Au contraire, nous disons, au subjonctif, *je doute qu'il* SOIT *surpris*, parce que ce mode n'étant destiné qu'à marquer le rapport de la proposition subordonnée, à la proposition principale, il conserve dans le second verbe le doute exprimé dans le premier.

La regle est donc que le verbe de la proposition subordonnée doit-être au subjonctif, toutes les fois que celui de la proposition principale exprime quelque doute, quelque crainte, quelque incertitude. Vous direz, par conséquent, *j'ignore qu'il* VIENNE, *je sais qu'il* VIENDRA : *je crains qu'il ne réussisse*, *je crois qu'il réussira* : *je souhaite qu'il parvienne*, *on dit qu'il est parvenu*.

Cette regle s'applique à toutes les expressions composées, où nous faisons entrer la conjonction *que*, & que les grammairiens mettent parmi les conjonctions. Ainsi il faut dire, *atten-*

du que cela EST, *vu que cela* EST ; parce qu'*attendu* & *vu* affirment pofitivement : & il faut dire, *pourvu que cela* SOIT, *afin que cela* SOIT, *avant que cela* SOIT ; parce que *pourvu*, *afin* & *avant* laiffent dans l'efprit quelque incertitude, ou du moins, quelque fufpenfion.

Je ne crois pas, Monfeigneur, qu'il y ait rien de plus à remarquer fur les conjonctions.

CHAPITRE XXIV.

Des adverbes.

Nous avons dit, Monseigneur, que l'adverbe est une expression abrégée, qui est l'équivalent d'un nom précédé d'une préposition; & nous avons donné, pour exemple, *sagement*, qui signifie *avec sagesse*, *plus*, qui signifie *en quantité supérieure*, &c. Ce qu'on entend par un adverbe.

Sagement, *prudemment*, & autres semblables, se nomment *adverbes de maniere* ou *de qualité*, parce qu'ils expriment la maniere dont une chose se fait. Tout ce qu'il y a à remarquer sur ces adverbes, c'est qu'ils se joignent au verbe qu'ils modifient : *il s'est conduit sagement, il s'est prudemment conduit*. Adverbe de qualité.

Quand nous considérons les mêmes qualités dans deux objets, nous y trouvons de l'égalité ou de l'inégalité, & nous avons pour exprimer ces rapports les adverbes *plus, moins, aussi lus grand, moins grand, aussi grand*. Adverbe de quantité.

Mais quand nous difons d'un homme, *il eſt fort inſtruit, il eſt très ſavant*, nous ne conſidérons plus la même quantité dans deux objets; nous la conſidérons dans un ſeul, & nous la comparons à une idée que nous nous ſommes faite & qui nous ſert de meſure. Nous employons encore à cet uſage *infiniment, conſidérablement, abondamment, copieuſement, grandement, petitement*. Tous ces adverbes ſe rapportent à une meſure, que chacun ſe fait d'après les jugements qu'il eſt dans l'habitude de porter. On les nomme *adverbes de quantité*.

Les grammairiens diſtinguent encore des adverbes de temps, de lieu & d'autres, ſur leſquels il n'y a rien à remarquer. Nous aurions même peu de choſes à dire dans ce chapitre, s'ils n'avoient pas confondu, parmi les adverbes, des adjectifs & des expreſſions que nous allons rappeller à leurs vrais éléments.

<small>Noms quil ne faut pas confondre avec les adverbes.</small> *Je n'ai pas pu vous voir* HIER, *je vous verrai* DEMAIN. Hier & demain ſont évidemment des noms ſubſtantifs : *c'eſt au jour d'hier, au jour de demain*, & il faut vous accoutumer à remplir ces ellipſes.

On dit, *il eſt en haut, il eſt en bas*, pour *en lieu haut, en lieu bas*. Ici, l'adjectif eſt précédé d'une prépoſition ; quelquefois il eſt employé feul. *Parler bas, chanter juste, frapper fort, voir clair, voir trouble, voir double,* signifient *parler d'un ton bas, chanter d'une voix juste, frapper à coup fort, voir d'un œil clair, trouble, voir d'une maniere double. Bas, juste, fort, clair, trouble, double* font donc des adjectifs, & ces tours font elliptiques.

Si, comme le veulent les grammairiens, *à toute heure, à tout moment, de temps en temps,* font des adverbes, pourquoi n'en diroit-on pas autant de *à l'heure que je vous vois, au moment que je vous parle, dans le temps que vous étiez en France?* Bornons-nous donc à reconnoître les éléments dont ces expressions font composées. S'il y en a qu'on puisse, avec quelque fondement mettre parmi les adverbes, ce sont celles dont l'usage ne fait plus qu'un seul mot : telles font *aujourd'hui* qui est formé *d'à ce jour d'hui, dorénavant* qui l'est de *de cette heure en avant,* & *beaucoup* qui l'est, comme le remarque Mr. du Marsais, de *bella copia* grande abondance.

CHAPITRE XXV.

Des interjections.

<small>Les interjections sont des expressions équivalentes à des phrases entieres.</small> Les interjections, ou ces accents que nous avons vu être communs au langage d'action & à celui des sons articulés, sont des expressions rapides, équivalentes quelquefois à des phrases entieres. Elles n'ont point de place marquée, & elles n'en sont que plus expressives; soit qu'elles commencent un discours, soit qu'elles le terminent, soit qu'elles l'interrompent, il semble qu'elles échappent toujours au moment de produire leur effet.

Aux accents naturels du langage d'action, les langues ont ajouté des mots tels que *hélas!* *ciel! Dieu!* La grammaire n'a rien à remarquer sur ces especes de mots: c'est au sentiment à les proférer à propos.

CHAPITRE XXVI.

De la syntaxe.

Nous ne concevons jamais mieux une pensée, que lorsque toutes les parties distinctes les unes des autres, se présentent à nous, avec tous les rapports qui sont entre elles. Ce n'est donc pas assez d'avoir des mots pour chaque idée; il faut encore savoir former, de plusieurs idées, un tout dont nous saisissions tout à la fois les détails & l'ensemble, dont rien ne nous échappe. Voilà l'objet de la syntaxe.

Objet de la syntaxe.

Les rapports se marquent de plusieurs manieres : par la place qu'on donne aux mots, par les différentes formes qu'ils prennent, par des prépositions qui les montrent comme second terme d'un rapport, par des conjonctifs qui rapprochent, autant qu'il est possible, les propositions incidentes des substantifs qu'elles modifient; enfin, par des conjonctions qui prononcent la liaison entre les principales parties du discours. Voilà, Monseigneur, tous les moyens :

Comment se marquent les rapports entre les mots.

nous les avons déja remarqués dans le cours de cet ouvrage : nous allons les obferver plus particulierement.

<small>Arrangement des mots dans une propofition fimple.</small>   *Pierre eft homme.* Tel eft l'ordre des mots dans une propofition fimple : le fujet, puis le verbe, enfin l'attribut. Notre fyntaxe ne permet pas d'autre arrangement.

Tout fujet d'une propofition offre une idée déterminée, puifque c'eft la chofe dont on parle, & qu'on défigne comme exiftante. Il femble donc qu'on auroit pu dire, *homme eft pierre*. Car *homme*, étant indéterminé, ne fauroit être pris pour fujet ; &, par conféquent, la phrafe n'en feroit pas moins claire. Mais l'ufage ne l'a pas permis. Il permet encore moins, *un homme eft pierre*, parce qu'*un homme* paroîtroit le fujet, & la phrafe auroit quelque chofe de louche. Mais on dira également, *Pierre eft l'homme que vous voyez*, ou *l'homme que vous voyez eft Pierre* : c'eft que les deux termes de cette propofition étant identiques, ils peuvent être indifféremment l'un & l'autre, le fujet ou l'attribut.

L'attribut peut être un adjectif : *Pierre eft courageux*. Il femble encore qu'en pareil cas, on pourroit dire *courageux eft Pierre* : mais nous nous fommes fait une fi grande habitude du premier tour, que nous ne permettons point ces sortes de transpositions.

Une proposition se compose suivant qu'on ajoute des accessoires au sujet, au verbe ou à l'attribut.

Arrangement des mots dans une proposition composée. Quelle est la place de l'objet?

L'objet est un accessoire du verbe; il doit le suivre immédiatement, ou du moins il n'en peut être séparé que par des modifications même du verbe. *Le roi aime le peuple, le roi aime beaucoup le peuple.* Vous voyez que *beaucoup* ne sépare *le peuple* d'*aime*, que parce qu'il est une modification de l'action d'aimer.

Il ne faut excepter de cette regle que les pronoms *le*, *la*, *les*, les noms des personnes *me*, *te*, *je*, *nous*, *vous*, & le conjonctif *que*. Sans doute, c'est l'oreille qui a engagé à transposer les pronoms & les noms des personnes avant le verbe. *Je l'aime, il nous aime.* Ces monosyllabes auroient fait une chûte désagréable, s'ils avoient terminé la phrase. Cela est, sur-tout, sensible dans *me*, *te*, *se*, *le*: aussi préférons-nous, *moi*, *toi*, *soit*, *lui*, lorsque nous voulons faire précéder le verbe, ce qui est rare.

Place des noms des personnes, lorsqu'ils sont l'objet du verbe, ou le terme.

Voilà constamment la place de ces noms, quand le verbe est à tout autre mode que l'impératif. Mais quand on commande ou qu'on défend, voici ce que prescrit l'usage.

On dit, *dites-lui, menez-le, conduisez-la, parlez-moi, prenez-en, allez-y.* En pareil cas, chacun de ces noms doit-être précédé du verbe.

Si la phrase est composée de deux impératifs, l'arrangement de ces mots sera encore le même avec le premier : mais ils pourront, à notre choix, précéder ou suivre le second. *Allez le chercher & me l'amenez*, ou *amenez-le moi* : *allez le trouver & lui mandez*, ou *mandez-lui* : *allez-là & y demeurez*, ou, ce qui est mieux, *demeurez-y* : *prenez des étoffes & en apportez*, ou ce qui est mieux encore, *apportez-en*.

Lorsqu'on défend, ces noms doivent toujours être placés avant le verbe. *Ne lui dites pas : ne le menez pas : ne le conduisez pas, ne lui mandez pas, n'en parlez pas, n'y allez pas, n'en prenez pas.* Voilà, en pareil cas, les seuls arrangements. On dit, *parlez-moi*, & jamais *parlez me.* Il semble donc qu'on ne devroit pas dire *parlez m'en* : on le dit cependant, mais on ne dit point *menez m'y.*

Place des adjectifs conjonctifs.

Le conjonctif *que* ne peut avoir qu'une place : il faut qu'il suive immédiatement le substantif, auquel il lie la proposition incidente dont il est l'objet. Dans *les conquêtes qu'Alexandre à faites*, *que* est l'objet de la proposition incidente, *Alexandre a faites*, & il suit immédiatement le substantif *conquêtes*.

Mais une proposition incidente modifie souvent un nom, qui est revêtu de quelques modifications. Par exemple, l'*homme de courage que vous connoissez*, offre le substantif *homme* modifié par ces mots *de courage*. Or, ce n'est point au mot *courage*, dont l'idée est indéterminée, que se rapporte le conjonctif *que* : ce n'est pas non plus au mot *homme*, considéré tout seul. C'est à l'idée totale qui résulte de ces mots, l'*homme de courage*, & qui est une comme si elle étoit exprimée par un seul nom substantif. Cet exemple confirme donc la regle que nous avons donnée que *le conjonctif* QUE *doit toujours suivre immédiatement le substantif auquel il lie la proposition incidente*. Or, cette régle est la même pour tous les adjectifs de cette espece; *qui*, *dont*, *lequel*, &c.

La phrase que nous avons apportée pour exemple, *les conquêtes qu'Alexandre a faites*, occasionne une exception à la regle que nous avons donnée pour la place du sujet. Car le sens étant également marqué, soit qu'on dise *qu'Alexandre a faites*, ou *qu'a faites Alexandre*, on peut, à son choix, donner au nom l'une ou l'autre place. Il y a même encore un cas où le sujet peut suivre le verbe; c'est lorsque celui-

Le sujet peut quelque fois suivre le verbe.

ci est précédé par une circonstance de temps. On dira, par exemple, *alors arriva votre ami.*

Les propositions subordonnées ont plusieurs places dans le discours.

Les propositions incidentes n'ont qu'une place dans le discours, puisqu'elles ne sauroient être séparées du substantif, ou du moins de l'idée totale à laquelle on les rapporte. Mais comme les propositions subordonnées sont des accessoires du verbe de la proposition principale, & que leur rapport est suffisamment indiqué par des conjonctions, ou par des prépositions, elles peuvent commencer ou finir la phrase, ou même être insérées entre le nom & le verbe. *Votre fils n'est pas connoissable, depuis qu'il a voyagé : depuis que votre fils a voyagé, il n'est pas connoissable : votre fils, depuis qu'il a voyagé, n'est pas connoissable.* Il est évident que, dans tous ces arrangements, la liaison des idées est également conservée ; &, par conséquent, ils sont tous dans les regles de la syntaxe.

Les moyens & les circonstances ont aussi différentes places dans le discours.

Les moyens & les circonstances sont encore des accessoires du verbe : on peut donc aussi leur donner différentes places dans le discours. EXEMPLE pour les moyens : *avec votre secours, cet homme finira son affaire ; cet homme finira son affaire avec votre secours : cet homme, avec votre secours, finira son affaire.* EXEMPLE pour les circonstances : *votre ami étoit à Rome dans ce temps-là : votre ami, dans ce temps-là, étoit à rome* : *dans ce temps-là, votre ami étoit à Rome*. C'est donc une regle générale, qu'un nom, précédé d'une préposition, peut prendre différentes places dans le discours, toutes les fois qu'il exprime les moyens, les circonstances ou quelque autre accessoire du verbe. Il faut seulement prendre garde qu'il n'en naisse quelque équivoque avec ce qui précéde, ou avec ce qui suit.

Au reste, quand je dis que les moyens, les circonstances & autres accessoires du verbe peuvent avoir différentes places dans le discours, c'est proprement des accessoires du verbe *être* que je parle. Lors donc que vous employerez un verbe adjectif, vous le rappellerez à ses élémens, si vous voulez distinguer les accessoires qui appartiennent au verbe, de ceux qui appartiennent à l'adjectif. En traduisant, par exemple, *finira* par *sera finissant*, vous verrez qu'*avec votre secours* est l'accessoire du verbe *sera*, & que *son affaire* est celui de l'adjectif *finissant*. *Cet homme sera, avec votre secours, finissant son affaire*.

Il ne faudroit pas confondre, avec les accessoires du verbe, tout nom qui seroit précédé d'une préposition. Traduisez cette phrase, *je pars demain pour Rome*, par celle-ci, *je suis demain partant pour Rome* : vous voyez aussitôt que *pour Rome* est un accessoire qui appartient

Un nom précédé d'une préposition, s'il est l'accessoire d'un adjectif, ne peut pas être transposé.

à l'adjectif *partant*, & que vous ne pouvez pas transposer. Au lieu que vous pouvez dire à votre choix : *demain je pars pour Rome, je pars demain pour Rome, je pars pour Rome demain.*

Il peut l'être, s'il est l'accessoire d'un substantif.

Un nom, précédé d'une préposition, ne peut donc pas être transposé, lorsqu'il est l'accessoire d'un adjectif. Il n'en seroit pas de même, s'il étoit l'accessoire d'un substantif : alors il pourroit être transposé. Exemple : *Quand de Rome avec vous j'entreprendrai le voyage.*

Or, pourquoi ne peut-on pas transposer *pour Rome* avant *partant*, comme on transpose *de Rome* avant *voyage* ?

Si vous considérez les actions, exprimées par des adjectifs tels que *partant*, vous remarquerez qu'elles ont un but auquel elles tendent; & que, par conséquent, il est dans l'ordre des idées que ce but soit nommé après l'action, dans une langue où la place est le principal signe des rapports. Il faut donc dire *partant pour Rome*.

Mais si vous considérez le substantif *voyage* & le nom *Rome*, qui étant précédé de la préposition *de*, détermine de quel voyage on parle, vous ne sentez plus qu'il soit nécessaire que les idées viennent à la suite l'une de l'autre, dans cet ordre, *le voyage de Rome*. Au contraire, vous appercevez deux idées que vous pouvez éloigner, & placer, pour ainsi dire, dans deux points de perspective. Après avoir donc fixé ma vue sur Rome, en disant *de Rome*, vous la conduisez sur l'autre terme, qui est *le voyage*; & lorsque votre phrase est finie, je rapproche les mots que vous avez écartés, j'en apperçois le rapport, & votre construction n'a rien qui me choque.

Une preuve que ces idées doivent être regardées comme deux points de perspective distants l'un de l'autre, c'est que vous ne pouvez les transposer, qu'autant que vous les séparez par quelques mots. Vous ne direz pas, *quand j'entreprendrai avec vous de Rome le voyage*. Cette transposition paroîtroit dure, parce que les idées ne seroient par assez éloignées pour être regardées comme deux points de perspective. Il faut donc les séparer, ou ne les point transposer.

Souvent les mots qu'on peut transposer, se rapportent à un substantif qu'on n'appercevra pas, si on ne sait pas réduire les expressions composées à leurs vrais éléments. Lorsque je dis, *à de pareils propos je ne fais que répondre*, ce n'est pas à l'adjectif *répondant* que se rapportent les mots transposés, *à de pareils pro-*

pos. Car le sens n'est pas, *je ne sais qu'être répondant :* je veux dire que je ne sais quelle réponse faire. C'est donc au substantif *réponse* que ces mots doivent le rapporter : *je ne sais quelle réponse faire à de pareils propos.*

<small>Différence entre syntaxe & construction.</small>
D'après les exemples que nous avons apportés, vous jugez, Monseigneur, que ce sont toujours les mêmes signes qui marquent les rapports des mots & des phrases. C'est-là proprement ce qui appartient à la syntaxe. Mais comme l'arrangement des mots & des phrases peut varier, suivant les différentes transpositions qu'on se permet ; les constructions changent, quoique la syntaxe soit toujours la même. La syntaxe, comme le remarque Mr. du Marsais, ne consiste que dans des signes choisis pour marquer les rapports ; & la construction consiste dans les différents arrangements que nous pouvons nous permettre, en observant toujours les regles de la syntaxe. Nous allons traiter des constructions dans le chapitre suivant.

CAHPI-

CHAPITRE XXVII.

Des constructions.

Un Prince, qui remplit exactement ses devoirs, mérite l'amour de ses sujets & l'estime de tous les peuples. Un Prince est le nom de la phrase : c'est la chose dont je parle : il ne suppose rien d'antérieur, & tous les autres mots se rapportent successivement à celui qui les précéde. Dans un pareil discours, l'esprit n'est point suspendu : on saisit la pensée à mesure qu'on lit. J'appelle cet ordre *construction directe*. Construction directe.

Mais si je dis, *avec des procédés comme les vôtres*, ces mots laissent l'esprit en suspens. Vous voyez, Monseigneur, qu'ils dépendent de quelque chose que je vais dire : car la préposition *avec* indique le second terme d'un rapport, & je n'ai pas encore montré le premier. Vous sentez donc que mon discours va finir par des idées qui, dans l'ordre direct, de- Construction renversée, ou inversion.

vroient être les premieres. Or, cet ordre a lieu toutes les fois qu'il y a transposition. Je l'appelle *construction renversée*.

Cette sorte de construction est ce que les grammairiens nomment *inversion*. L'inversion n'est donc pas, comme ils le disent, un ordre contraire à l'ordre naturel, mais seulement un ordre différent de l'ordre direct; & les constructions directes & renversées sont également naturelles.

Les constructions directes & renversées sont également naturelles.

Comme il étoit naturel à Cicéron de parler latin, & par conséquent de faire beaucoup d'inversions: il nous est naturel de parler françois, & par conséquent d'en faire peu. Le mot *naturel* n'est pris ici qu'improprement. Il ne signifie pas ce que nous ferons en conséquence de la conformation que la nature nous donne; mais seulement ce que nous ferons en conséquence des habitudes que nous avons contractées.

L'ordre direct & l'ordre renversé ne sont point dans l'esprit: ils ne sont que dans le discours.

A parler vrai, il n'y a dans l'esprit ni ordre direct, ni ordre renversé; puisqu'il apperçoit à la fois toutes les idées dont il juge, il les prononceroit toutes à la fois, s'il lui étoit possible de les prononcer comme il les apperçoit. Voilà ce qui lui seroit naturel; & c'est ainsi qu'il parle, lorsqu'il ne connoît que le langage d'action.

C'est, par conséquent, dans le discours seul, que les idées ont un ordre direct ou renversé, parce que c'est dans le discours seul qu'elles se succedent. Ces deux ordres sont également naturels. En effet, les inversions sont usitées dans toutes les langues, autant du moins que la syntaxe le permet.

Je sais bien, Monseigneur, qu'on aura de la peine à se persuader que nous appercevons à la fois toutes les idées qui sont comme enveloppées dans une pensée un peu composée ; & on s'obstinera à demander quel est l'ordre naturel dans lequel elles se présentent successivement à l'esprit. Mais si je demandois *quel est l'ordre naturel dans lequel les objets se présentent successivement à la vue, lorsque la vue elle-même embrasse à la fois tout ce qui frappe les yeux,* vous me diriez que je fais une question absurde ; & si j'ajoutois qu'il faut cependant qu'il y ait dans la vue un ordre direct ou renversé, vous penseriez que je déraisonne tout-à-fait. Quand on voit tout à la fois, me diriez-vous, on ne voit pas l'un après l'autre : il faut regarder successivement les choses qu'on voit. Dites-en autant, Monseigneur, de la vue de l'esprit. Quand il voit, il voit à la fois tout ce qui s'offre à lui ; il faut qu'il regarde pour mettre, dans ce qu'il apperçoit, un ordre direct ou un ordre renversé ! Or, il ne regarde qu'autant que nous avons besoin de parler, ou d'appercevoir les choses d'une maniere distincte.

Exemple qui fait voir un des principaux avantages de l'ordre renversé.

Quand nous étudierons l'art d'écrire, nous verrons plus particuliérement l'usage qu'on peut faire des inversions. Pour le présent, Monseigneur, je ne vous donnerai qu'un exemple; & ce sera le même qui nous a servi à l'analyse du discours.

» Dans cette enfance, ou, pour mieux dire,
» dans ce chaos du poëme dramatique parmi
» nous, votre illustre frere, après avoir quel-
» que temps cherché le bon chemin, & lutté,
» si je l'ose dire ainsi, contre le mauvais goût
» de son siecle, enfin, inspiré d'un génie ex-
» traordinaire, & aidé de la lecture des an-
» ciens, fit voir sur la scene la raison, mais
» la raison accompagnée de toute la pompe,
» de tous les ornements dont notre langue est
» capable, accordant heureusement la vraisem-
» blance & le merveilleux, & laissant bien loin
» derriere lui tout ce qu'il avoit de rivaux, dont
» la plupart, désespérant de l'atteindre, &
» n'osant plus entreprendre de lui disputer le
» prix, se bornerent à combattre la voix publi-
» que déclarée pour lui, & essayerent en vain,
» par leurs frivoles critiques, de rabaisser
» un mérite qu'ils ne pouvoient égaler.

Confidérez, Monfeigneur, comment toutes les parties de cette période fe lient à une idée principale pour former un feul tout. C'eft ainfi que cette multitude d'idées s'offroit à Racine, & c'eft ainfi qu'il lui étoit naturel de les préfenter. Cependant les conftructions font renverfées. Subftituons l'ordre direct, & difons :

Votre illuftre frere fit voir fur la fcene la raifon ; mais la raifon accompagnée de toute la pompe, de tous les ornements dont notre langue eft capable, accordant heureufement la vraifemblance & le merveilleux, & laiffant bien loin derriere lui tout ce qu'il avoit de rivaux.

Il fit voir la raifon dans cette enfance, ou, pour mieux dire, dans ce chaos du poëme dramatique parmi nous.

Il la fit voir après avoir quelque temps cherché le bon chemin, & lutté, fi je l'ofe dire ainfi, contre le mauvais goût de fon fiecle.

Enfin il la fit voir, lorfqu'il étoit infpiré d'un génie extraordinaire, & aidé de la lecture des anciens.

Vous voyez, Monfeigneur, que pour fuivre l'ordre direct, je fuis obligé de partager une penſée qui eſt une, & qui doit être une. Quand j'éviterois de répéter *il fit voir la raiſon*, la penſée n'en ſeroit pas moins partagée : car ce ne ſeroit qu'à pluſieurs repriſes que j'acheverois de la développer. Dans Racine, au contraire, cette penſée eſt, pour ainſi dire, moulée d'un ſeul jet. Tel eſt l'avantage de l'ordre renverſé.

Il y a dans le diſcours deux choſes : la liaiſon des idées & l'enſemble. La liaiſon des idées ſe trouve toujours dans l'ordre direct : mais, pour peu qu'une penſée ſoit compoſée, l'enſemble ne peut ſe trouver que dans l'ordre renverſé. Il eſt donc abſolument néceſſaire de faire uſage des inverſions ; & ſi elles ſont néceſſaires, il faut bien qu'elles deviennent naturelles.

Nous avons conſidéré les langues comme autant de méthodes analytiques; & nous avons vu, Monſeigneur, quels ſont, dans la nôtre, les ſignes de cette méthode, & d'après quelles regles nous devons nous en ſervir. Mais nous avons encore bien des obſervations à faire pour démêler tout l'artifice de cette analyſe, & pour en ſaiſir la ſimplicité. Ce ſera le ſujet de l'ouvrage ſuivant, *l'art d'écrire*.

CONJUGAISONS.

On commence par la conjugaison du verbe *faire*, dont les formes doivent servir de dénominations aux formes des autres verbes.

INDICATIF.

L'affirmation est l'accessoire qui caractérise ce mode.

Forme qui exprime un rapport de simultanéité avec le moment où l'on parle.

Singulier.

Je fais, tu fais, il fait.

Pluriel.

Nous faisons, vous faites, ils font.

Forme qui est propre à exprimer un rapport de simultanéité, soit avec une époque antérieure, soit avec une époque actuelle.

Singulier.

Je faisois, tu faisois, il faisoit.

Pluriel.

Nous faisions, vous faisiez, ils faisoient.

Je faisois ce que je vous ai promis, lorsqu'il m'est survenu une affaire, a un rapport de simultanéité avec une époque sensiblement antérieure.

Si quelqu'un, en entrant chez moi, me demande : *que faisiez-vous ?* cette forme exprime un rapport de simultanéité avec une époque immédiatement antérieure à l'époque actuelle.

Enfin elle exprime un rapport de simultanéité avec l'époque actuelle même, lorsque je dis à quelqu'un que je rencontre, *j'allois chez vous.*

Forme qui exprime un rapport de simultanéité avec une période où l'on n'est plus. Il y en a deux. L'une marque plus particuliérement le temps où la chose se faisoit.

Singulier.

Je fis, tu fis, il fit.

Pluriel.

Nous fimes, vous fites, ils firent.

L'autre marque le temps où la chose étoit faite.

Singulier.

J'eus fait, tu eus fait, il eut fait.

Pluriel.

Nous eumes fait, vous eutes fait, ils eurent fait.

Forme qui exprime un rapport de simultanéité avec une période où l'on est encore. Il y en a également deux; & la différence est la même qu'entre les formes précédentes. L'une indique donc le temps où la chose se faisoit.

Singulier.

J'ai fait, tu as fait, il a fait.

Pluriel.

Nous avons fait, vous avez fait, ils ont fait.

L'autre indique le temps où la chose étoit faite.

Singulier.

J'ai eu fait, tu as eu fait, il a eu fait

Pluriel.

Nous avons eu fait, vous avez eu fait, ils ont eu fait.

Forme qui exprime un rapport de simultanéité avec une époque antérieure à une autre époque, qui est elle-même antérieure à l'époque actuelle.

Singulier.

J'avois fait, tu avois fait, il avoit fait.

Pluriel

Nous avions fait, vous aviez fait, ils avoient fait.

Voilà toutes les formes du passé. Il y en a six : *Je faisois, je fis, j'eus fait, j'ai fait, j'ai eu fait, j'avois fait* ; quelques-uns ajoutent *j'avois eu fait*. Nous en avons deux pour le futur.

La première exprime un rapport de simultanéité avec une époque postérieure, qui peut être ou n'être pas déterminée.

Singulier.

Je ferai, tu feras, il fera.

Pluriel.

Nous ferons, vous ferez, ils feront.

La seconde exprime un rapport de simultanéité avec une époque postérieure qui doit être déterminée.

Singulier.

J'aurai fait, tu auras fait, il aura fait.

Pluriel.

Nous aurons fait, vous aurez fait, ils auront fait.

Quelques-uns ajoutent une troisieme forme: *J'aurai eu fait.*

MODE CONDITIONNEL.

Ce mode différe de l'indicatif en ce que l'affirmation devient conditionnelle.

Lorsqu'on affirme positivement que les choses ont été, ou qu'elles feront, on peut avoir besoin de distinguer des époques plus ou moins antérieures, & des époques plus ou moins postérieures. C'est pourquoi l'indicatif est de tous les modes celui qui a le plus de formes différentes.

Mais, lorsque l'affirmation devient conditionnelle, on n'a pas besoin de distinguer autant d'époques; &, en conséquence, les formes du mode conditionnel sont en petit nombre.

Forme qui, suivant les circonstances, exprime un rapport de simultanéité avec une époque actuelle, ou avec une époque postérieure.

Singulier.

Je ferois, tu ferois, il feroit.

Pluriel.

Nous ferions, vous feriez, ils feroient.

Forme qui exprime un rapport de simultanéité avec une époque antérieure.

Singulier.

J'aurois fait, tu aurois fait, il auroit fait.

Pluriel.

Nous aurions fait, vous auriez fait, ils auroient fait.

Autre forme qui exprime un pareil rapport.

Singulier.

J'eusse fait, tu eusses fait, il eût fait.

Pluriel.

Nous eussions fait, vous eussiez fait, ils eussent fait.

La premiere de ces deux formes marque plus particuliérement l'époque pendant laquelle on auroit fait ; & la seconde marque plus particuliérement l'époque où la chose eût été faite & finie.

Forme qui exprime un rapport de simultanéité avec une époque antérieure à une époque, qui est elle-même antérieure à l'époque actuelle.

Singulier.

J'aurois eu fait, tu aurois eu fait, il auroit eu fait.

Pluriel.

Nous aurions eu fait, vous auriez eu fait, ils auroient eu fait.

J'eusse eu fait ne doit pas se dire, parce qu'il ne différeroit pas de *j'aurois eu fait*.

IMPÉRATIF.

Ce mode n'affirme point; il commande. Il a deux formes pour le futur.

La premiere, qui ne détermine point l'époque où la chose doit se faire, semble commander qu'elle se fasse, à commencer au moment où l'on parle.

Singulier

Fais, qu'il fasse.

Pluriel.

Faisons, faites, qu'ils fassent.

La seconde commande que la chose soit faite avant une époque postérieure qu'on détermine.

Singulier.

Aie fait, qu'il ait fait.

Pluriel.

Aions fait, ayez fait, qu'ils aient fait.

La troisieme personne de ce mode est empruntée du subjonctif, où nous la retrouverons.

On comprend pourquoi les formes de l'impératif n'ont point de premiere personne au singulier. Lorsqu'on se commande à soi même, on se sert de la seconde du singulier, *fais*, ou de la premiere du pluriel, *faisons*.

SUBJONCTIF.

Dans ce mode, les rapports d'actualité, d'antériorité & de postériorité sont moins exprimés par les formes que prend le verbe, que par les circonstances du discours.

Forme qui peut exprimer un rapport de simultanéité avec une époque actuelle, ou avec une époque postérieure.

Singulier.

Que je fasse, que tu fasses, qu'il fasse.

Pluriel.

Que nous fassions, que vous fassiez, qu'ils fassent.

A ces questions, *fait-il beau?* ou *fera-t-il*

beau? je puis répondre également, *je ne crois pas qu'il fasse beau.*

Forme qui exprime un rapport de simultanéité avec une époque antérieure, ou avec une époque postérieure.

Singulier.

Que je fisse, que tu fisses, qu'il fît.

Pluriel.

Que nous fissions, que vous fissiez, qu'ils fissent.

Qu'on dise : *il a fait le voyage qu'il méditoit*, ou qu'on dise : *il le fera*, je puis également répondre : *je ne croyois pas qu'il le fît.*

Autre forme qui exprime un pareil rapport.

Singulier.

Que j'aie fait, que tu aies fait, qu'il ait fait.

Pluriel.

Que nous ayons fait, que vous ayez fait, qu'ils aient fait.

Il

Il a fallu que j'aie fait est un passé. *Je n'irai point chez vous que je n'aie fait* est un futur.

Autre encore qui exprime le même rapport.

Singulier.

Que j'eusse fait, que tu eusses fait, qu'il eût fait.

Pluriel.

Que nous eussions fait, que vous eussiez fait, qu'ils eussent fait.

Si on vouloit marquer plus particuliérement le temps où la chose eût été faite & finie, on pourroit se servir de la forme suivante.

Singulier.

Que j'eusse eu fait, que tu eusses eu fait, qu'il eût eu fait.

Pluriel.

Que nous eussions eu fait, que vous eussiez eu fait, qu'ils eussent eu fait.

Je doute néanmoins que cette forme soit

bien nécessaire. Quant aux autres, on ne les emploie pas indifféremment, quoiqu'elles expriment les mêmes rapports. Le choix est déterminé par la forme qu'a pris le verbe de la proposition principale. On dit, par exemple, *je veux que vous ayez fait* ; & *je voudrois que vous eussiez fait*. Il faut se souvenir que le propre des formes du subjonctif est de marquer le rapport de la proposition subordonnée à la proposition principale.

INFINITIF.

Le verbe, dépouillé des accessoires qu'il avoit dans les modes précédents, devient à l'infinitif un nom substantif, ou un nom adjectif.

Nom substantif.

Faire.

Participes qui, suivant les circonstances, sont des substantifs ou des adjectifs.

Faisant, fait, ayant fait.

Autre nom substantif.

Avoir fait.

On voit que dans la conjugaison du verbe *faire*, les formes varient comme les accessoires qu'elles expriment. C'est ce qui doit déterminer à les faire servir de dénomination aux formes des autres verbes.

Conjugaison du verbe auxiliaire

Avoir.

Il me paroît convenable de commencer les conjugaisons par l'infinitif, puisque, dans ce mode, le verbe est dépouillé des accessoires qu'il prend dans les autres.

INFINITIF.

Faire.	Avoir.
Faisant.	Ayant.
Fait.	Eu.
Ayant fait.	Ayant eu.
Avoir fait.	Avoir eu.

INDICATIF.

Singulier.

Je fais.   J'ai, tu as, il a.

Pluriel.

Nous avons, vous avez, ils ont.

Singulier.

Je faisois.   J'avois, tu avois, il avoit.

Pluriel.

Nous avions, vous aviez, ils avoient.

Singulier.

Je fis.   J'eus, tu eus, il eut.

Pluriel.

Nous eumes, vous eutes, ils eurent.

Singulier.

J'eus fait.   J'eus eu, tu eus eu, il eut eu.

GRAMMAIRE

Pluriel.

Nous eumes eu, vous eutes eu, ils eurent eu.

Singulier.

J'ai fait.   J'ai eu, tu as eu, il a eu.

Pluriel.

Nous avons eu, vous avez eu, ils ont eu.

J'ai eu fait.   Cette forme manque.

Singulier.

J'avois fait.   J'avois eu, tu avois eu, il avoit eu.

Pluriel.

Nous avions eu, vous aviez eu, ils avoient eu.

Singulier.

Je ferai.   J'aurai, tu auras, il aura.

Pluriel.

Nous aurons, vous aurez, ils auront.

Singulier.

J'aurai fait.   J'aurai eu, tu auras eu, il aura eu.

Pluriel.

Nous aurons eu, vous aurez eu, ils auront eu.

MODE CONDITIONNEL.

Singulier.

Je ferois.   J'aurois, tu aurois, il auroit.

Pluriel.

Nous aurions, vous auriez, ils auroient.

Singulier.

J'aurois fait.   J'aurois eu, tu aurois eu, il auroit eu.

Pluriel.

Nous aurions eu, vous auriez eu, ils auroient eu.

Singulier.

J'eusse fait.   J'eusse eu, tu eusses eu, il eût eu.

Pluriel.

Nous eussions eu, vous eussiez eu, ils eussent eu.

J'aurois eu fait.   Cette forme manque.

IMPÉRATIF.

Singulier

Fais.   Aie, qu'il ait.

Pluriel.

Ayons, ayez, qu'ils aient.

SUBJONCTIF.

Singulier.

Que je fasse.   Que j'aie, que tu aies, qu'il ait.

Pluriel.

Que nous ayons, que vous ayez, qu'ils aient.

Singulier.

Que je fisse. Que j'eusse, que tu eusses, qu'il eût.

Pluriel.

Que nous eussions, que vous eussiez, qu'ils eussent.

Singulier.

Que j'aie fait. Que j'aie eu, que tu aies eu, qu'il ait eu.

Pluriel.

Que nous ayons eu, que vous ayez eu, qu'ils aient eu.

Singulier.

Que j'eusse fait. Que j'eusse eu, que tu eusses eu, qu'il eût eu.

Pluriel.

Que nous eussions eu, que vous eussiez eu, qu'ils eussent eu.

Que j'eusse eu fait. Cette forme manque.

Conjugaison du verbe auxiliaire Être.

INFINITIF.

Faire.	Être.
Faisant.	Étant.
Fait.	Été.
Ayant fait.	Ayant été.
Avoir fait.	Avoir été.

INDICATIF.

Singulier.

Je fais.   Je suis, tu es, il est.

Pluriel.

Nous sommes, vous êtes, ils sont.

GRAMMAIRE.

Singulier

Je faisois.   J'étois, tu étois, il étoit.

Pluriel.

Nous étions, vous étiez, ils étoient.

Singulier.

Je fis.   Je fus, tu fus, il fut.

Pluriel.

Nous fumes, vous futes, ils furent.

Singulier.

J'eus fait.   J'eus été, tu eus été, il eut été.

Pluriel.

Nous eûmes été, vous eûtes été, ils eurent été.

Singulier.

J'ai fait.   J'ai été, tu as été, il a été.

Pluriel.

Nous avons été, vous avez été, ils ont été.

J'ai eu fait.   Cette forme manque.

Singulier.

J'avois fait.   J'avois été, tu avois été, il avoit été.

Pluriel.

Nous avions été, vous aviez été, ils avoient été.

Singulier.

Je ferai.   Je serai, tu seras, il sera.

Pluriel.

Nous serons, vous serez, ils seront.

Singulier.

J'aurai fait.   J'aurai été, tu auras été, il aura été.

Pluriel.

Nous aurons été, vous aurez été, ils auront été.

MODE CONDITIONNEL.

Singulier.

Je ſerois.   Je ſerois, tu ſerois, il ſeroit.

Pluriel.

Nous ſerions, vous ſeriez, ils ſeroient.

Singulier.

J'aurois fait.   J'aurois été, tu aurois été, il auroit été.

Pluriel.

Nous aurions été, vous auriez été, ils auroient été.

Singulier.

J'euſſe fait.   J'euſſe été, tu euſſes été, il eût été.

Pluriel.

Nous eussions été, vous eussiez été, ils eussent été.

J'aurois eu fait.   Cette forme manque.

IMPÉRATIF.

Singulier.

Fais.   Sois, qu'il soit.

Pluriel.

Soyons, soyez, qu'ils soient.

SUBJONCTIF.

Singulier.

Que je fasse.   Que je sois, que tu sois, qu'il soit.

Pluriel.

Que nous soyons, que vous soyez, qu'ils soient..

Singulier.

Que je fisse.   Que je fusse, que tu fusses, qu'il fût.

Pluriel.

Que nous fussions, que vous fussiez, qu'ils fussent.

Singulier.

Que j'aie fait.   Que j'aie été, que tu aies été, qu'il ait été.

Pluriel.

Que nous ayons été, que vous ayez été, qu'ils aient été.

Singulier.

Que j'eusse fait.   Que j'eusse été, que tu eusses été, qu'il eût été.

Pluriel.

Que nous eussions été, que

GRAMMAIRE.

vous eussiez été, qu'ils eussent été.

Que j'eusse eu fait. Cette forme manque.

Conjugaison des verbes en er.

Je ne transcrirai que les formes simples, parce qu'en substituant au participe *fait* le participe des verbes que nous conjuguerons, on aura les formes composées; il faudra consulter le chapitre onzieme de la seconde partie de cette grammaire, pour savoir si on doit employer, dans ces formes, le verbe *être* ou le verbe *avoir*.

INFINITIF.

Faire.	Aimer.
Faisant.	Aimant.
Fait.	Aimé.

INDICATIF.

Je fais.   J'aime, tu aimes, il aime.

   Nous aimons, vous aimez, ils aiment.

Je faisois.   J'aimois, tu aimois, il aimoit.

	Nous aimions, vous aimiez, ils aimoient.
Je fis.	J'aimai, tu aimas, il aima, nous aimames, vous aimates, ils aimerent.
Je ferai.	J'aimerai, tu aimeras, il aimera, nous aimerons, vous aimerez, ils aimeront.

MODE CONDITIONNEL.

Je ferois.	J'aimerois, tu aimerois, il aimeroit, nous aimerions, vous aimeriez, ils aimeroient.

IMPÉRATIF.

Fais.	Aime, qu'il aime, aimons, aimez, qu'ils aiment.

SUBJONCTIF.

Que je fasse.	Que j'aime, que tu aimes, qu'il aime, que nous aimions, que vous aimiez, qu'ils aiment.
Que je fisse.	Que j'aimasse, que tu aimasses, qu'il

qu'il aimât, que nous aimassions, que vous aimassiez, qu'ils aimassent.

Verbes irréguliers de cette conjugaison.

Aller à la forme *j'aime*, fait *je vais* ou *je vas*, *il va*, *nous allons*, *vous allez*, *ils vont*.

A la forme *j'aimerai* : *j'irai*, *tu iras*, *il ira*, *nous irons*, *vous irez*, *ils iront*.

A la forme *j'aimerois* : *j'irois*, *tu irois*, *il iroit*, *nous irions*, *vous iriez*, *ils iroient*.

A la forme *aime* : *va*, *qu'il aille*, *allons*, *allez*, *qu'ils aillent*. On dit avec une *s*, *vas y*, & avec un *t*, *va-t-en*.

Puer, à la forme *j'aime* fait *je pus*, *tu pus*, *il put*. Au pluriel il est régulier : *nous puons*, &c.

Lorsque les verbes se terminent en *ger* à l'infinitif, on conserve l'*e* dans toutes les formes, afin de conserver la même prononciation à la lettre *G*. *Juger*, *jugeois*, *jugeant*.

On retranche l'*e* dans les formes *j'aimerai*, *j'aimerois*, lorsque les verbes se terminent

Tom. I.   Y

en *ier* ou en *ner*; & on prononce *j'emploirai*, *j'emploirois*, *je continurai*, *je continurois*.

On écrit ordinairement ces mots avec un *e*, surtout en prose.

Envoyer, aux formes *j'aimerai*, *j'aimerois*, fait *j'enverrai*, *j'enverrois*.

Aux formes *nous aimions*, *vous aimiez*, les verbes en *oyer* font *nous envoyions*, *vous envoyiez*, *nous employions*, *vous employiez*, mais il vaut mieux éviter de se servir de ces formes, qu'on ne trouve que dans les grammaires.

Conjugaisons des verbes en ir.

Il y en a quatre.

INFINITIF.

Faire, faisant, fait.

finir.	sentir.	ouvrir.	tenir.
finissant.	sentant.	ouvrant.	tenant.
fini.	senti.	ouvert.	tenu.

INDICATIF.

Je fais.

je finis.	sens.	ouvre.	tiens.
tu finis.	sens.	ouvres.	tiens.
il finit.	sent.	ouvre.	tient.
nous finissons.	sentons.	ouvrons.	tenons.
vous finissez.	sentez.	ouvrez.	tenez.
ils finissent.	sentent.	ouvrent.	tiennent.

Je faisois.

Je finissois. sentois. ouvrois. tenois;

le reste de cette forme comme dans la conjugaison précédente.

Je fis.

je finis.	sentis.	ouvris.	tins.
tu finis.	sentis.	ouvris.	tins.
il finit.	sentit.	ouvrit.	tint.
nous finimes.	sentimes.	ouvrimes.	tinmes.
vous finites.	sentites.	ouvrites.	tintes.
ils finirent.	sentirent.	ouvrirent.	tinrent.

Je ferai.

Je finirai. sentirai. ouvrirai. tiendrai; le reste comme dans la conjugaison précédente.

CONDITIONNEL.

Je ferois.

Je finirois. sentirois. ouvrirois. tiendrois, &c.

IMPÉRATIF.

Fais.

finis.	sens.	ouvre.	tiens.
qu'il finisse.	sente.	ouvre.	tienne.
finissons.	sentons.	ouvrons.	tenons
finissez.	sentez.	ouvrez.	tenez.
qu'ils finissent.	sentent.	ouvrent.	tiennent.

SUBJONCTIF.

Que je fasse.

que je finisse.	sente.	ouvre.	tienne.
que tu finisses.	sentes.	ouvres.	tiennes.

GRAMMAIRE. 341

qu'il finisse.	sente.	ouvre.	tienne.
que nous finissions.	sentions.	ouvrions.	tenions.
que vous finissiez.	sentiez.	ouvriez.	teniez.
qu'ils finissent.	sentent.	ouvrent.	tiennent.

Que je fisse.

que je finisse.	sentisse.	ouvrisse.	tinsse.
que tu finisses.	sentisses.	ouvrisses.	tinsses.
qu'il finît.	sentît.	ouvrît.	tînt.
que nous finissions.	sentissions.	ouvrissions.	tinssions.
que vous finissiez.	sentissiez.	ouvrissiez.	tinssiez.
qu'ils finissent.	sentissent.	ouvrissent.	tinssent.

Verbes de la premiere conjugaison en ir.

Conjuguez, comme *finir*, *unir*, *punir*, & tous les verbes qui, a la forme je *fais*, se terminent en *ir* : j'*unis*, je *punis*.

FORMES IRRÉGULIERES. *Bénir* n'a qu'une forme irréguliere *bénit*, *bénite* : mais il a aussi la forme réguliere *béni*, *bénie*. On dit *le pain béni*, *l'eau bénite* ; & en parlant des personnes, *elle est bénie*, *ils sont bénis*.

Y 3

Fleurir qui au propre est régulier dans toutes ses formes, est irrégulier au figuré dans les formes suivantes : *l'empire florissoit, les lettres étoient florissantes.*

Haïr n'est irrégulier que dans les formes *je hais, tu hais, il hait*, où l'*a* & l'*i* ne sont qu'une syllabe qui se prononce comme un *e* ouvert.

Verbes de la seconde conjugaison en ir.

Conjuguez, comme *sentir*, les verbes *consentir, ressentir, préssentir, mentir, démentir, dormir, endormir, s'endormir, se repentir, servir, desservir, sortir, partir, ressortir,* sortir de nouveau, & *repartir*, répliquer, partir de nouveau : mais *ressortir* être du ressort, *repartir* partager, & *sortir* obtenir se conjuguent comme *finir*.

FORMES IRRÉGULIERES. *Bouillir : je bous, tu bous, il bout, nous bouillons,* &c. *je bouillirai* ou *bouillerai, je bouillirois* ou *bouillerois*.

Courir, est en terme de chasse, *courre : couru, je courus, je courrai, je courrois.*

Accourir, concourir, difcourir, parcourir, recourir, fecourir fe conjuguent comme courir.

Fuir : fuyant, je fuis, tu fuis, il fuit, nous fuyons, vous fuyez, ils fuient.

Mourir : mort, je meurs, tu meurs, il meurt, nous mourons, vous mourez, ils meurent, je mourus, je mourrai, je mourrois, que je meure, que je mouruffe. Les formes compofées fe font avec le verbe *être.*

Vêtir : vêtu. Revêtir : revêtu. Ils font réguliers dans les autres formes. Cependant je doute qu'on puiffe dire, je *vêts. Je revêts* eft ufité.

Acquérir : acquérant, acquis, j'acquiers, nous acquérons, j'acquerrai, j'acquerrois.

Conquérir ne s'emploie gueres qu'aux formes fimples *conquérant, conquis, je conquis, je conquiffe,* & aux formes compofées *j'ai conquis,* &c.

Ouïr, défectueux aux formes *je fens, je fentois,* s'emploie aux autres : *ouï, j'ouïs, j'ouïs, j'ouïffe, j'ai ouï.*

Faillir s'emploie au participe *failli*, à la forme du passé *je faillis* & aux formes composées *j'ai failli*, &c. les autres lui manquent.

Querir n'est susceptible d'aucune autre forme. *Envoyer querir, aller querir.*

Verbes de la troisieme conjugaison en ir.

Conjuguez, comme *ouvrir* les verbes *découvrir, entre-ouvrir, rouvrir, recouvrir, offrir, mésoffrir, souffrir.*

FORMES IRRÉGULIERES. *Cueillir : cueilli, je cueillerai, je cueillerois.* Il est régulier dans les autres formes. *Accueillir* & *recueillir* se conjuguent comme *cueillir.*

Saillir, dans le sens de s'avancer en dehors, n'a guere que cette forme, & celle du participe *saillant.*

Dans le sens de s'élancer, de s'élever, *saillir* s'emploie au participe *sailli* & quelquefois aux troisiemes personnes : *les eaux saillissent.*

GRAMMAIRE.

Aſſaillir, treſſaillir : aſſailli, treſſailli. Le reſte eſt régulier & peu uſité.

Verbes de la quatrieme conjugaiſon en ir.

On conjugue, comme *tenir*, les verbes *appartenir, s'abſtenir, entretenir, détenir, maintenir, obtenir, retenir, ſoutenir, venir, ſurvenir, convenir*, en un mot, tous ceux qui dérivent de *tenir* & de *venir*.

Conjugaiſon des verbes en oir.

INFINITIF.

Faire.   Recevoir.

Faiſant.   Recevant.

Fait.   Reçu.

Je fais.   Je reçois, tu reçois, il reçoit, nous recevons, vous recevez, ils reçoivent.

Je faiſois.   Je recevois, tu recevois, il recevoit, nous recevions, vous receviez, ils recevoient.

Je fis.   Je reçus, tu reçus, il reçut, nous reçumes, vous reçutes, ils reçurent.

Je ferai.   Je recevrai, tu recevras, il recevra, nous recevrons, vous recevrez, ils recevront.

CONDITIONNEL.

Je ferois.   Je recevrois, tu recevrois, il recevroit, nous recevrions, vous recevriez ; ils recevroient.

IMPÉRATIF.

Fais.   Reçois, qu'il reçoive, recevons, recevez, qu'ils reçoivent.

SUBJONCTIF.

Que je fasse.   Que je reçoive, que tu reçoives, qu'il reçoive, que nous recevions, que vous receviez, qu'ils reçoivent.

Que je fisse.   Que je reçusse, que tu reçusses, qu'il reçût, que nous reçusfions, que vous reçuffiez, qu'ils reçuffent.

On conjugue, comme *recevoir*, les verbes *appercevoir, décevoir, concevoir, percevoir, devoir, redevoir*.

VERBES IRRÉGULIERS. S'affeoir : S'af-feyant, affis, je m'affieds, tu, &c. nous nous affeyons, vous vous affeyez, ils s'affeyent, je m'affeyois, &c. nous nous affeyions, qu'il faut éviter ainfi que *vous vous affeyiez, ils s'af-feyoient, je m'affis, je m'affeoirai, je m'af-foirois, que je m'affiffe.*

Conjuguez de-la-même maniere *affeoir, raf-feoir* & *fe raffeoir*.

Voir : voyant, vu, je vois, nous voyons, je vis, je verrai, je verrois, que je voie, que je viffe.

Entrevoir & *revoir* fe conjuguent comme *voir*. *Prévoir* a deux formes qui lui font particulieres : je *prévoirai*, je *prévoirois*.

Pourvoir : je pourvus, je pourvoirai, je pourvoirois, que je pourvuffe. Le refte comme *voir*.

Surseoire : *sursis*, *surseoirai*, *surseoirois*. Les autres formes comme *voir*.

Mouvoir : *mouvant*, *mu*, *je meus*, *nous mouvons*, *je mouvois*, *je mus*, *je mouvrois*, *que je meuve*, *que je musse*.

Pouvoir : *pouvant*, *pu*, *je puis* ou *je peux*, *tu peux*, *il peut*, *nous pouvons*, *vous pouvez*, *ils peuvent*, *je pus*, *je pourrai*, *je pourrois*, *que je puisse*, *que je pusse*.

Savoir : *sachant*, *su*, *je sais*, *nous savons*, *vous savez*, *ils savent*, *je sus*, *je saurai*, *je saurois*, *sache*, *qu'il sache*, *sachons*, *sachez*, *qu'ils sachent*, *que je sache*, *que je susse*.

Valoir : *valant*, *valu*, *je vaux*, *nous valons*, *je vaudrai*, *je vaudrois*, *que je vaille*, *que nous valions*, *que je valusse*.

Vouloir : *voulant*, *voulu*, *je veux*, *je voulus*, *je voudrai*, *je voudrois*, *que je veuille*, *que nous voulions*, *que je voulusse*.

Choir : *chu*. il n'est usité qu'à ces deux formes : encore est-il du style familier.

Déchoir n'a que le le participe *déchu* &

manque de la forme *ie ferois*. Les autres font *je déchois, nous déchoyons, vous déchoyez, ils déchoyoient, je décherrois, que je déchoie, que je déchuſſe*.

Echoir : échéant, échu, il échet, fans premiere ni feconde perfonnes, *j'échus, j'echerrai, j'écherrois, que j'échoie, que j'échuſſe*.

Seoir, pour être convenable, n'a que des formes fimples, & aux troifiemes perfonnes feulement. *Il fied, il féioit, il fiera, il fiéroit qu'il fiée*.

Seoir, pour prendre féance, n'a que cette forme & le participe *féant*.

Conjugaiſons des verbes en re.

Il y en a cinq. Il femble que ce foit beaucoup. Cependant on auroit pu en imaginer encore davantage : car les verbes de cette terminaifon font bien irréguliers. Pour abréger, je fupprimerai les fecondes & troifiemes perfonnes, que l'analogie fera facilement trouver.

GRAMMAIRE

INFINITIF.

Faire, faisant, fait.

plaire.	paroître.	réduire.	craindre.	rendre.
plaisant.	paroissant.	réduisant.	craignant.	rendant.
plait.	paru.	réduit.	craint.	rendu.

INDICATIF.

Je fais.

| je plais. | parois. | réduis. | crains. | rends. |
| nous plaisons. | paroissons. | réduisons. | craignons. | rendons. |

Je faisois.

| je plaisois. | paroissois. | réduisois. | craignois. | rendois. |
| nous plaisions. | paroissions. | réduisions. | craignions. | rendions. |

Je fis

| je plus. | parus. | réduisis. | craignis. | rendis. |
| nous plumes. | parumes. | réduisimes. | craignimes. | rendimes. |

Je ferai

| je plairai. | paroîtrai. | réduirai. | craindrai. | rendrai. |
| nous plairons. | paroîtrons. | réduirons. | craindrons. | rendrons. |

CONDITIONNEL.

Je ferois

je plairois. paroîtrois. réduirois. craindrois. rendrois.
nous plairions. paroîtrions. réduirions. craindrions. rendrions.

IMPÉRATIF.

Fais

plais. parois. réduis. crains. rends.
qu'il plaise. paroisse. réduise. craigne. rende.
plaisons. paroissons. réduisons. craignons. rendons.

Que je fasse.

que je plaise. paroisse. réduise. plaigne. rende.
que nous plaisions. paroissions. réduisions. plaignions. rendions.

Que je fisse.

que je plusse. parusse. réduisisse. plaignisse. rendisse.
que nous plussions. parussions réduisissions. plaignissions. rendissions

Verbes de la premiere conjugaison en re.

Les verbes en *aire* se conjuguent comme *plaire*. Mais *faire*, qui a des formes différentes, est la regle d'après laquelle on conjugue les composés, *contrefaire, défaire, redéfaire, refaire, satisfaire, surfaire.* Forfaire forfait, malfaire malfait, méfaire méfait, parfaire parfait : ces quatre verbes n'ont que ces deux formes.

Traire est irrégulier & défectueux. *Trait, trayant, je trais, nous trayons, je trairai, je trairois, que je traie.* Il ne s'emploie point à la forme *je fis*, ni à la forme *que je fisse.*

Braire, il brait, ils braient, il braira, ils brairont. Ce verbe n'est en usage qu'à ces formes.

Verbes de la seconde conjugaison en re.

Tous les verbes en *oître* se conjuguent comme *paroître.* Il ne faut excepter que *naître* qui a deux formes irrégulieres, *né* au participe, & je *naquis* à la forme *je fis*.

Paître, est défectueux. Il manque des formes simples *je fis*, *que je fisse*; & il ne s'emploie aux formes composées que dans cette phrase du discours familier : *il a pu & repu.*

Verbes de la troisieme conjugaison en re.

On conjugue comme *réduire* tous les verbes

bes en *ire*. Voici ceux qui font irréguliers. Les formes, dont je ne parlerai pas, font régulieres.

Circoncire : *circoncis* au participe, & *je circoncis* à la forme *je réduisis*.

Dire & *redire* : *vous dites*, *vous redites* à la forme *vous réduisez* ; *je dis*, *je redis* à la forme *je réduisis* ; *que je dise*, *que je redisse* à la forme *que je réduisisse*.

Dédire, *contredire*, *interdire*, *médire*, *prédire* font *vous dédisez*, *vous contredisez*, &c. *maudire* fait *maudissant*, *maudissons*, *maudissez*, *maudissent*. Dans tout le reste ces verbes se conjuguent comme *dire*.

Confire & *suffire* font à la forme *je réduisis*, *je confis*, *je suffis* ; & à la forme *que je réduisisse*, *que je confisse*, *que je suffise*.

Lire, *élire*, *relire* : *lu*, *je lus*, *que je lusse*.

Rire, *sourire* : *riant*, *ri*, *nous rions*, *vous riez*, *ils rient*. Il fait *je ris* à la forme *je réduisis*.

Écrire, *circonscrire*, *décrire* &c : *écrivant*, *nous écrivons*, *vous écrivez*, *ils écrivent*, *j'écrivis*, *que j'écrive*, *que j'écrivisse*.

Frire, frit, je frirai, je frirois, impératif *fris.* Ce verbe n'a pas d'autres formes.

Tous les verbes en *uire* se conjuguent comme *réduire,* excepté *bruire* qui est tout à la fois irrégulier & défectueux. *Bruyant, il bruyoit, ils bruyoient.* Voilà toutes les formes usitées. Il faut encore excepter *luire, reluire, nuire,* qui ont une irrégularité au participe *réduit :* ils font *lui, relui, nui* sans *t.*

On rapporte à cette conjugaison *boire, clorre, conclure* & leurs composés.

Boire, buvant, bu, je bois, nous buvons, je buvois, je bus je boirai, je boirois que je boive, que je busse.

Clorre, je clos, tu clos, il clot, sans pluriel, *je clorrai, je clorrois.* Les autres formes simples manquent, & il n'a que le participe *clos.*

Éclorre, il éclot, ils éclosent, il éclorra, ils éclorront, il éclorroit, ils éclorroient, qu'il éclose, qu'ils éclosent. Ce verbe n'a que ces formes.

Conclure, concluant, conclu, je conclus, nous concluons, je concluois, nous concluïons, je conclus, nous conclumes, je conclurai, je couclurois, que je conclue, que je concluſſe.

Verbes de la quatrieme conjugaiſon en re.

Tous les verbes en *aindre, eindre, oindre*, ſe conjuguent comme *craindre*.

Verbes de la cinquieme conjugaiſon en re.

On conjugue, comme rendre, tous les verbes qui ſe terminent en *dre, pre, cre, tre, vre*. Les irréguliers ſont :

Prendre & ſes compoſés *apprendre, comprendre*, &c. *prenant, pris, je prens, nous prenons, je prenois, je pris, que je prenne, que je priſſe.*

Coudre & ſes compoſés *recoudre, decoudre : couſant, couſu, je couds, nous couſons, je couſois, je couſis, que je couſe, que je couſuſſe.*

Mettre & ſes compoſés *permettre, commettre*, &c. *mettant, mis, je mets, je mis, que je mette, que je miſſe.*

Moudre, émoudre, remoudre : moulant, mou-

lu, je mouds, nous moulons, je moulois, je moulus, que je moude que je moulusse.

Absoudre, dissoudre : *absolvant, absous* & au féminin *absoute, j'absous, nous absolvons, j'absolvois, j'absoudrai, que j'absolve.* Les autres formes simples manquent.

Résoudre : *résolvant, résolu* & *résous* chacun avec une acception différente. Dans tout le reste il se conjugue comme *absoudre* : mais il n'est pas défectueux. On dit *je résolus, que je résolusse.*

Suivre, s'ensuivre & poursuivre : *suivant, suivi, je suis, nous suivons, je suivois, je suivis, que je suive, que je suivisse.*

Vivre, revivre & survivre : *vivant, vécu, je vis, nous vivons, je vivois, je vécus, que je vive, que je vécusse.*

Je ne conseille à personne d'étudier ces conjugaisons. C'est de l'usage qu'il faut les apprendre.

FIN du premier Tome.

www.ingramcontent.com/pod-product-compliance
Lightning Source LLC
Chambersburg PA
CBHW051402230426
43669CB00011B/1735